「探險與旅行經典文庫」

021

Travel
Classics
Library

阿拉伯南方之門

芙芮雅•絲塔克◎著
劉建台◎譯

詹宏志
策畫／選書／導讀

謹將這本書獻給

英國皇家空軍，

特別是那些在亞丁服役的空軍健兒，

他們把我從希巴姆平安帶回，

這本書才有問市的可能。

編輯前言

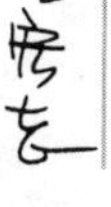

探險家的事業

探險家的事業並不是從哥倫布（Christopher Columbus, 1451-1506）才開始的，至少，早在哥倫布向西航行一千多年前，中國的大探險家法顯（319-414）就已經完成了一項轟轟烈烈的壯舉，書上記載說：「法顯發長安，六年到中國（編按：指今日的中印度），停六年，還三年，達青州，凡所遊歷，減三十國。」法顯旅行中所克服的困難並不比後代探險家稍有遜色，我們看他留下的「度沙河」（穿越戈壁沙漠）記錄說：「沙河中多有惡鬼熱風，遇則皆死，無一全者；上無飛鳥，下無走獸，遍望極目，欲求度處，則莫知所擬，唯以死人枯骨爲標識耳。」這個記載，又與一千五百年後瑞典探險家斯文・赫定（Sven Hedin, 1865-1952）穿越戈壁的紀錄何其相似？從法顯，到玄奘，再到鄭和，探險旅行的大行動，本來中國人是不遑多讓的。

有意思的是，中國歷史上的探險旅行，多半是帶回知識與文化，改變了「自己」；但近代西方探險旅行卻是輸出了殖民和帝國，改變了「別人」。（中國歷史不能說沒有這樣的例子，也許班超的「武裝使節團」就是一路結盟一路打，霸權行徑近乎近代的帝國主義。）何以中西探險文化態度有此根本差異，應該是旅行史上一個有趣的題目。

哥倫布以降的近代探險旅行（所謂的「大發現」），是「強國」的事業，華人不與焉。使得一個對世界知識高速進步的時代，我們瞠乎其後；過去幾百年間，西方探險英雄行走八方，留下的「探險文獻」波瀾壯闊，我們徒然在這個「大行動」裡，成了靜態的「被觀看者」，無力起而觀看別人。又因為這「被觀看」的地位，讓我們在閱讀那些「發現者」的描述文章時，並不完全感到舒適（他們所說的蠻荒，有時就是我們的家鄉）；現在，通過知識家的解構努力，我們終於知道使我們不舒適的其中一個解釋，就是薩依德（Edward W. Said）所說的「東方幻想」（Orientalism）。這可能是過去百年來，中文世界對「西方探險經典」譯介工作並不熱衷的原因吧？或者是因為透過異文化的眼睛，我們也看到顢頇的自己，情何以堪吧？

編輯人的志業

這當然是一個巨大的損失，探險文化是西方文化的重大內容；不了解近兩百年的探險經典，就不容易體會西方文化中闖入、突破、征服的內在特質。而近兩百年的探險行動，也的確是人類活動中最精彩、最富戲劇性的一幕；當旅行被逼到極限時，許多人的能力、品性，都將以另種方式呈現，那個時候，我們也才知道，人的鄙下和高貴可以伸展到什麼地步。

西方的旅行文學也不只是穿破、征服這一條路線，另一個在異文化觀照下逐步認識自己的「旅行文學」傳統，也是使我們值得重新認識西方旅行文學的理由。也許可以從金雷克（Alexander W. Kinglake, 1809-1891）的《日昇之處》（*Eothen*, 1844）開始起算，標示著一種謙卑觀看別人，悄悄了解自己的旅行文學的進展。這個傳統，一直也藏在某些品質獨特的旅行家身上，譬如流浪於阿拉伯沙漠，寫下不朽的《古沙國遊記》（*Travels in the Arabia Deserta*, 1888）的旅行家查爾士．道諦（Charles Doughty, 1843-1926），就是一位向沙漠民族學習的人。而當代的旅行探險家，更是深受這個傳統影響，「新的旅行家像是一個來去孤單的影子，對旅行地沒有重量，也不留下影響。大部分的旅行內容發生在內在，不發生在外部。現代旅行文學比起歷史上任何時刻都深刻而豐富，因爲積累已厚，了解遂深，載諸文字也就漸漸脫離了獵奇采風，進入意蘊無窮之境。」這些話，我已經說過了。

現在，被觀看者的苦楚情勢已變，輪到我們要去觀看別人了。且慢，在我們出發之前，我們知道過去那些鑿空探險的人曾經想過什麼嗎？我們知道那些善於行走、善於反省的旅行家們說過什麼嗎？現在，是輪到我們閱讀、我們思考、我們書寫的時候。

在這樣的時候，是不是「探險與旅行經典」的工作已經成熟？是不是該有人把他讀了二十年的書整理出一條線索，就像前面的探險者爲後來者畫地圖一樣？通過這個工作，一方面是知識，一方面是樂趣，讓我們都得以按圖索驥，安然穿越大漠？

這當然是填補過去中文出版空白的工作，它的前驅性格也勢必帶來爭議。好在前行的編輯者已爲我做好心理建設。旅行家艾瑞克·紐比（Eric Newby, 1919-）在編《旅行家故事集》（*A Book of Travellers' Tales*, 1985）時，就轉引別人的話說：「別退卻，別解釋，把事做成，笑吠由他。」（Never retreat. Never explain. Get it done and let them howl.）

這千萬字的編輯工作又何其漫長，我們必須擁有在大海上漂流的決心、堅信和堅忍，才能有一天重見陸地。讓我們每天都持續工作，一如哥倫布的航海日記所記：「今天我們繼續航行，方向西南西。」

導讀

最後浪漫旅行家

就像生涯跨越了三個朝代的第一夫人蔣宋美齡一樣，廿世紀最知名的英裔女性旅行家芙芮雅．絲塔克（Freya Stark, 1892-1993）也是活著見證了一百年以上世局變幻的傳奇長壽者。

而且又像蔣宋美齡一樣，當一生不平凡的芙芮雅．絲塔克死訊傳來時，世人在哀悼之餘，也不禁同聲感嘆一個時代的黯然消逝；倫敦泰晤士報在刊登絲塔克的訃聞時，就喟嘆似地稱呼絲塔克是「最後一位浪漫旅行家」（the last of the Romantic Travellers），儼然把她看做「浪漫旅行者時代」的輓歌。

我其實並不完全同意泰晤士報所下的這個歷史結語，在我心目中，比絲塔克年輕了一輪、也相當長壽、活了九十三歲的沙漠傳奇探險家威福瑞．塞西格（Wilfred Thesiger, 1910-2003）才是眞正的最後一位浪漫旅行家（這也可能只是「暫時的」最後，後繼者也許還在荒僻的路途上，我們只是還不認識他或她）。

當然，絲塔克的探險生涯始於世界仍然存有未知之域、仍然相信浪漫探險旅行的一九三〇年代；但塞西格開始活躍於荒漠而爲世人熟知時，那已經是二次大戰後的一九五〇年代。現代世界地理已經進入科學儀器、通訊技術和航空飛行的管轄，塞西格刻意回歸原始的浪漫探險，乍看起來是十足的不合時宜，或者說，他的出現和變成英雄，只是過去浪漫時期的迴光返照或是無奈而終歸無效的招魂企圖，浪漫旅行時代的確已經隨著絲塔克的美貌與青春，一齊消逝在黑洞般無垠的時空墳場之中。

芙芮雅．絲塔克的出身是隱晦而不名譽的，根據她的傳記作家珍．簡尼絲（Jane Geniesse）的研究，芙芮雅極可能是她母親和外遇男友所生，但顯然她名義上的藝術家父親羅勃．絲塔克（Robert Stark）並不知情（簡尼絲認爲芙芮雅自己極可能也未必知情），對她愛護有加（雖然他們父女通信很勤卻很少相聚），更慷慨資助她進入倫敦貝德福學院（這不是當時一般做女兒的可享有的福分）。也就是在那裡，芙芮雅．絲塔克開始顯露了她突出的學術天分。可惜第一次世界大戰爆發，打斷了她的學習生涯，但書本與研究終其一生一直是她心靈的平靜避風之港。

戰爭進行時，她來到義大利的波隆納，一面志願充當一位目睹戰爭血淋淋眞相的軍醫護士，一面在夜裡修習阿拉伯文，做著發掘沙埋古城的大夢。當然，和所有懷春的青春少女一樣，她也在此時此地開始有了她衝動的早期戀情。但距離她聽從內心呼喚，眞正義無反顧動身前往阿拉伯之地展開轟轟烈烈的探險，我們還要再等上十年之久。

這段期間，仍然有很多其他線索，可供我們更了解芙芮雅其人的個性與情懷。在修習阿拉伯語之前，芙芮雅已經能掌握多種歐洲語言，英語、義大利語、法語都算是她的母語（父親是英國人，母親是義大利人，而她生在法國），少年時期的流浪生活使她又能說流利的德語；她大部分時間追隨她浪漫得無可救藥的母親，輾轉居住於不同的地方（配合她母親一段又一段不同起伏的愛情歷險），她的傳記作者懷疑，童年的漂泊與沒有安全感，使她後來對自己的外貌極其敏感（她拍照永遠敏感地只以半邊臉示人，而她的半邊頭髮永遠垂下來遮掩她童年受傷留下的傷疤），也使她常常有討好別人的傾向（害怕別人不注意她或不理她）。

一次大戰結束後，她移居北義大利的海邊小城，與她那位永遠無法負責任與照顧自己的母親共同經營一小片花圃維生，但這種農婦式的勞動量幾乎毀掉她的健康，讓她嚐盡苦頭的財務困難也幾乎毀掉她的自尊。天性樂觀堅強的芙芮雅卻也沒有被困境擊倒，她一面借貸周轉，一面仍勤學阿拉伯文。一九二七年，來自長輩一份意外的豐厚金錢饋贈，讓她有機會逃離了讓她無法喘息的花圃經營，她也毫不眷戀地立刻前往黎巴嫩。雖然此時的芙芮雅年已三十六歲，做為一位探險家起步已經嫌遲，但她的心理和外貌都還熾熱年輕，別忘了她的歲月比多數人都長，這一點擔擱現在看來也沒什麼影響……。

孤獨漫遊者傳統

來到黎巴嫩的芙芮雅看來也不著急，她安居下來，繼續精研她的阿拉伯文與伊斯蘭教歷史知識，只偶爾在暇餘到鄰近古蹟走走。一九二八年，她出訪敘利亞首都大馬士革，當時法國殖民敘利亞，和伊斯蘭教徒激進的德魯茲（Druze）教派迭起衝突，芙芮雅和一位朋友騎驢偷偷潛入法國軍事警戒線內，與德魯茲人接觸，最後被法軍發現而逮捕。英國女子擅闖法國軍事要地，這在當時可是要鬧成國際外交事件的，但芙芮雅卻能勸服法軍，保留手上暗藏的筆記，安全歸返義大利。這個意外，初步顯露她做爲探險家的勇敢與沉著特質，也開啓了她後來將要大闖伊斯蘭教世界的序幕。

一九三〇年到一九三一年間，她隨身帶著《馬可孛羅行紀》（*Travels of Marco Polo*）來到波斯（伊朗）。這一次，受了前次與德魯茲教派接觸的啓發，她想一探馬可孛羅筆下記錄的「暗殺者之谷」，沒有人知道這個記錄傳說是否眞實可信（因爲元朝旭烈兀所領的蒙古大軍早就把這些堡壘一舉摧毀，暗殺者派也從此消失於歷史之中），更沒有人相信這些遺址與民族依然存在。

早在伊斯蘭教先知穆罕默德過世一百多年後，教內的釋義爭端就誕生了一支激烈的異端教派伊斯瑪儀派（Isma'ilis，舊譯亦思馬因派），伊斯瑪儀派的教義很快地席捲了埃及與北非。到了十、十一世紀交會之際，伊斯瑪儀教派信徒尊哈里發哈基姆（al-Hakim, 996-1021）爲眞主化身，但隨後哈基姆神秘消失，他的黨羽流竄中東各地，並依教義解釋的分歧，產生了暗殺者派和德魯茲派兩個分支來。

芙芮雅從伊斯蘭教朋友口中聽到，在伊朗境內、裏海之南的額勒不兒思（Elbourz）山脈的高山深處，仍藏有昔日暗殺者山老（Old Men of the Mountain，伊斯瑪儀派的首領之名）的堡寨與信徒，因此決心一探這段幽微歷史的究竟。暗殺者，原名哈昔新（Hasisins），本來是一種植物煉製的麻醉劑，食此種毒品的伊斯蘭教徒亦稱哈昔新，後被歐洲十字軍東征的史家記爲Assassini，成爲英語刺客、暗殺者一字的由來。

爲什麼哈昔新會轉爲刺客之意？在《馬可孛羅行紀》裡就記載有「山老訓練哈昔新之法」一章（參見第一卷第四十一章，我用的是馮承鈞的譯本），說伊斯瑪儀的山老在山中建園，美麗無比，宮殿以金爲飾，鑲嵌百物，又備有果物、酒、奶、蜜、水，更挑善歌能舞的美女，充滿其中。山老先蓄願爲武士之幼童，擇一日以哈昔斯飲之，使之醉臥，移入園中，武士醒來以爲身在天堂，盤旋其中，莫不適意之極，數日後復以哈昔斯飲之，移出園外，武士醒後悵然若失。山老欲刺殺某貴族時，乃邀武士說：「往殺某人，歸後，將命我之天神導汝輩至天堂。若死於彼，則將命我天神領汝輩重還天堂。」武士想再回令人樂不思蜀的天堂，出任刺客時萬死不懼。（至今伊斯蘭教中的激烈教派仍保有不畏死的刺客傳統，包括駕機撞入世貿中心雙子大樓的聖戰士也是其一。）

總之，芙芮雅歷盡千辛萬難，眞的找到山老堡寨遺跡，重啓一段被遺忘了的歷史。《暗殺者之谷》（*Valleys of the Assassins*, 1934）一書出版，大受讀者歡迎，評論界也爲之瘋狂，迫不及待給它冠上「一部旅行經典」的讚譽，連當時已經隱居不問世事的老牌探險家阿拉伯勞倫斯（Lawrence of Arabia）都跳出來稱讚她是「一位英勇的傢伙」（a gallant creature），又說：「她展現自己絕非凡俗。書的形成過程更令人驚歎。」芙芮雅又把沿路探測製成地圖提供給英國政府，因而贏得皇家地理學會的獎章，「最後」一位浪漫旅行時代的女探險家也就此誕生了。

她從此不再憂愁生計與旅費，她可以進行一場一場創意獨具的旅行，寫下一本一本膾炙人口的作品。此後，她再遊阿拉伯半島南部葉門等地，寫下另一部經典《阿拉伯南方之門》（*The Southern Gates of Arabia*）；她也記錄航行小亞細亞的海岸，更重尋亞歷山大遠征軍的足跡；二次大戰時，她成了軍方倚重的中東地區專家，而她遊土耳其的遊記更是引發後來無數觀光客踏訪安納托利亞（Anatolia）的理由。

芙芮雅是近代重新喚起孤獨漫遊者傳統的旅行家，她常常孤身深入歐洲人不曾到臨之地，無畏其中異族異教的誤解與敵意，也無畏異鄉異壤的水土與疾病。她對孤獨漫遊有一句詮釋名言說：「在陌生城鎮獨自一人醒來，是世界上最愉悅的一種感受。」（To awaken quite alone in a strange town is one of the pleasantest sensations in the world.）這句話一方面帶給她「大無畏探險者」（Intrepid explorer）的稱號，也給後來的旅行者莫可言喻的安慰和鼓勵。

我有一些理由相信，是芙芮雅建立了後來旅行文學的標準（benchmark）。她博學多聞，熱愛研究，每一個旅行地點常常能與歷史故事交織敘述成一幅立體的圖像；而她又敏於感受而富於文采，文字中常有令人掩卷深思的警句或情境。在她之後，旅行文學被要求同時兼顧行動力與文學美，不能不說是來自芙芮雅的啓蒙了。

簡介

珍・芙萊雀・簡尼絲

一九三四年十一月，人們議論紛紛的英國旅行家芙芮雅．絲塔克搭船沿著紅海向南航行，穿越分隔阿拉伯與非洲的狹窄海峽嘆息門（Gate of Lament）後，在英國位於南阿拉伯領地的主要港口亞丁（Aden）港下船。在此之前，這位個頭嬌小、魅力十足又活力充沛的探險家已經是聲譽日隆的名人，這回她挑選了葉門，特別是地處偏遠的哈達拉毛谷地（Hadhramaut Valley）做爲她下一趟探險的標的。對於她的遠道來訪，這落後邊陲殖民地的官員既愛又恨。她出發前，有關她的消息在倫敦已經被炒得沸沸揚揚，使得他們甚至期待她自己駕駛私人飛機從天而降，或者率領一支駱駝商隊出現。有些人認定她來只會帶來麻煩，但是人人蜂擁到英國領事館一睹她的廬山眞面目。

芙芮雅．絲塔克當時四十二歲，那年她出版了一鳴驚人的《暗殺者之谷》一書後，便成爲大名鼎鼎人物，後來更因爲對旅遊文學貢獻卓著而獲女王授與騎士頭銜。《暗殺者之谷》這本大作描述她闖入未爲人知的波斯地區，與搶匪、苦行僧與拜偶像之徒爲伍，最後還暗藏寶藏平安歸來。英國皇家地理學會也曾頒贈她獎助金，表彰她襄助皇家政府繪製偏遠蠻荒地區地圖的卓越貢獻。現在她的目標是要找到湮沒無存的哈達拉毛古王國首都沙巴瓦（Shabwa），也就是舊約創世紀裡提到的哈薩瑪非（Hazarmaveth），或「死亡之谷」（Enclosure of Death）。普林尼❶將這城市稱爲薩波塔（Sabota），它爲踏著沉重步伐經營乳香買賣的駱駝商隊提供物資補給。普林尼記載該城有六十座神廟，財富物資多至筆墨難以形容。但是自從這古都綠洲湮沒於大漠以來，不曾有歐洲探險家到訪過此地，芙芮雅於是一心一意矢志成爲造訪古城的第一人。

然而，我們這位女中豪傑的一生並非始終一帆風順。的確，她在三十出頭時好不容易掙脫了令她深惡痛絕的生活，開始雲遊四方；之前她在義大利南部利久立（Liguria）區的峭壁上經營花圃，工作艱苦粗重，令她深陷其中無法自拔。一九二七年她獲得一筆贈款，才得以長時間停留黎巴嫩，勤練阿拉伯文。

一九二〇年第一次世界大戰結束後，鄰近城鎮聖里摩（St. Remo）發生的一個重大事件點燃了她對阿拉伯文的興趣。英國首相大衛・洛伊德・喬治（David Lloyd George）抵達該地，與法國總理喬治・克里蒙梭（George Clemenceau）進行會談。他們會商的目的是要瓜分被征服的奧圖曼土耳其帝國的領土，將它變成英法兩國的託管地。芙芮雅推斷假如她精通阿拉伯文的話，像她這樣一位自學成功、雄心勃勃、未婚且對寫作與報導文學饒富興趣的女性，一定會有新的工作機會，比如實地勘查、繪製地圖或物色行政官員。在歐洲有求知若渴的社會大眾，急切地想多多認識這個清眞寺與拜月樓林立的世界，以及取之不盡、用之不竭又重要無比的商品——石油。

芙芮雅生於一八九一年，她是一名來自紐奧爾良的美國人歐畢迪亞・戴爾（Obediah Dyer）與一名俊俏的英國女藝術家芙蘿拉・絲塔克（Flora Stark）一段地下戀情的愛之結晶。芙蘿拉・絲塔克在義大利長大，她的丈夫是她的大堂兄羅勃・絲塔克（Robert Stark），他來自英國得文（Devon）郡，同樣是藝術家。雖然這對夫婦感情不睦，共同生活了十五年膝下仍無一兒半女，但羅伯特很顯然仍把這女嬰視爲自己的骨肉，疼愛有加，且同樣疼愛一年半後出生的妹妹。我們無從得知芙芮雅是否知道自己眞正的身世，但是她需要別人肯定的強烈需求以及她想爭千秋名聲的努力，多少暗示了她可能察覺事有蹊蹺。

到了芙芮雅十歲大時，芙蘿拉・絲塔克遇見了一位年輕的義大利伯爵，他灌她迷湯，說他計畫在故鄉義大利皮德蒙（Piedmont）山區卓內羅（Dronero）開設一家地毯工廠，好提供工作機會給當地的窮人。芙蘿拉生性莽撞衝動，丈夫又讓她感到百般無趣，於是乎她突然離開了羅伯特，帶著兩個女兒來找這位義大利伯爵，讓她們頓失在得文郡有僕人伺候、寵物陪伴的舒適生活，轉而陷入窮困潦倒境地。這對於像芙芮雅這樣一位天資聰穎的小孩而言，實在是一大悲劇，因爲她幾乎得不到受正式教育的機會。更糟的是，芙芮雅十三歲時發生了一件工廠意外。她頭髮被機器絞住，整個人被機器轉輪舉起來，導致右邊頭顱受傷，部分頭髮也被撕了下來。她可以用假髮、彩色束髮帶以及漂亮入時的帽子來遮掩傷疤，但在青春期初期遭受如此暴烈又刻骨銘心的心理創傷，必然在她內心留下難以痊癒的疤痕。終其一生，她一直感覺有必要置身險境以克服恐懼感，但任何事物都無法舒緩潛藏她心中的那種害怕沒有異性緣的焦慮。相形之下，別人眼光中的她卻是個極具女人味的女人。她嬌小玲瓏，弓形鼻，膚色美麗，有一雙笑吟吟的眼睛，對於被她的十足魅力、閃爍機智的談話及博學多聞所吸引的眾多男性愛慕者而言，她雖說喜歡賣弄風情，卻不失分寸。

最後，在她十八、九歲時，她終於說服羅勃・絲塔克資助她去倫敦貝德福學院（Bedford College）就學。就在她明顯展露適合做學問的崢嶸頭角時，八月的砲聲大作，第一次世界大戰爆發，貝德福學院因此關門大吉。她非但沒能完成皓首窮經的夢想，還報名加入軍中護士，親眼目睹義大利軍隊在卡波雷托（Caporreto）血流成河的撤退，而和戰爭的魔鬼正面遭遇；後來她因爲罹患單核白血球增多症而離開戰場，但就在此時慘遭未婚夫——也就是她受訓醫院的大夫——始亂終棄。這段遭人拋棄的經驗大大加深了她心中最深處的恐懼。

在聯軍勝利後的太平歲月裡，芙芮雅從事讓她腰酸背痛的種花工作來養活自己和母親。在那慘淡的十年歲月間，她晚上一邊攪動餐鍋，一邊勤讀阿拉伯文、莎士比亞和凱恩斯❷，並以實現「發現湮沒大漠之古城」的夢想來支撐自己活下去。

她身上帶著錢（這錢也許是她生父在遺囑中留給她的），首途前往黎巴嫩，展開她在中東偏遠荒涼地區旅行的精彩迷人生涯。在敘利亞，她溜過軍方在西南高地圍堵叛變教派德魯茲的封鎖線，因而遭法國當局逮捕。這次不入虎穴焉得虎子的探險幾乎引發一場國際糾紛，但當芙芮雅爲文批評法國政府在託管責任上處理不當時，這篇文章卻在英國各個重要政治圈內贏得一致好評，讓她更加深信自己畢生職志就是從事旅遊與寫作。不久後，她在波斯辨認出古代伊斯蘭教暗殺者派的山寨，這個圖謀不軌的教派致力於殺害伊斯蘭教主流教派遜尼派的達官貴人，以做爲一種宗教儀式。這本書一出版，重新燃起人們對伊斯蘭教秘密結社的興趣。當她獲得皇家地理學會頒贈獎項時，這只是後來許多大大小小獎項的頭一項罷了。

芙芮雅享年一百零一歲，集探險家、民族學家、繪圖師、攝影師及文人之美譽於一身，而最能名留青史的是她寫的三十本書，包括她長達四冊的自傳以及厚達八冊的書信集。她著書描寫十字軍在敘利亞的城堡以及在美索不達尼亞的聖城，稍後二次大戰期間還成爲情報局延聘的中東事務專家。在她下半輩子的幾十年間她所寫有關土耳其的書籍，爲數不清的觀光客提供安納托利亞高原的資訊。然而，接下來她於一九三四年沿著乳香之路前往沙巴瓦這段深入葉門內地旅行的記載，依舊名列她最令人難忘的作品之一。芙芮雅的作品一向博學又機智，但就從這本書開始，她第一次轉向走進這個多彩多姿的世界，一個充滿舍赫❸、聖人、蘇丹後宮與全身染藍貝都因人的地域，她的喜悅在書中明顯可見：

「我心裡想著向兩邊伸展開來的阿拉伯海岸：到亞丁有三百哩長，到另一個方向的穆斯卡特（Muscat）又有幾百哩長呢？在我前頭的是印度洋，而在我背後的是內陸沙漠：這個時刻，夾在這兩個一望無際的天險路障中的是我這個絕無僅有的歐洲人。一股悠悠然然的感覺透過我睡意濃濃的感官襲捲上心頭；有那麼一剎那，在辨別出這種感覺之前，我納悶著那是什麼：是喜悅吧，是純粹、不著皮相、無實無體的喜悅吧；它超然獨立於情感與情緒之外，具有快樂似神仙、飄渺如雲煙的本質，這種快樂如此罕見又如此忘我，以致當它翩然降臨時，似乎成了此樂只應天上有的超然物外。」

芙芮雅始終認爲地球和地球上的每件事物都令人驚奇，而她也從未喪失這種狂喜感。「狂喜這個字始終和某種發現連結在一起，」她寫道：「那是一種可感受或提振人心的新奇感，你可在愛情、宗教、藝術或旅行中找到這個字，那是一種隨時準備面對未知的愛冒險精神。」

對既是歷史學家也是浪漫文人的芙芮雅而言，這個埃及人所謂的本特之地（Land of Punt）、希伯來人所說的俄斐（Ophir），以及所羅門王稱爲示巴（Sheba）女王故鄉的古老大地，不啻是一個光榮的挑戰。她行前做了詳實的準備，閱讀希羅多德、史特拉博、作者不詳卻揭開貿易風之秘密的《繞行紅海》（*The Periplus of the Erythæan Sea*），以及普林尼、托勒密、希庫勒斯[4]，還有可蘭經與聖經。她專程前往倫敦及德國慕尼黑研究院，以尋找與沙巴瓦敵對之古城的資料，像示巴、奈季蘭（Najran）、馬安（Ma'an）、奧桑（Awsan）、卡塔班（Qataban）、希木葉爾（Himyar），並花費數個月時間研究她所能找得到的古碑文。

她的計劃是攀登約耳（Jōl）高原，這個陡坡將一條長達三百五十哩、叫做哈達拉毛乾谷的谷地和印度洋分隔開來。哈達拉毛乾谷是阿拉伯最長也最肥沃的谷地，谷裡遍布綠油油椰棗、棕櫚樹叢與紫苜蓿田，谷地四周環繞峭壁，峭壁坡地上生長著香料樹。

芙芮雅很快就發現哈達拉谷地中的城鎮，是由兩個彼此敵對的部落所盤據，即凱埃提（Qu'aiti）家族與卡提里（Kathiri）家族，他們之間的戰鬥讓駐紮在亞丁的少數英國官員忙著維持和平，而芙芮雅就這樣懵懂地一頭栽進他們之間的部落戰爭。然而，這趟葉門探險之旅最出乎她自己意料之外的事情是，她墜入了愛河。

芙芮雅抵達亞丁時被引見給一些重要人士認識，好讓此行順利成功，而這些人中最重要者就是一名住在亞丁的法國大亨安東尼・貝斯（Antonin Besse）。他的貿易帝國由阿比西尼亞❺一路延伸到東亞。就是貝斯爲她鋪展人脈、打點關照，她才能順利成行，而他在她多年生活中所發揮的影響力，對她的感情生活及其他方面都可說舉足輕重。貝斯這人聰明絕頂、唯我獨尊，比芙芮雅年長十六歲，結過兩次婚，而由於現任的太太處處包容，他在外面到處拈花惹草。即使這樣一位慣於發號施令、魅力無法擋的男人，現在他想贏得芙芮雅芳心的決心，都帶來了戲劇性的後果。

最後，雖說芙芮亞一路上經歷了不少多彩多姿的冒險，她還是沒能抵達沙巴瓦。她出師不利，在一名當地舍赫的後宮感染了痲疹。貝斯派遣皇家空軍前去營救，這本書便是提獻給皇家空軍的飛官們。數年後，她率領了一支考古遠征隊回到哈達拉毛，但在此同時搶先抵達沙巴瓦的大獎，讓一名德國攝影師漢斯・赫爾弗里茲（Hans Helfritz）搶了過去。就在芙芮雅在亞丁醫院休養之際，赫爾弗里茲捷足先登來到了沙巴瓦的外圍，然後被貝都因人趕跑。一年後，偉大的阿拉伯文語言學家聖強・費爾畢（Harry St. John Philby）在他的朋友——近年來才統一阿拉伯半島中部的沙特國王（King Saud）——的保護下，確定了古城的位置並做成紀錄。芙芮雅聽到這則消息時，打從心裡大感不悅，她說費爾畢「竟然在他從奈季蘭打道回府的路上就這樣拿下了沙巴瓦——而且還是輕輕鬆鬆搭車辦到的！」儘管如此，勝利還是歸於芙芮雅的。儘管她的步履未曾踏入沙巴瓦，但她踏破鐵鞋的尋覓以及她頗富戲劇性的死裡逃生，使得沙巴瓦馳名國際；該古城在精神上是屬於她的，而它的名字將永遠和她相提並論。費爾畢在他一九四〇年發表的報導《示巴的女兒》（*Daughters of Sheba*）中推崇她的努力，而芙芮雅自己一九三六年出版的遊記《阿拉伯的南方之門》甫問世就成了暢銷書，還引起皇太后伊莉莎白女王的注意，兩個女人因此成了朋友。

芙芮雅到頭來還是和貝斯大吵一頓後分手，二次大戰後她下嫁給一名她在巴格達結識並在大戰期間攜手合作的中東同事。他們兩人堪稱天作之合，但只有一點不合：史都華・佩羅恩（Stewart Perowne）是個男同性戀。他們的婚姻讓親朋好友大感驚慌，而當芙芮雅沒法改變他的斷袖之癖，這場婚姻就演變成兩人的一場災難。她的舞台依然是伊斯蘭世界，而一直到高齡八、九十歲，她還是或徒步或騎駱駝、驢子或搭車在伊斯蘭世界四處遊走，爲深深著迷的死忠讀者寫遊記。當芙芮雅於一九九三年撒手人寰時，倫敦《泰晤士報》讚譽她爲「最後一位浪漫旅行家」，紐約時報則稱她是「無人能望其項背的旅遊家」。

※珍・芙萊雀・簡尼絲（Jane Fletcher Geniesse）：原爲紐約時報的記者，也是《激情遊子：芙芮雅・絲塔克的一生》（*Passionate Nomad: The Life of Freya Stark*）一書的作者，這本書曾入圍一九九九年國際筆會（PEN）瑪沙・阿爾布蘭獎（Martha Albrand Award）非小說類決選名單。她的作品散見於華盛頓郵報、《紐約》雜誌及《小城大國》（Town & Country）的專欄。目前居住於華府。

【注釋】

❶普林尼（Pliny）：二十三～七十九，古羅馬作家，著作多達七部，目前僅存百科全書式的《博物誌》三十七卷。

❷凱恩斯（John Maynard Keynes）：一八八三～一九四六，英國經濟學家，凱恩斯主義創始人，認爲失業和經濟危機的原因在於有效需求的不足，主張國家干預經濟生活並管理通貨。

❸舍赫（sheikh）：乃是回教對德高望重者、教團領袖、學院院長、部落領袖等的尊稱。

❹史特拉博（Strabo）：公元前六十四年？～公元二十三年，古希臘地理學家和歷史學家，對區域地理和希臘文化傳統的研究有突出貢獻。托勒密（Claudius Ptolemy）：活動時間公元二世紀，古希臘天文學家、地理學家、數學家，建立地心宇宙體系學說。希庫勒斯（Didorus Siculus）：活躍於公元一世紀，希臘歷史學家。

❺阿比西尼亞（Abyssinia）：即後來的北非衣索比亞。

原序

讀者將發現本書中零星散布著我由衷感激的諸多貴人們的大名：哈利法克斯爵士（Lord Halifax）、阿克巴・海德利爵士（Sir Akbar Hydari）、馬爾馬杜克・皮克索爾（Marmaduke Pickthall）先生，以及馬卡拉（Makalla）的蘇丹殿下——在殿下大人協助下，我方能在最初抵達哈達拉毛時受到當地人士的歡迎。

此外我還要感謝底下諸人：馬卡拉總督，沙林姆・伊本・阿哈馬德・伊本・阿布杜拉・凱埃提（Salim ibn Ahmad ibn 'Abdullah al Qu'eti）大公；昔旺（Sewun）城蘇丹殿下阿里・伊本・曼蘇爾・卡提里（Ali ibn Mansur al-Kathiri）；蓋特恩（Qatn）城的蘇丹殿下阿里・伊本・薩拉・凱埃提（Ali ibn Salah al-Qe'eti）；在昔旺與泰里姆（Tarim）的卡夫・薩伊德（al-kaf-Sayyid）家族；希巴姆（Shibam）的胡笙（Husain）與薩伊德・阿將（Sa'id al-A'jam）；多安（Do'an）乾谷巴・蘇拉（Ba Surra）家兄弟穆罕默德（Muhammad）總督及阿哈馬德（Ahmad）總督；在阿姆德（'Amd）與麥什德（Meshed）的阿塔斯・薩伊德（Attas-Sayyid）家族：透過他們攜手相助及友誼，我此行才得以成行並順利愉快。

我必須感激英國駐亞丁（Aden）的公使伯納・雷利爵士（Sir Bernard Reilly），以及雷克上校（Colonel Lake）和空軍準將波爾塔（Portal），感謝他們在旅程之始的善心鼓舞，以及在旅程之終迅速且大方的協助；感謝貝西（A. Besse）先生寶貴的幫助與各式各樣彌足珍貴的建議；感謝飛行中隊隊長海索爾・屠衛特（Haythorne Thwaite）與飛行中尉蓋斯特

（Guest）在營救我離開希巴姆時全心全意付出的照顧；以及後來在歐洲總醫院（European General Hospital）治療時付出心力的醫生、護士長與護士們。

我也必須感謝英國皇家地理學會（Royal Geographical Society）與倫敦的珀西・史拉登信託公司（Percy Sladen Trustees）給予我多方協助與鼓勵；最後我要謝謝儒方・蓋斯特（Rhuvon Guest）先生在我寫作本書時給予我珍貴無價的協助──書頁間能出現如此水準之伊斯蘭學，主要是因爲他不吝協助之故。

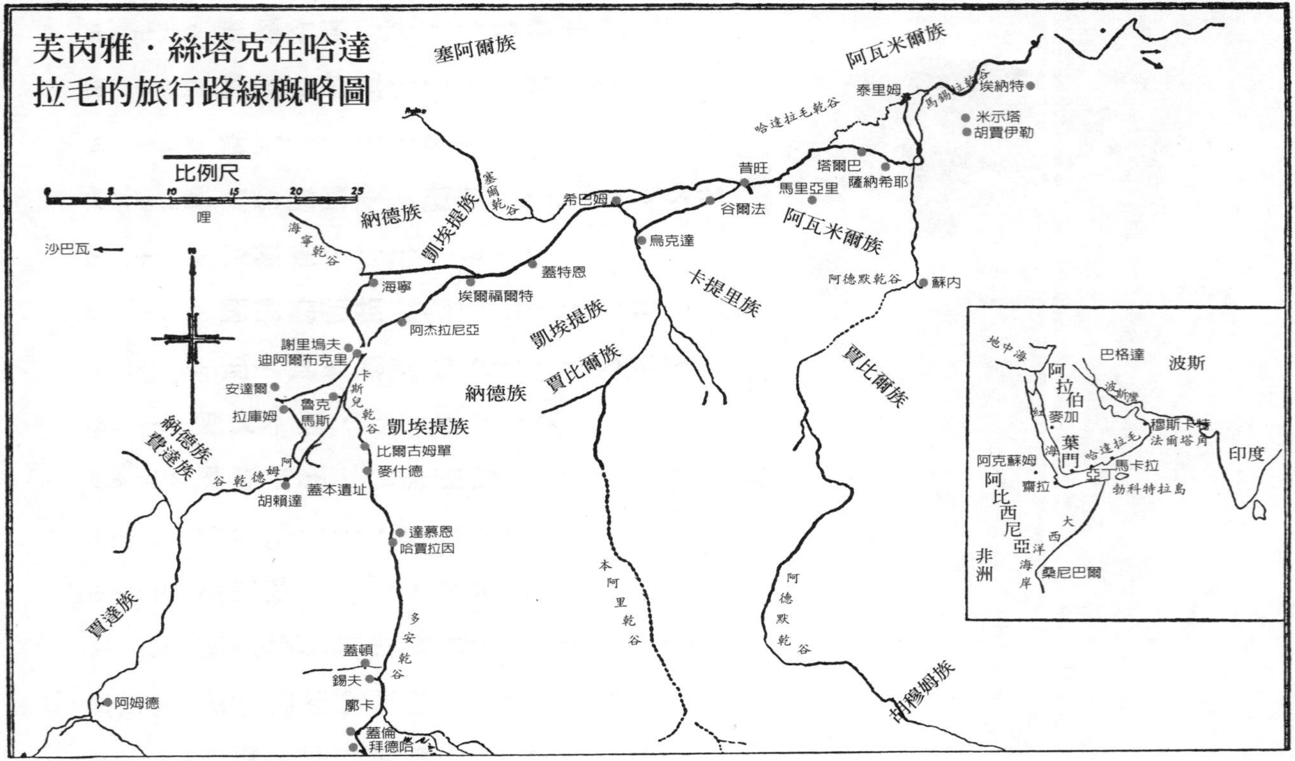
芙芮雅・絲塔克在哈達拉毛的旅行路線概略圖
比例尺
0 5 10 15 20 25
哩
沙巴瓦
塞阿爾族
阿瓦米爾族
納德族
凱埃提族
塞爾乾谷
海寧乾谷
希巴姆
昔旺
谷爾法
塔爾巴
馬里亞里
薩納希耶
泰里姆
哈達拉毛乾谷
馬錫拉乾谷
埃納特
米示塔
胡賈伊勒
烏克達
蓋特恩
埃爾福爾特
海寧
阿杰拉尼亞
謝里塢夫
迪阿爾布克里
安達爾
拉庫姆
魯克
馬斯
卡斯兒乾谷
凱埃提族
納德族
賈比爾族
卡提里族
阿瓦米爾族
阿德默乾谷
蘇內
比爾古姆單
麥什德
蓋本遺址
阿姆德乾谷
胡賴達
納德族
賈達族
達慕恩
哈賈拉因
多安乾谷
蓋頓
錫夫
鄺卡
蓋倫
拜德哈
阿姆德
賈達族
本阿里乾谷
阿德默乾谷
胡穆姆族
地中海
巴格達
波斯
阿拉伯
波斯灣
紅海
麥加
葉門
哈達拉毛
穆斯卡特
法爾塔角
印度
阿克蘇姆
霽拉
馬卡拉
亞丁
勃科特拉島
阿比西尼亞
大西洋海岸
非洲
桑尼巴爾

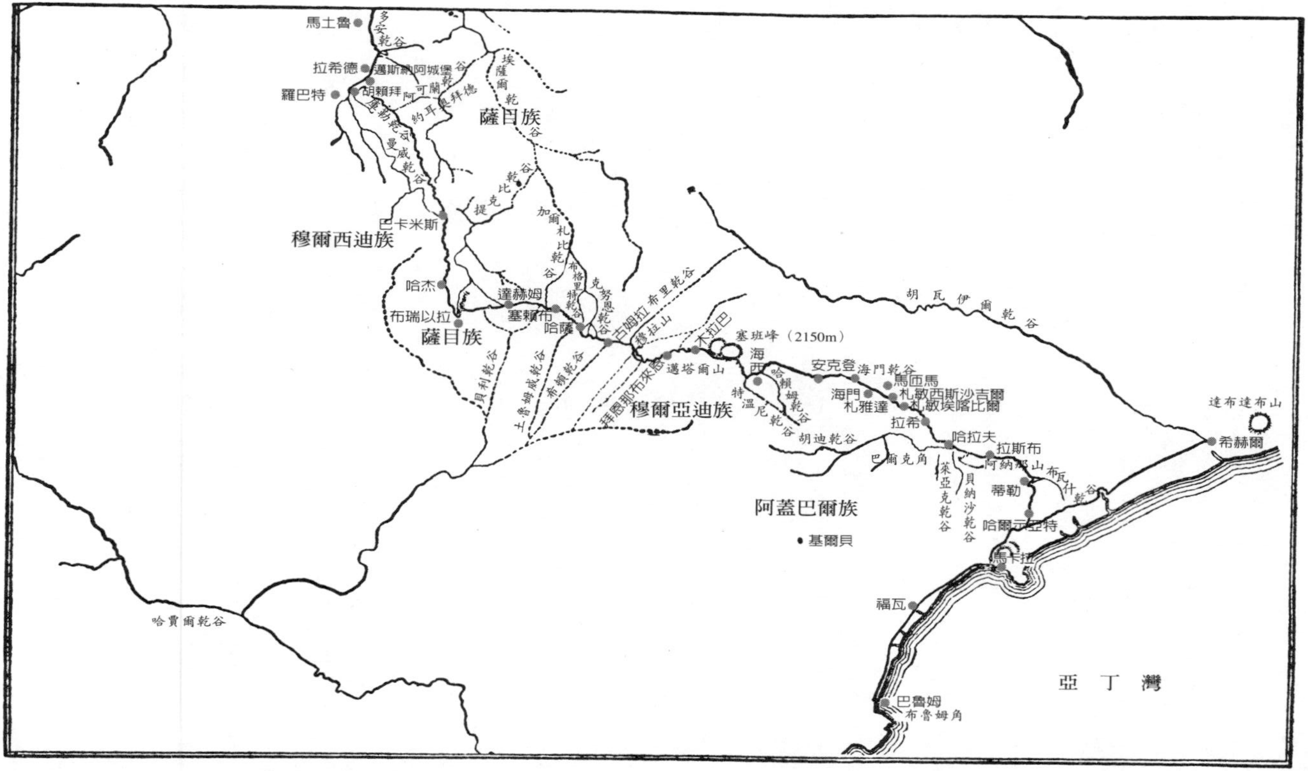
馬土魯
多安乾谷
拉希德
邁斯納阿城堡谷
羅巴特
胡賴拜
可蘭乾
約耳貝拜德
埃薩爾乾谷
薩目族
曼威乾谷
提克比乾谷
加爾札比乾谷
巴卡米斯
穆爾西迪族
哈杰
布瑞以拉
薩目族
達赫姆
塞賴布
哈薩
布格里特乾谷
克努恩乾谷
古姆拉布里乾谷
穆拉山
木拉巴
塞班峰（2150m）
貝利乾谷
土魯姆威乾谷
希頓乾谷
邁塔爾山
穆爾亞迪族
海西
哈賴姆乾谷
特溫尼乾谷
安克登
海門乾谷
馬匝馬
海門
札雅達
札敏西斯沙吉爾
札敏埃喀比爾
拉希
哈拉夫
胡迪乾谷
巴爾克角
拉斯布
阿納那山
布瓦什乾谷
萊亞克乾谷
貝納沙乾谷
蒂勒
哈爾示亞特
阿蓋巴爾族
基爾貝
馬卡拉
福瓦
巴魯姆
布魯姆角
亞丁灣
胡瓦伊爾乾谷
達布達布山
希赫爾
哈貫爾乾谷

導言　香料之路

「那從曠野上飛來，形狀如煙柱，散發沒藥、乳香等所有商賈香粉的芳芳，是誰呢？」

——聖經雅歌第三章第六節

「一百方祭壇上示巴薰香蒸騰瀰漫，
圈圈花環也讓空氣芬芳撲鼻。」

——《伊涅亞德記》❶第一卷四一六行

公元一世紀時，一位姓名不詳的希臘人船長寫了《繞行紅海》（*Periplus of the Erythrean Sea*）❷這本書。他既沒受過教育，更不是能舞文弄墨的騷人墨客，寫這書不過爲了提供資料給海員與商賈；書中一個接一個介紹那個時代的紅海港口，以及它們的市場與出口貨物。他先沿西岸航行，再沿東岸直達靠近桑吉巴爾（Zanzibar）的地區，從那裡「未曾有人探險過的汪洋大海繞個彎後向西迤邐而去」，最後他向東到麻六甲海峽，「此乃東升旭日下……最後一部分有人煙可聞」。

很少有書能像這位老船長的這本書那樣引人入勝——說他老是因爲我想他歷經多次遠航，每次航程都能如數家珍、娓娓道來，想來有一把年紀了。

當這位老船長來到位於香料角（Cape of Spices）——即今日的嘎爾達夫伊角（Cape

Guardafui）——旁的乳香之地後，他結束他的非洲之旅，從埃及揚帆向東行。他從納巴泰人❸國王收關稅的皮特拉（Petra）航行過貿易商之路，接著沿阿拉伯海岸航行，他說「沿海陸地上星羅棋布地點綴著食魚之民的洞穴」，而「內陸地區住著無惡不作的人民，他們住在村落或游牧帳棚裡，掠劫航道偏離中道的船隻，並將船難倖存者擄獲作奴隸。因此，我們的航道一直保持在阿拉伯灣的中央水道，並且盡速駛離阿拉伯地區，直到我們來到火燒島（Jebel Tair，北緯十五度三十五分，東經四十一度四十分）爲止。就在這座島的正下方，住有愛好和平、畜養牛羊駱駝的游牧草原民族」。

他在這裡抵達了希米亞里特人（Himyarite）的葉門王國，這是最後一個獨立的古阿拉伯帝國，而它的港口穆札（Muza，現在拼作莫克哈〔Mokha〕或毛薩〔Mauza'〕）「擠滿了阿拉伯船主與討海人，商業買賣熱絡繁忙……」。

這裡有山肩高聳的葉門山，下臨暗無天日的幽壑，上達垂懸半空的峰頂，山後的前景是一片黃沙地，得花兩天路程才穿得過。這座山層巒起伏，爲數眾多的平頂山頭在遠方聚集爲一道厚實山脈，以至於如同海姆達尼❹所說的，「它們並非千山萬壑，而是一座從葉門綿延到麥加的山，叫做薩拉特（Sarrat）」。從海上遠眺，它們的顏色並不是中等高度的土山顏色，而是煙霧瀰漫、幽暗昏冥的顏色，彷彿玄黑的火山尖頭披上了一層沙漠土礫的外衣，而原本紅色的砂岩也被火山灰磨得色澤黯淡，就像埋在一層煤灰底下即將燒滅的餘燼。

這位老航員從這裡向南航行，左右是最後夾束在一起的兩片海岸。當暗無天光的波濤越來越常出現時，他便進入了巴布埃爾曼德伯（Bab el Mandeb）海峽，海峽「向中間收束，硬是將海水逼到一處，將大海關進一處狹窄海峽中，這條通道被迪多魯斯（Diodorus，現在的佩里姆〔Perim〕）島隔成兩條水道」。在它上方不遠處，「就在海峽的岸邊」，是一個「叫做奧克里斯（Ocelis）的阿拉伯村莊……這是個下錨地，一個飲水處，是由南邊航行進入阿拉伯灣的第一個靠岸處」。這是從印度過來最稱便利的一個港口，再向北就沒有任何一艘印度船隻能越雷池一步，因爲阿拉伯人在羅馬人入境之前的數百年間一直守護著他們的貿易秘密。佩里姆的下錨地以及蜆殼（Shell）石油公司的油槽，現在已經取代了奧克里斯；但是平滑的山稜線、空無一樹的陸地鼻尖和湍急繞過尖角的水流依舊在那兒，千古不變；而過了海峽，「大海再度向東擴展開來，很快我們就又看到一片汪洋了」，我們正如老水手般沿著南葉門的海岸線航行，然後下錨於「幸福快樂的阿拉伯樂土❺，一座岸邊小村，隸屬卡里貝依爾（Caribael，葉門的希米亞里特國王）的國度，擁有方便的下錨處與飲水處，水質比奧克里斯的水更佳也更爲甘甜」。這裡是亞丁，東西方的交會點。

再過去，向東「是連綿不斷的一條海岸線，以及一個延展長達兩百多哩的海灣，沿著海灣住著游牧民族以及群居村落的食魚之民，而剛過從這海灣突出來的岬角，就是另一處岸邊市鎮：乳香之區迦拿（Cana）。從這城鎮往內陸走，就會來到住著國王的大都會薩巴塔

（Sabbatha，現稱沙巴瓦〔Shabwa〕）。這國家所產的所有乳香都用駱駝馱負到這個地方儲存，再用墊著充氣羊皮囊的土製木筏或小船將香料運送到迦拿……這個地方也與非洲各港口、巴里加札（Barygaza，就是印度的布羅奇〔Broach〕）、阿曼和波斯有貿易往來」。

這名老海員就是這麼寫著的——一位初來乍到的新人，來到一度最富裕、看守得最嚴密，或許也是年代最古老的一條古世界通商大道。

不過在他的年代之前幾年，這條大道的神秘面紗才被揭開一角。公元四十五年，希臘人希帕魯斯（Hippalus）成爲世上第一位利用季風來航行的西方海員。他帶領地中海的商業橫跨印度洋。在他之後是羅馬人，他們征服了北部的駱駝商隊路線與埃及，並因爲厭倦於繳納關稅給阿拉伯人，於是漸漸東征西討打開一條自己的海路，然後向前推進，搭乘又大又新且部署弓箭手的船隻，闖進這片被視爲禁地的水域。

但是沒有人知道是在他們之前多久，是在遠古歷史何種晨曦微光中，這種貿易開始運轉；也沒有人知道達羅毗荼人❻何時揚起單片風帆，搭乘船尾雕花高翹的船隻，掌握安置於船尾側的舵，頂著太陽乘風破浪，在利於航行的季節展開首航，並且首次橫渡印度洋，將貨物成堆卸在阿拉伯海岸上。

此地乃「乳香之區，巍峨不可攀的高山峻嶺終年雲霧繚繞，山上的樹出產乳香」，而阿拉伯的駱駝師傅一如今日在沙塵覆蓋的帳棚下等待，廁身於一捆捆貨物中，那是阿拉伯與非洲的香料、來自錫蘭綁成捆的珍珠與麥斯林薄紗、中國的絲綢、麻六甲海峽的龜甲玳瑁、恆河的甘松香，以及叫做「馬拉巴斯朗姆」（Malabathrum）的喜馬拉雅山肉桂葉。

「頭戴冠冕者，一頭烏溜亮麗的頭髮，
抹著敘利亞香液樹脂。」

更有那來自印度的鑽石與藍寶石，以及象牙與棉花、靛青染料、琉璃、肉桂與辣椒。再有就是來自波斯灣的椰棗與酒、黃金與奴隸；而長期來便有阿拉伯貿易商賈履足的非洲東岸，則貢獻了乳香、黃金、沒藥、象牙、鴕鳥羽毛和香油。

一批批貝都因人用駱駝接力背負成捆貨物，從海邊長條狀沙地穿越丘陵間的隘口，翻越高地草原到內陸谷地和葉門以東的陸地，最後跋涉過麥加以北的沙漠抵達他們的市場，阿拉伯的香料也就在大馬士革、耶路撒冷、底比斯、尼尼微或羅馬的祭台上蒸騰薰香了。

這就是偉大的乳香之路。人們心目中關於這條路的褪色記憶，依然讓南阿拉伯贏得「幸福快樂之樂土」的雅號，它的存在為後世伊斯蘭文明開路，也使得這文明有可能開創出豐功偉業。亞洲的財富便踏著它緩緩川流不息的腳步之流而行；沿著它緩慢卻綿延不斷的路線，一個接一個的阿拉伯帝國崛起又衰亡——米內亞（Minean）、薩巴（Sabaean）、卡塔班尼亞人

（Katabanian）、哈達拉毛與希米亞里特帝國。各帝國在自己所掌握的那段通商大道上一個接一個發達富裕起來；他們被渴望控制更多路線的慾望所催逼，因而制定了相關政策，特別著重控制南部香料區與出海通路。他們成了帝國，成了貴族，興建了高城大邑；他們殖民了索馬利蘭❼與衣索比亞，一躍成爲非洲及阿拉伯森林的霸主。

我們很難理解在每方祭台與每場葬禮都焚燒乳香以薰香的年代，他們壟斷獨賣的生意爲他們帶來何等可觀的財富。在耶路撒冷神殿裡有神聖不可侵犯的倉房特別儲存這些香料。公元前十二世紀初，在供奉阿蒙神❽的神廟中，一年要供上兩千一百五十九罐香料與三十萬零四千零九十三份香料；而單在巴比倫一地，迦勒底❾的祭司每年在貝爾神❿前焚燒重十萬「塔冷通」⓫的乳香。阿拉伯曾經每年要上貢一千塔冷通重的乳香給大流士。亞歷山大大帝在攻下加薩（Gaza）之後，派人送了五百塔冷通給他在馬其頓責備他拜神明拜得太奢侈浪費的太師爺。

「我們只消考慮到整個世界每年所舉辦爲數龐大的葬禮，還有那些爲了敬重往生者遺體而堆得高高的香料柴火吧。」普林尼如是寫道（第七卷，四十二行），他下結論說：「阿拉伯之所以成爲如此『幸福快樂』之樂土，想來就是人們的奢華享受，這點在殯葬用品上也可見一斑。」他描寫人們如何小心謹愼地守護這珍貴商品；運貨者若在大海到沙巴瓦之間的通商大道上走小路開溜，就會被處以死刑；「單有一扇城門專供駱駝商隊入城之用」；在亞歷山卓（Alexandria）城的商舖有條規定，工人下班離開前要被剝得精光搜身，他們的圍兜要縫合，頭則要蒙上面具或網子。這一切描述在在證明這商品的不凡身價；它橫越阿拉伯大陸，從這端海岸運送到另一端的海邊，距離長達兩千哩，最後在羅馬「以成本一百倍」的高價出售。

香料貿易除了影響至鉅外，其價值還要再加上日積月累的財富，而這通商貿易最早起於何時仍是不爲人知。米內亞帝國是我們聽說過最早的帝國，「乳香唯一的轉運地就是假道該國國境，沿著唯一一條窄路走」。米內亞帝國歷代國王的名單，其中最晚的一位也可以上溯到公元前十三世紀。根據碑文的記載，這個帝國的出現有如密娜娃⓬般，當它從尚未經人研究調查過的阿拉伯背景中嶄露頭角時，就是個擁有重兵、高度文明的繁榮富庶國家，而它的字母表更是我們字母表的祖先。它的興起背後歷經哪些史前冒險犯難、何種民族遷徙，還有它的字母表在何地或由何人發明，凡此種種都有待發掘；而除了喬裝爲葉門猶太人的約瑟・阿列維⓭之外，還沒有其他人造訪過位於奈季蘭（Najran）的米內亞國都邁因（Ma'in）。

在米內亞之後也在它之南，崛起了薩巴帝國，就是遠道求訪所羅門王的示巴⓮，它的國都在馬里布（Marib），也在香料之路上，阿爾諾（Thomas Joseph Arnaud）、阿列維和格萊澤（Edouard Glaser）都曾造訪過該地。權力的重心持續向南移動。當薩巴人的人口增加，他們便併吞了鄰居卡塔班尼亞人，後者的城市泰姆納（Tamna'）同樣在香料之路上，但目前尚無人知道它的正確位置，只是想必靠近他們位於哈里布（Harib）的鑄幣廠；普林尼記載到「香料只能假道格巴尼塔人（Gebanitae）居住的地區進口」，而格巴尼塔人又是從卡塔班尼亞人手中接收泰姆納的部族。繼薩巴王國而起的是希米亞里特帝國，它是古阿拉伯帝國中的最後一個，統治的疆域起自葉門附近的札法爾（Tzafar），國祚則一直存留到基督教時代：直到今日，葉門的伊瑪目⓯依然在他的信件上灑紅土，以表示他系出希米亞里特人。

但是貿易的鎖鑰位於以上這些國家以東的地區，在峭壁環抱的谷地中，在哈達拉毛狹窄的山隘中，這裡的人「惟獨他們……在阿拉伯人當中，沒有其他民族看過香料樹」；他們統治著迦拿港與通到佐法爾（Dhufar）的沿岸陸地；他們的國都沙巴瓦，也就是普林尼書中的薩波塔（Sabota），「坐落在一座巍峨高山上」，城牆內建有六十座神廟，利用單一出入口開關自如地控制湧向通商大道的人潮物流。

直到去年，沙巴瓦依然未有人前往造訪。它在地圖上被畫在希巴姆以西六十哩處。在早期的侵略中，巴努金達（Banu Kinda）族往下入侵谷地，而根據雅古特⓰的說法，城裡的居民於是放棄沙巴瓦建立了希巴姆。無論究竟為何，今天依然有一些勢單力薄的部落居住在那裡，圍繞著略含鹽分的水井，據說他們距離古城只有一段距離；這群人靠採井鹽維生，而且自古以來便以此為業，至少從十世紀地理學家海姆達尼發現他們在採井鹽時便一直如此。

長期以來，我對道路與河川抱持著一份熱愛，奈何不過這份熱愛的逼迫，我去年想到要假道哈達拉毛試著前往沙巴瓦。然後，我打算遵循主線從哈里布和馬里布到位於奈季蘭的邁因——這「唯一一條窄路」，正如我們方才所說的，這條路線會經過四個阿拉伯帝國的國都；但假若這麼走不可行，我會盡全力在沙巴瓦附近一帶收集資料，然後循著一條過去想必是通衢大道的路穿越丘陵地帶折返迦拿古港——它就位於海岸邊比爾阿里（Bir Ali）附近某處。

結果這兩個計畫都沒能付諸實行。沙巴瓦雖說距我不到三天路程之遙，中間也沒有障礙阻撓我前去，但奈何命運多舛、事與願違，它還是像天上明月般遙不可及：我只能在夢中遙想著我踩在虛無飄渺的帝國御道上。不過，通向御道的哈達拉毛谷地及內陸城市，雖然自從一八四三年馮．瑞德（A. Von Wrede）喬裝化身冒險進去之後，便有幾次被外人一探究竟過，但它們詭譎異樣的美依舊誘惑著企圖締造些紀錄的人們前仆後繼，即使這些紀錄大多以失敗收尾。

附注：

我在哈達拉毛發現的植物名稱沒有附上英文的對應字令我後悔莫及。這是因爲壓著這些採集來植物準備日後辨識用的標本簿，在返國途中遭到海水打濕破壞，連帶裡頭的標本也泡湯了。若要查植物英文名稱，以及其他許多正確資料，請讀者參考殷格蘭（Ingrams）先生即將出版的有關這個地區的著作。

【注釋】

❶《伊涅亞德記》（*Aeneid*）：乃古羅馬詩人魏吉爾（Virgil）的拉丁文史詩鉅著，分十二卷，描述主角伊涅亞斯在特洛伊城陷落後的經歷。特洛伊城陷落後，詩中主角伊涅亞斯歷經千辛萬苦方才安然抵達迦太基，維納斯見狀在伊涅亞斯身旁籠罩一圈迷霧，好讓他不受閒人打擾直抵女王黛朵宮中，而灑下迷霧後，維納斯便飛回家鄉帕佛斯島，回到島上供奉她的神廟。這兩句引文便是形容她神殿內的景象，原文是Centumque Sabaeo / Ture calent arae sertisque recentibus halent。

❷periplus意思「繞行」，至於Erythraean Sea在希羅多德的書中指的是阿拉伯灣或紅海，甚至可以是印度洋。

❸納巴泰人（Nabatæan）：古阿拉伯的一個民族，住在敘利亞與阿拉伯交界處。

❹海姆達尼（Hamdani）：八九三~九四五，阿拉伯多才多藝之天才，集地理學家、詩人、語法學家、歷史學家、天文學家於一身，所著《阿拉伯紀實》（*Jazirat al-Arab*）一書乃是描寫南阿拉伯古史與地理形勢之經典之作，被

譽爲「南阿拉伯之喉舌」。

❺幸福快樂的阿拉伯樂土（Eudaemon Arabia）：Eudaemons乃希臘文的羅馬拼音，意思是「幸福快樂」。

❻達羅毗茶人（Dravidian）：住在印度南部德千半島的非亞利安系的種族。

❼索馬利蘭（Somaliland）：非洲東北部歷史國名，該區現在隸屬索馬利亞和吉布提（Djibouti）兩國領地。

❽阿蒙神（Amon）：古埃及生命之神。

❾迦勒底（Chaldean）：底格里斯與幼發拉底河的下游，古巴比倫王國所在地。

❿貝爾神（Bel）：兩河流域掌管富饒的豐收之神，在希伯來文中拼作巴力Baal，被猶太人認爲是邪神。

⓫塔冷通（talent）：古中東、希臘、羅馬的重量單位，見思高聖經瑪竇福音二十五章十五節。

⓬密娜娃（Minerva）：即希臘神話中的智慧女神雅典娜，傳說中她的誕生是從宙斯的頭顱中一躍而出，而初見天日時就已經是個發育成熟的成人。

⓭約瑟・阿列維（Joseph Halévy）：一八三四～一九〇八，法國小說家。

⓮示巴（Sheba）：公元前十世紀，示巴女王備了厚禮來見所羅門王，爲向他求智慧，這段歷史記在〈列王記上〉第十章一至十三節以及〈歷代志下〉第九章一至十二節。

⓯伊瑪目（Imam）：伊斯蘭教經學家。

⓰雅古特（Yaqut）：一一七九～一二二九，阿拉伯歷史學家與地理學家。

第一章　阿拉伯海岸

「我看到了
她迎著晨曦投射的窈窕身影，
倩影落在飄滿玫瑰花的海灣，
一艘年代久遠、昏昏欲睡的船隻上。」

——〈古舟〉（The Old Ships），弗萊克❶

我經常納悶著何以一般說來，擁有船兒一艘要比擁有美嬌娘一名更令人心滿意足。這也許是因為，船兒本是弱不禁風，在汪洋中任憑風吹雨打、日曬雨淋，如臨深淵、如履薄冰，即使是最魯鈍的人都明白掌舵時需要全神貫注、高超技藝。女人雖說和佇立在剃刀邊緣般波峰上的船隻同樣柔弱，但置身於碰不到、摸不著卻意義非凡的永恆汪洋中，船隻想必給予人穩妥安定的印象，雖然這印象可能是錯誤的，因為掌握讓船隻與人員一路順航道而行的舵柄的手，通常不是隻溫柔的手，而屬於一個行動遲緩又心不在焉的笨蛋。也因此，愛好和平的男人自然而然卻不理性地捨女人而就船隻了。

在印度洋中這種現象要比其他地方來得更加明顯易見，因為在這裡，每年同樣月分季風朝同一方向持續吹拂，增加了當地整體的穩定性；吹拂推送一般近海船隻的風，不論其為何，在這點上也只能望「風」興嘆、望「洋」莫及了。因此，在相對穩定性下，數百年如一日，自非洲和南阿拉伯港口駛出滿載乳香沒藥的小船隊；而在聖誕節前後，它們在亞丁的倉庫卸下了香料貨物。

一九三四年，將近一千兩百噸香料自佐法爾出口，而有八百噸自索馬利蘭出口。世界上所有香料都產自這兩個地區。英屬索馬利蘭平均製造四百到五百噸香料，而義屬索馬利蘭則製造五百到六百噸。但是阿拉伯的香料品質較佳，而佐法爾海岸是唯一每年能有兩次收成的地區，和在普林尼的時代一樣，香料一般可區分為白香料（夏季）和紅香料（春季）。

佐法爾海岸主要的港口和村落為：沙烏達（Saudah），這裡運出將近兩百五十噸的香料；米爾巴特（Mirbāt），一百五十到兩百噸；賴基烏特（Rakhiūt），兩百噸；賈迪布（Jadib），一百到一百五十噸；哈達巴爾姆（Hadhbarm），達姆加特（Damghāt），達布特（Dhabūt），各一百噸；阿爾蓋達（Al Ghaidha），五十噸；而基什恩（Qishn）則有兩百到兩百五十噸的產量。其中品質最佳的來自沙烏達、哈達巴爾姆和米爾巴特，貨色最差的則來自基什恩。

古人從橄欖（Burseraceoe）科樹木的兩種品種*Boswellia Carteri*和*Boswellia Bhuadajiana*（拉丁文，印度乳香）採擷收成香料，而阿拉伯人將它們分成四種，其中霍杰伊（Hoja'i）製造上等樹脂，而舍赫里（Shehri）、薩姆哈里（Samhali）和拉斯米（Rasmi）的品質則等而下之。「這些香料樹，」老船長說：「長得不高大也不壯。它們的樹皮上膠著顆粒狀乳香，正如在我們埃及的樹那般淌著有如斑斑淚痕的樹脂。」在距離海岸騎駱駝三天可到的地方種植著最上等的香料；中等貨色來自山麓和山峰，品質最差者是在海岸邊採集的。

但是其他條件也決定樹脂的價值：它的顏色；這點在拉美西斯三世❷府庫目錄中已出現紀錄：它從霧濛濛的琥珀色顆粒，或是夜裡光輝熠熠一如月光的淡淡翡翠綠，到像達特穆爾❸溪泉河床上混雜小漂礫的渾濁土黃色，不一而足；它的大小，以及閃閃發光的小砂礫在其中所占的比例（阿拉伯人用小砂礫巧妙地增加貨品重量），都決定乳香的價值，每噸從八十英鎊到十英鎊不等。

三月到八月間，阿拉伯人在樹皮上劃出一道道小刻痕來採擷樹脂：乳白色樹脂需要三到五天的時間風乾，視天氣狀況而異；假如日頭不夠烈的話，樹脂必須晾在地上才能完全風乾。在普林尼的時代，採集香料僅限一小簇人獨占；「不到三千戶人家專擅這種世襲特權。因爲這個緣故，這些人被稱做是神聖的，當他們修剪樹木或採擷收成時，不容許沾染任何穢物，既不可和女人交媾，也不可碰觸死屍；因爲得恪遵這些宗教戒律，所以商品價格居高不下」。目前採收香料的權利承租給索馬里人❹，他們爲了這個目的特地從非洲翻山越嶺而來。香料樹本身既古老又神聖的特性，可從許多作家筆下見出端倪：希羅多德提到有翼的蛇虺捍衛著樹身，並在每年春天沿著駱駝商道飛到埃及——樹精尾隨在後，一路上淌著一滴滴從他腹側切口所流出的珍貴樹脂。

但是駱駝商道現在已經消聲匿跡，香料區也從它西邊的疆界日漸萎縮，原因是需求量減少，而非任何天災。在哈達拉毛人跡罕至的谷地，當地人仍然種植並採收香料，但外銷的極西點似乎是阿爾蓋達，至於在阿爾蓋達以西一百六十哩處的迦拿舊港則已隱藏失落在滾滾黃沙間。阿拉伯的遠洋船隊，它們的船身就和那些湮沒的遺跡一樣古老，它們渾然不覺地經過空無一人的鬼市，沿著蜿蜒曲折、火山遍布的海岸航行，入冬後季風消歇止息，船隊便航向亞丁的碼頭。

在這裡，幽暗棚子裡飄著香味四溢的灰塵以及觸摸不到的香料芬芳，一條條冷白光線投射在半透明的樹脂上，蓋頭遮臉的婦女低下頭來看著淺口籃子，並且以染成紅棕色的手指頭挑分出各個不同等級的香料：在此同時，返航歸家的船隊拿著一桶桶汽油裝滿老舊油箱。

去年一月，船隊中有一艘來自科威特的三角帆船就在比爾阿里的岬角外觸礁擱淺。大部分漏油都被撈上了岸，但是比爾阿里蘇丹管轄下的貝都因人把擱淺的船身拖上岸，理所當然地把它視爲阿拉賜予的禮物，除非拿現金來買，否則絕不割愛。我們在亞丁並未就海難船隻的處理方式和比爾阿里簽訂任何條約，但我們和鄰近的蘇丹卻訂了條約，不論狂風巨浪送來什麼，其中三分之一的價值他都能中飽私囊。比爾阿里蘇丹尚未採用這條將海盜行爲文明化的標準，只要求拿走四分之一的貨物。在這樣的情況下，船上貨物的所有人A. B.君做出結論：私下議價要比政府出面協助來得省錢；他並且告訴我，他的小汽船「阿敏號」（Amīn）

在前往希赫爾（Shihr）的途中，會在迦拿被世人遺忘的沙灘放下他的譯價大使，之後就會帶我到馬卡拉。大使將在迦拿盡力而爲。

一月十二日晚上我上了船。A. B. 君和馬力安（Meryem）請我吃晚飯：在亞丁灣寬廣淺水的臂彎中，點點漁火搖曳生姿，就像行星般。當天晚上離我而去的溫暖友誼，爲這趟短途旅程憑添一絲辛酸悲涼，好像離家遠遊。亞丁居民頗爲友善。早期哈達拉毛人對亞丁居民惡行惡狀的報導，我不敢苟同，因爲自英國總督的特派代表以降，我發現每個階級的人都頗爲友善且樂於助人。我在小汽船船艙裡思索著這些事情，船艙舒適極了，完全不同於我一開始打算搭乘來繞過南岸的三角帆船。我在凌晨兩點鐘醒來，發現我們已經離岸出港。天刮起了風，東邊的燈塔瞪著我們看，瞅著憂傷且時明時滅的眼睛望著漸行漸深的海水，而「阿敏號」的船尾高高翹起宛如一隻海馬，船艙就在它的頸椎上，看來這趟印度洋之旅將會非常顚簸不舒服。

我們一整天破滔滔白浪而行，每個人多多少少都覺得不舒服。我在風浪暫歇時刻登上甲板，看到一成不變、萬里平沙的沙岸，以及後面的山脊稜線——這是捕魚而食之民的海灣，儘管我們看不見他們的小木屋。住在隔壁船艙的大使搖搖晃晃地頂著海風走來，圍巾和頭巾一圈圈將他那張同樣圓圓的臉裹得鼓鼓脹脹的；他一臉愉快平靜，嘴裡鑲了顆金牙。從他的船艙裡傳出女人的呢喃細語聲，他解釋說話的是他一個要返回馬卡拉守寡的姑媽。我前去拜訪她，發現這位姑媽倒是漂亮得出奇，臉上蒙著由絲質薄紗做成的大花面紗；她蜷縮在窄窄的沙發上，很明顯覺得沙發遠不及阿拉伯地板來得舒服。她具有人們在哈達拉毛常看到的那種臉型，非常細長，嘴大卻敏感，動不動就開口大笑，深褐色眼睛又大又亮，細長頸項上戴著一副金珠項鍊。在這狂野且令人不舒服的水域裡，她像歡迎自家姊妹般迎接我的來訪。她吞吃著塗有濃濃奶油的糕點來減輕暈船的不適，說她覺得有必要在肚子裡墊一點高熱量的東西，以避免天旋地轉的感覺。在攪動驚濤駭浪的力道作用下，我覺得糕點肯定很快也會在她肚子裡天旋地轉起來。我說服她不妨有失體統地將舷窗推開一吋透透風，便趕在她吐得淅瀝嘩啦之前離開現場。在外頭撲面而來的乾淨海風中，我踱著步子四處走動，思索著這位關在密室中環遊世界之頗不尋常的女性楷模，盡可能少看到外頭世界，也盡可能少被外頭世界看到。這樣的成見似乎放諸四海皆準，只是個別地區有程度上的差異：X太太不敢輕易跨出她的小圈圈一刻，而她小圈圈裡的人還不到我們這地球上有趣迷人人口的十萬分之一，她們的行為準則和這位阿拉伯姑媽如出一轍，獨自一人躲在黑暗不通風的船艙裡。

翌日早上，突如其來的風平浪靜暗示著船已經下錨了。前方不遠處是一個寬廣寂寞海灣的東臂，有些人認為這就是古代的迦拿灣。海灣的沙丘和望風披靡的青草在寧靜晨光中閃閃發光。綠草覆蓋著火山丘的山腳，灰黑色火山丘拔地而起，成為平頂的山邊扶壁狀物，然後消失在南北走向的寬谷中。這條谷地是通往沙巴瓦的要道，並且無疑是許多看不見的綠洲的藏身處，因爲在這片地勢遼闊且富於變化的土地上全然看不到耕作的跡象。只有三根頹圮的杜子和一座方形堡壘或塔樓，成爲這片寂寥中一點醒目的東西；還有一艘形單影隻的三角帆船，她是我們前去查看的船隻殘骸的伴侶和守衛——船停泊著，帆桁和纖細船身映照在波光瀲灩的水面上，高翹船尾刻著花環，紅白兩色的垂懸科威特國旗在明亮耀眼的空中清楚得就像一幅蝕刻畫。

在人類荒廢的遺跡中，有種東西比荒涼寂寥來得更扎心。岸上最孤寂的東西要算是A. B.君的貨物了；這是一座罩著防水帆布和繩索的無主荒塚，被拖到不受潮打水蝕的一座沙丘上，很難想像它是一筆價值兩千英鎊的投機商品。

我們看不到人跡，除了這個了無人煙世界裡早晨寂靜的清爽怡人之外，我們什麼也看不到：但是有一雙雙眼睛環伺著我們，而方塔的塔頂很快隆起像一座蟻丘似人影，還有人揮動著黑色披肩以示和平。在我們放下小船之前——我們一行人包括船長、航海員、大使、職員，以及三名打算前往內陸哈班（Habban）、帶著床架和被耳環壓得喘不過氣來的小孩一起旅行的阿拉伯人，還有我自己——這一切就開始了；看守殘骸的衛兵已經出來迎接我們，他們搭乘一艘鑿空木段做成的船隻，以及一艘站著五、六個人的狹長「呼力」（huri）。呼力兩頭尖尖，可以前後自由航行，浪打上來時會像個新娘般迎上前去，船員則站在船尾拿著木製圓盤舀水出去，圓盤就釘在槳前身的竹竿上。她在我們身旁輕盈掠過，就像一隻飛燕繞著一隻蒼蠅般，而當我們抵達淺水區時，她立刻猛撲上來。每個阿拉伯人挑中看上眼的乘客後便二話不說抓起來，墊靠在塗了油料和靛青染料的胸前，熟練地將他手腳按壓成密密實實一捆，然後將這支談判代表團安置在沙灘上。

比爾阿里蘇丹屬於瓦希迪（Al Wahidi）族，根據他們自己明顯不正確的紀錄，他們是戈萊什（Qoraish）的後裔。偉曼・貝里（Wyman Bury）將他們視爲南阿拉伯的原住民，血統上並沒有摻雜北方移民的血統，外貌上看來也是如此。據說他們人數有四千人；這部族最近才決定，但也許不是拍案抵定，從商要比殺人更有利可圖，而穿過他們的國家上行直通沙巴瓦的通衢大道，（馮・瑞德在一八四三年曾走過這條路的下半段），一路上大半依然情況不明、危險重重，而且有害健康。

說起來，他們看起來就是危險的，不過臉蛋倒是英俊。他們當中爲首的三、四人離開隊伍走上前來，鄭重且面無笑容得和我們握手。只有幾個人包頭巾，但大多數人圍著遮羞布，腰上繫有一條塡滿子彈的腰帶——此外，脖子上懸掛著護身符，頭上以一條油膩膩髮帶將頭髮向後挽起，像是初次踏入社交界女性的髮型，右肘上方則圈著一只銀臂鐲子。他們拿著鑲銀的老舊槍枝，以及一、兩把製作精良的哈達拉毛匕首，鞘子向上捲起幾乎成U字。匕首上有粗糙紅玉髓浮雕，並插入遮羞布裡，角度正好能讓手隨時拔刀。他們的美在於裸裎的上半身，結實的肌肉恣意抖動，包覆肌肉的一層皮膚長期在靛青染料、日照和油料的調理下，呈現出一種非褐亦非藍、倒有點像深紅李子的色澤。他們看起來能掌握全局，因為我們的船長神色匆忙，他們則氣定神閒，這氣度在談判中總是先占了上風。問及他們的蘇丹，他們說他人在海灣對面內陸的比爾阿里。我們的船長張著因驚愕而圓睜的藍色大眼，望向亮得令人睜不開眼、沒有船隻航行的寬闊海面。我們主人中的一位，以一個生活中不需求助現代機器一樣過得很好的人的鎮靜自若，拉上他的遮羞布來束腰，開始邁步出發。

「他需要多久時間才能找到蘇丹？」船長問。

瓦希迪族人們正開始和大使禮貌地閒話家常，不料被他這天外飛來一筆的突兀打斷，於是轉過身來以新的眼光打量著他們的風景。他們曾想過橫越這片海灣需要多久時間嗎？這點著實令人懷疑。

「也許兩個小時吧，」其中一人不是很篤定地說：「今——天蘇丹會過來。」

看來光是這句話就夠充分了，他們又回頭繼續聊較有趣的話題，讓船長以歐洲人的困惑不解眼神看著這片不友善的風景，並且解釋何以「阿敏號」即使閒置一天也要耗費七十五英鎊。

我想去仔細瞧瞧那座堡壘，以及屬於一座頹圮清眞寺的三根石柱，在海水從岬角退去而將最後一批居民趕到內陸之前，這座清眞寺也曾香火鼎盛過。事實上，我根本就想下船走一走那條古道，雖然《繞行紅海》中的可怕描述被後世旅人口耳相傳、流傳至今：「甚至對於只是沿岸航行的人而言，那些地方不僅有害健康，還會傳染疾病；而對那些在當地工作的人來說，幾乎是沒有例外的致命，他們也會因缺乏食物而餓死。」

然而我的介紹函上寫明到馬卡拉，而船長聽不進我們不妨在路上逗留盤桓的建議。他說我們要回到「阿敏號」，並且希望時候到了就會看到蘇丹從沙丘後頭冒出來。

我們照辦了，並且在那片寂靜海灣上將望遠鏡架在腳架上長達數小時之久，在此同時海灣的褶曲、沙丘與覆蓋著灌木叢的凹地，在白晝逐漸攀升的高溫中變得越來越朦朧模糊，越來越蒼白。有三、四名瓦希迪族人登上船，在甲板上小心翼翼地踱步，並帶著詫異與讚歎撫摸著白油漆，彷彿經過他們的觸摸白漆可能就此活過來。其中一人穿過我開啓的艙門，以阿拉伯人與生俱來的旁若無人姿態蹲了下來，並讓眼神在靜默間遊走於房裡奇怪的設備、電風扇、洗臉台、鏡子、電燈和窗簾之間。最後它們如釋重負地停靠在比較懂得的白色臥舖床罩上，他還開始愛不釋手地用手指加以撫摸。他長得人高馬大，膚色幾近全黑，混著一點非洲人血統——五官小而端正——鬢上有短而捲曲的鬍子，塗著一層厚厚髮油的頭髮在耳根後紮束起來。「像女人的打扮一樣，他用細長髮帶將頭髮束起來」，一如吉爾迦美什❺英雄。破壞他勻稱四肢之美的是他那兩根其大無比的拇指。過了一、兩分鐘，他看見我的水罐，伸出手將它舉起並喝將了起來。

「好水。」我說道。

「感謝上帝，我從不曾喝過這麼好喝的水。眞甜。」

「你們的水井裡有鹽嗎？」我問。

「有。」

我們很難想像這是什麼樣的情況：一輩子從含有鹽分的水井裡打水喝。我自己從不曾口渴難耐過，然而打從有記憶以來，看到清澈的潺潺溪泉，我心裡總會升起一股自然的喜悅與感激。「沒有什麼人工飲料比得上天然好水了。」我說。

五、六個先前圍到他們同伴身邊、現在蹲在艙門旁的瓦希迪族人，突然間轉過頭，滿臉熱切的心有戚戚焉。貝都因人的魅力就在於他們對於現實的掌握能力，他們對於現實世界浮光掠影能夠誠實無僞地冷眼旁觀；儘管我們是在一個陌生的文明世界裡萍水相逢，瓦希迪族人和我卻能找到臭味相投之處。我的第一個朋友現在舒舒服服地躺臥在白色床罩上，等他起身這張床罩恐怕染抹成青色了。他笑了一笑。

「妳爲什麼不來比爾阿里住一陣子呢？」他提議道。

「也許我會在返國途中這麼做。」

「但妳是個拿撒勒人❻」，其中一人說——一位膚色較淺、頭上裹著奢侈的黃色喀什米爾頭巾的人：「妳會在地獄下油鍋的。」

很明顯，這夥人不得不同意這句話的正確性，但對這麼殘酷的說法實在無法苟同。我沒打算附和，而且我注意到拿撒勒人是遵守聖經教訓的民族。「在最後的審判來臨之前，」我說：「他們將被他們的先知，死而復活的耶穌，聚攏在一起；而猶太人將被摩西聚攏在一起：而神所祝福並拯救的使者將會聚集所有相信神的人，他們全都會上天堂。你們的傳統說得沒錯，我們的先知進天堂的時間會稍晚於神的使者❼——但是永恆非常之長，假如我上天堂享福的時間比你們稍晚開始，我看不出有什麼大不了的。」

所有人如釋重負地接受了這合情合理的辯解，只除了頭裹黃頭巾的那位，他持續低聲喃喃自語；就在這時候，一名飽受驚嚇的服務員以噓聲將我的客人從床罩上趕走，彷彿他是一隻甲蟲般，他也拆散了這夥人，把他們趕到下面一層的甲板上。無疑的，他趕人的方式更強化了他們對我們最後下地獄之歸宿的看法。在此同時，船長走過來並告訴我蘇丹剛剛派遣了使者過來；探子已經把我們的到來通報他，他正騎駱駝快馬加鞭朝著我們趕過來。不過，目前依然沒有任何東西移動的跡象；而假如我們繼續等下去，抵達馬卡拉時天色會太晚，當晚就不能停泊靠岸了。船長將讓大使登陸上岸，好讓他盡力而爲、不辱使命，兩天內回程途中再接他上船。

於是大使被吊在繩子上往下放進一艘小船，接下來是行政首長、一桶水、一桶威士忌、一捆寢具和幾袋食物。這些瓦希迪族貝都因人對於這樣的倉卒行事感到訝異，但他們不發一語，坐上呼力護送大使回到堡壘：而當「阿敏號」拉起錨出航前往東方的巴拉卡（Baraka）

時，我們朝迦南灣最後一瞥所看到的東西是，我們孤零零佇立在岸邊的談判代表團、他們身後寂寥無聲、杳無人跡、密不透風的方形堡壘，以及一大片海灣，連同一半埋在地下的火山、湮沒無存的市場還有它死去的歷史；從外觀看來，這片海灣和阿拉伯沿岸許多寂寥海岸並沒有任何不同。

【注釋】

❶弗萊克（Flecker）：一八八四～一九一五，英國詩人，畢業於牛津大學三一學院，創作理念受當時惟美運動的影響，詩中流露出他對東方的喜愛與嚮往。他最有名的詩集爲《航向薩馬爾干的黃金之旅》（*The Golden Journey to Samarkand*, 1913）。

❷拉美西斯三世（Rameses III）：～公元前一六六年，古埃及第二十朝國王。建造有麥迪奈哈布神廟及宮殿。

❸達特穆爾（Dartmoor）：在英格蘭西南部的高原。

❹索馬里人（Somali）：一支非洲部族，分布於索馬利亞全境、吉布提條狀地帶、衣索比亞南部，以及肯亞西北部。

❺吉爾迦美什（Gilgamesh）：傳說中的古巴比倫王，是公元前二十世紀敘事詩《吉爾迦美什史詩》中的主角。

❻拿撒勒人（Nasrani）：基督徒，因爲耶穌基督在加利利的拿撒勒長大，所以伊斯蘭教徒把基督徒說成是拿撒勒人，見馬太福音第二章二十三節，「這是要應驗先知所說，他將稱爲拿撒勒人的話了」。

❼神的使者（Messenger of God）：這裡是指穆罕默德。

第二章　靠岸登陸

「一如吹拂那航行過好望角，
刻正經過莫三比克的航海人臉龐，
從遠遠海面上，東北風
從阿拉伯樂土香料海岸上，
吹來陣陣薩巴香氣。」

——《失樂園》第四章，一五六行

現在在我們面前左手方展開來的是，香料之地山巒起伏的蠻荒海岸，「這是叫做薩卡里提斯（Sachalites）的深水灣」——這和希赫爾和薩瓦希爾（Sawahil）是同一個字，是阿拉伯文薩赫爾（Sahl，沿海地區）的一種拼法。沿海地區的香料至今仍叫做舍赫里，而希赫爾城的名字在整個中世紀期間一直被用來指稱阿曼以西的一片海岸，有別於以北內陸的哈達拉毛。

在迦拿與「面向東方叫做夏古魯斯（Syagrus）的大岬角」（法爾塔克角〔Ras Fartak〕，北緯十五度三十六分，東經五十二度十二分）之間的地帶，過去一度曾是香料之地的一部分。這個岬角上有堡壘、港口和倉庫，從這裡香料也許「裝上船或墊著充氣皮囊的竹筏」，或是沿著阿德默乾谷（Wadi' Adm）運送到迦拿，或者被哈達拉毛乾谷裡的部落從賽侯特

（Saihut）運送到特里姆（Terim），最後運抵沙巴瓦——直到今天，這條路線依然是天然的香料大道。然而古人從未在書中提及做爲一座城市的希赫爾，但它後來取代了迦拿的地位，並且在馬可孛羅和雅古特等人的紀錄中被記做厄斯錫爾（Escier）。馬卡拉不在任何通向北方的天然要道上，而且似乎出現在年代更晚的時候。近代文獻中第一次提到它的是十四世紀的伊本・穆賈威爾（Ibn Mujawir），而一直到一八二九年英國人捨亞丁取馬卡拉時，以及一八三四年海因斯（Heines）爲了尋覓海軍基地而視察馬卡拉和索科特拉（Sokotra）島時，它幾乎還是沒沒無聞。

提及這個地區的文字既如鳳毛麟角般少之又少，而且語焉不詳，這點顯示在伊斯蘭教統治的數百年裡，它始終自生自滅。每隔一段時期，葉門國王和蘇丹便會成爲這裡的封建領主，但是我們只有一回清晰鮮明地瞥見穆札法爾（Muzaffar）蘇丹在十二世紀時率領三支大軍大舉入侵這個地區。戰爭的原因和口實就像稍後英國奪取亞丁一樣，是因爲一艘船隻在航經這片充滿敵意的海岸時遭到佐法爾人的攔路搶劫。穆札法爾蘇丹是葉門少數實力強大的統治者之一，他決定征服這個地區，並且和他的三軍在佐法爾的賴蘇特（Raisut）會師集合。可惜的是，有關這次行軍的細節少之又少，因爲他們的駐防地無疑就是舊日香料之路上的驛站，而有關它們的記載也許就能揭開哈達拉毛和佐法爾之間這段路的廬山眞面目。我們所知道的僅是北軍花了五個月時間，從葉門的薩恩阿（San'a）行軍到賴蘇特，一路上和當地的土著哈布吉斯（Habudhis）人作戰。

第二支軍隊沿著海岸行進，一路上發現許多天險障礙，但是仍和船隊保持聯繫；這支船隊構成第三支入侵勢力，並且充當軍需站，它的作戰原則和伊本．沙特❶最近從漢志（Hejaz）下葉門時所採用的原則相同。每天糧秣從船上卸下來，並在岸上擺起臨時市場；就這樣直到大功告成，三軍在佐法爾平原會師，並且在那裡建立了穆札法里德（Muzaffarid）宗主國。穆札法爾的將軍被留下來指揮大軍，漸次征服難纏的哈達拉毛。他花了一個月功夫才從佐法爾行抵希巴姆，但這裡有關路線的交代又是付之闕如；然而，在出現進一步證據證明剛好相反前，我傾向於認爲正常的路線應該是走內陸，從賽侯特或希赫爾經過哈達拉毛乾谷，而從賽侯特到佐法爾應該是走海路。事實是這樣的，在迦拿和陸路輻輳夏古魯斯的倉庫中被戒備森嚴看管著的香料，根據《繞行紅海》一書的記載，「在（佐法爾的）薩卡里提斯一整個地區，任憑香料露天且無人看管地堆積如山，彷彿這個地方是由神明負責保護般；因爲沒有國王的許可，這些香料不論是光明正大或偷偷摸摸地都不得裝上船；如有一粒香料沒有國王許可就裝上船的話，船隻便無法通關出港。」這套系統在每艘出港船隻都可以登船檢查的海港是行得通的，但換到陸路則幾乎不可能奏效，因爲只要有心人士摸黑，就可以神不知鬼不覺地偷走幾頭駱駝能載負的香料。

在我們出航的第一天，離開迦拿地區後，船向東航行，船身顛簸得十分劇烈，我們一整個下午向外望，只看到薩卡里提斯灣火山錐的稜線。就在此地，在我的心中，我可以看到中古軍隊打著赤腳、皮膚黝黑、裹著色彩鮮豔的頭巾，零星地散布在這些無路可走、亂石累累、下臨汪洋的高地上。想像不出有比這更加陰森的海岸了。火山山形尖銳，山勢陡峭——顯然童山濯濯，特別是當它們從地心黑暗處嘶嘶作響地冒出一圈圈黑煙時，顯得更爲死寂又堅硬，並且帶著一絲孤芳自賞、扭曲變態的美感。它們的斷崖面一個貼著一個的背後，一律朝向大海，海中波光粼洵、起伏湧動的波濤，似乎正以更加柔和、更具生命力的形式，依樣畫葫蘆地勾勒出它們的凹陷與稜線。

隨著日頭漸漸西沉，船長越來越焦躁不安，而在入夜前抵達馬卡拉的希望也越來越渺茫。日頭平西了，落日在海面及岸上西側投射下金光閃閃的紫色餘暉，並且在「阿敏號」船頭的海面上映照出一道影子。我的芳鄰依舊廁身在船艙裡，臉上蒙著頭紗；她每隔一陣子便會捶打牆壁，要求我過去作伴，而我只要能夠忍受那樣的氣氛，便會陪她坐著，一邊欣賞圈在她頸項上的金珠項鍊。金珠子是在多安製作的，在項鍊的中間有一顆帶橫紋的石頭，她告訴我那是貝都因人「從沙漠中帶來的」；它叫做「煞媧媽」（Sawwama），這些谷地裡的女士們沒事總喜歡戴上一顆，也願意花上一百盧比代價把它當做趨吉避凶的護身符。

夜色就像孔雀開屏般布滿了夜空。落日餘暉在西天殘留的扇形綠光，透徹淨光如水，此時已消殘殆盡，蛻變成冰冷藍色的圓頂上層；海岸線成了一條輪廓線，掌舵的印度舵手也幻化成一片剪影。在這海岸大多數輪船上都能看到這些來自蘇拉特（Surat）、身材矮小、膚色暗沉、圓形頭顱的人；他們神情漠然，心情愉快，穿著自製藍色長衫在船上走來走去，腰際則繫著一條紅腰帶。長衫上繡著花朵和旗幟，縫線則以傳統手法織成白色波浪狀。我以一盧比代價買了一件長衫。我慵懶無力很不舒服地躺在甲板上，一直躺到八點鐘左右，岸上黑牆上幾點昏暗燈光才告訴我們馬卡拉到了。

我們幾乎是神不知鬼不覺地摸上岸，在波濤起伏中拋下錨，因爲這裡沒有能讓比獨桅帆船更大的船停靠的港口；的確，幽暗中的小城就像藤壺般攀附在懸崖峭壁上。在它上頭，一座山丘光禿禿又不等高的兩個山肩，直插入月色皎潔的夜空，在它下頭則是一片岩架。岩架上是植被或只是一片漆黑，我無從分辨。有四座現已荒廢的方形小塔看守著這片岩架。更底下，在深沉的黑影中，四下閃爍著忽明忽滅的燈光；它們並非我們城市中向我們招手歡迎的萬家燈火，而是鬼鬼祟祟的鬼火，看得出來，燈火一半隱藏在百葉窗與高牆的後頭。它們的多樣性賦予這座城市一種神秘兮兮的氣氛：這裡是一道強光，那裡是一縷昏黃燭光，沒有排成一線的街燈，但在拜月樓周圍有一道幽微暗光，從底下往上照出它苗條的身影。有人正在擊鼓；一盞燈每隔一陣子就會移動一下，提燈的是一名奴隸，他走在主人前頭行過崎嶇不平的街道。高牆外飄浮著顛撲不破、濃得化不開的夜色；左邊是一道在月色中顯得蒼白光禿的山谷，還有一片閃閃發光的沙灘。我們的船被錨繫著，在拍打著船身的海水上搖擺晃動。在我們眼前的，不僅是異國海港以及它隱蔽無意識的生命，還有它周遭空間孤寂的感覺，一種靜夜中無止盡的偏遠荒涼，壓在人們的心頭上。

船長的情緒是另一種形式的孤寂。

「他們都是些野人番仔。」當他站著等候被帶上岸時，他一而再再而三說道。等他能說服比爾阿里蘇丹割愛的時候，他得找獨桅帆船來搶救A.B.君遭到海難的貨物，而獨桅帆船的船主一旦知道少不了自己，就會盡其所能地哄抬船價、趁火打劫。當船長預見到眼前行將發生的事時，他的眼睛變得比往常更圓更藍了。「他們用阿拉伯文向你喋喋不休。」他抱怨道。我想這是不合情理的，因爲畢竟阿拉伯文是阿拉伯獨桅帆船的語言。把我一個人丟在這片非英國勢力所能及的海岸上，這樣的想法幾乎使他無法忍受；但他承諾要違反所有入夜後的管制，盡其所能地當夜讓我下船。這會兒他嘩啦嘩啦地划著小舟，遠離我們滿載月光的大船，消失在小城的身影裡。

他一去就是數小時。馬卡拉的燈火一盞一盞熄滅了。夜色越來越深，月色則越來越明亮；城市鬼魅般身影出現了——高聳筆直的牆垣叢聚在一起，就像從水裡冒出來的城堡。從這片柔細靜謐中，海港的幽影裡傳出了木頭叮叮噹噹的聲響；一艘獨桅帆船張開了她的風帆。在光亮皎潔的水面上，幾乎看不見的美麗蒼白的三角風帆，在我們和小城之間鼓漲起來，並無聲無息地划入大海幽暗處。

接著警察搭著呼力靠過來，呼力在月光映照出來的一條水道上，像一條黑鯊魚般咻咻劃過水面。他們自我介紹——一名身穿卡其服的海關職員，以及四名穿藍色制服翻著酒紅領子的黑人，後者纏著頭巾，肩背來福槍。他們問我是否想登陸。我肯定應答，並因此引起一陣明顯的驚慌騷動。他們會為我找一艘船來。我說警方的呼力就可以了。但這是不可能的。他們說必須提供一艘更體面的船。這是虛應故事，但我也只能恭敬不如從命；警察消失了，馬卡拉灣又回到月色皎潔的寧靜中，直到我們筋疲力盡的船長在一陣嘈雜聲和光亮騷動中回到大船。

「番仔，講的都是阿拉伯文。」語言不通依然是他痛苦的一大負擔。獨桅帆船的船主向他獅子大開口；大海酋長，也就是港口主人，不讓我這麼晚上岸；總督在總督府裡聯絡不上。於是，我們決定直接沿著海岸下行到希赫爾，把馬卡拉和它的問題留待明天回來時解決。

我被印度洋搞得意興闌珊，以致當天晚上沒有寬衣就寢，不過第二天早上多多少少還能步履穩定地在甲板上散步，並看到「阿敏號」在東升旭日中卸下稻米。海岸此時變成了平坦沙岸，遠方有些模糊不清的山丘。在拍岸浪花形成的一條線和排滿小船的海灘後方，可以望見連綿逶迤的城市希赫爾，它呈現出沙子的顏色和白色，共有四座拜月樓、五頂穹窿頂，中間則是立方體的蘇丹王宮。達布達布山（Jebel Dabdab）橫亙在它東邊，人們告訴我，山上有座葡萄牙（？）古城，城裡有拜月樓和一座山洞，而山洞最東邊的幾個窟穴正是冒險探勝人士喪命殞身的地方。

我們沒有靠岸登陸，而小船來來回回穿梭；這些船不用鐵釘而是用椰子纖維縫合，伊本·巴圖塔❷和馬可孛羅都說過這種縫合的方式，他們形容這些船沒有甲板，而只蓋著一層牛皮，以前馬匹就是利用這種船運到印度去。今天希赫爾的船就是這種模樣，船身寬廣，船頭船尾兩邊翹起，船頭翹得半天高，上頭畫有綠黑白三色圖形、魚形圖案以及看起來像面具和交錯擺置的骨頭圖形。划船的是非洲奴隸，他們肌肉發達的身體和五官平坦的臉孔，不如比爾阿里身材苗條的瓦希迪族人來得好看。

從希赫爾搭汽船回到馬卡拉需要四個小時，我們在中午過後不久就回到當地的下錨處；我們對面四座白色堡壘底下，挨著紅色岩壁的房子在陽光下閃閃發光。馬卡拉的白有種特別讓人喜愛的特質，在炎熱背景裡白得像純潔的鴿子並且白得清涼：它具有灰泥的光澤，從海上望去顯得燦爛奪目，但近距離一瞧則頗爲頹圮破舊。

馬卡拉因爲我們的來到顯得鬧哄哄的，很快的，從這片像螞蟻般的忙亂中出現了一艘船隻，船尾站著A.B.君的代理商和總督的代表，他們頭上裹著頭巾，撐著一把黑色洋傘。代理商的塔布什帽❸是紅色的，帽子底下是一襲寬寬鬆鬆的藍色嗶嘰長袍；他豐滿的雙頰和身穿長袍一樣層次多且肉多，口鑲金牙，手拿像魔杖般揮舞著的銀頭手杖；他是印度人，和一群職員住在港口附近。我和總督特使阿里・哈金（Ali Hakim）比較熟，我逗留此地時經常來往走動；他過去曾是亞丁的化學家，但目前在馬卡拉落腳，工作性質有點像副官，幫總督跑腿。他走起路來步履蹣跚，肥胖的身軀硬是被釦鎖在一件太小的棕色大衣裡，大衣裡穿著一件棉布條紋長衫，行動就像象神走路般困難——假如象神也能走路的話。眼疾使得他的眼睛幾乎只露出眼白；他有著深沉沙啞的嗓音，阿拉伯文講得飛快。他是你所能碰上最善良、最率直、最能爲別人方便著想的人。他現在爲前一天晚上的耽擱一連五次道歉不已。他介紹醫生給我認識，他是一名大學剛畢業、頭戴印度遮陽帽的印度年輕人；接著是穿著整潔卡其制服的巡佐，他從亞丁的徵兵那裡學到了部隊的整齊清潔，他一方面照顧我的十二件行李，另一方面和穿著綠長袍、頭戴黃頭巾的大海酋長（也就是港口主人）周旋，後者正在索取某種禮數。爭執是在舷門發生的，當時有許多古銅色手腳進進出出，就在這些手腳蛇般的糾結中，我的行李很快下了船。水綠得像是漆上去似的；帶著圓槳的小木頭呼力跑進跑出，我坐在低淺小船裡，兩邊坐著我的新保護者。我小心翼翼地躲在黑色洋傘的遮蔽下，在一切人聲嘈雜中頗能自得其樂，心頭升起一股回家的愉悅感。這時船長倚靠船舷，一臉苦惱與同情，他跟我說：「願上帝保佑妳一路平安。」他的聲音充滿了不祥預兆，這群友善且好客的「番仔」倘若聽得懂，想必會大感詫異。這些「番仔」的古銅色胴體一邊喊叫一邊屈身彎腰搖槳，就這樣把我送上了進入阿拉伯大門的門階。

【注釋】

❶伊本・沙特（Ibn Sa'ud）：一八八〇～一九五三，阿拉伯部族領袖，統一了阿拉伯半島中部地區，建立了現代的沙烏地阿拉伯。

❷伊本・巴圖塔（Ibn Batuta）：一三〇四～一三六八／六九，中世紀阿拉伯最偉大的旅行家，畢生旅行長達十二萬公里，蒸汽機時代來臨之前，無人能望其項背，著有歷史上著名的《遊記》（*Rihlah*），書中關於阿拉伯與伊朗近東地區的社會文化、風土民情有大量而詳實的記載。

❸塔布什帽（tarbush）：一種穆斯林男子戴的中央有纓子的紅色無邊圓塔狀氈帽或布帽。

第三章　馬卡拉城門外貝都因軍營裡

「黃昏從市井愉快地騎馬上路，
沙地上巨大身影錯身而過，
在通往薩馬爾罕的黃金路上，
一片靜謐中駝鈴輕柔地撞擊。」

——〈哈桑〉（Hasan），弗萊克

馬卡拉的蘇丹王宮在城西，靠近築有城垛的城門，不論從希赫爾或北方來的行旅都得行經這座城門。潔白簇新的王宮坐落海邊，王宮的彩色玻璃像布萊頓❶的涼亭，在月色中特別好看。總督府、軍營和其他幾棟建築都在王宮後方，四周圈著圍牆，牆裡栽種著幾株椰子樹——這是馬卡拉唯一的一絲綠意；在同樣的圈地裡，有一間貼著城牆建造的客房；幾名雅法伊（Yafa'i）部族的軍人監視著整個營區，此時正在入口處的衛兵室裡偷閒抽菸。

我在這裡停留了五天，從靠城牆的房間窗戶望出去，可看見城門外駱駝商隊的紮營地。海岸線延伸出去，接上一片起伏丘陵，布魯姆角（Ras Burum）就從丘陵區伸展到海邊。落日映照著海灣的細浪，翻滾細浪捲成兩條綿長弧線輕拍著海岸。被季風吹得隆起的白沙海灘蜷曲在山丘的臂彎裡；海灘的沙丘在夕照中蒼白一如白雲蒼狗，炊煙裊裊從小竹屋升起，落日從更遠山丘映照出的餘暉就像貝殼上的花紋；海水有著相同的鴿灰色，只是多了粼粼波光。其餘一切都呈現出暗褐色：一大塊丘陵；山丘前的竹屋，竹屋中的清眞寺和拜月樓就像英國的鄉村教堂；三堆堆得跟人一般高的小魚乾，在阿拉伯文中叫做「阿伊德」（Aid）或「烏濟夫」（Wuzif），魚乾整籃整籃地當做駱駝飼料販賣；以及做爲前景、河口開闊的三角洲，三角洲黯淡的顏色，在蹲坐成一圈的駱駝的黃褐色與淺黃褐色中，謹愼地凝聚成一大片深褐色。

大約有六支休憩中的駱駝商隊，每支商隊都有二十或更多隻駱駝及人手。它們的貨物（似乎主要是木柴）雜陳在當中，間或點綴著幾個人；低垂著頭的驢子形成外面的一圈；人們便在圈裡、在大大小小的牲口當中展開居家生活。河口布滿了人，一如天氣晴朗早晨時分歐石南叢生的海格特❷荒地。當你朝著大海的方向望過去，總會看到黑色輪廓線勾勒出的一個人影，就像一根以光彩熠熠海面爲背景的烏木，身影搖曳生姿的步履總讓人看得心蕩神移，額頭上一圈頭巾將捲髮束起，一條輕薄遮羞布沾滿了他身上塗染的靛青染料，他的優雅動作因此不被顏色的不協調所破壞。

我在靠城牆的窗口待上好幾個小時，靜觀底下芸芸眾生相；在水泉邊用羊皮水袋汲水的貝都因小女孩向我揮手微笑，當她們背著水袋轉身離開時便將臉遮起來；她們的長袍或黃或黑，前擺長及膝蓋，後擺拖地。你可以看到絡繹不絕的一條人龍穿過城門，特別是黃昏時分，這個時候部落的族人從城裡帶晚餐過來，當他們手裡拿著食物，一個接著一個魚貫穿過城門時，看起來就像埃及爲往生者帶來奠祭的出殯隊伍；晚餐是串成一串的三條魚，一片帶著黑魚翅的鯊魚肉，或是他們肩上扁擔兩頭各吊掛著的竹籃。當你全身一絲不掛只圍著一條遮羞布，臂上圈著一只臂環，一邊或兩邊膝蓋纏著一縷祈求好運的羊毛線時，即使是小小一包食物都顯得十分醒目。

當然也有比較繁複的裝束打扮，當城裡的年輕人穿戴整齊時，會在肩頭帥氣地披上一方喀什米爾羊毛披肩，披肩兩角垂懸身後；而當他們到駱駝喝水的池塘後方踢足球時，或是乘著夜涼手牽手到谷底小路散步時，他們會穿上和蘇格蘭裙或甚至和長裙一樣長、布緣染成對比色的染色「福褡」（futah，遮羞布），上身則穿著一件歐式外套，外套顏色和遮羞布不同卻同樣鮮豔——或是一件我們當做內衣的鬆緊背心。不時會有一部卡車從希赫爾笨重吃力地駛上來，或是一頭驢子背著木柴闊步疾行，驢子後頭跟著一個全身赤條條的老頭子，全身上下塗滿了靛青染料，即使一把老鬍子也不例外。女人頭頂著一包貨物走路，宛如大利拉[3]——

「華服全部出籠，飾品也一應俱全，
帆飽漲著風，五彩紙帶隨風飄揚。」

衣服的縐褶如波浪起伏，但在一條條縐褶底下依然感覺得到主人自由自在、無拘無束的行動。因爲在這整個熙熙攘攘的忙碌世界裡，沒有人會穿鞋子或緊身胸衣；我得到的結論是，正是這一點賦予她們身輕如燕的優雅舉止，並衍生出一種活生生的古希臘女性的可愛。

我特別記得一個人。他蹲在沙地上他的駱駝旁，洗完了手腳頭口後站起來禱告。暮色蒼茫，我看不出他身上穿了什麼（儘管在禱告當中，他的確鬆開又拉上遮羞布）。他站在那裡，姿勢優雅又自信滿滿，他的鬍子、頭髮和細瘦卻習於勞動的四肢，以沙灘和大海爲背景勾勒出一個身形——就是一個錚錚的「男子漢」，渾身散發一股言語無法形容的男子氣概。而當他跪下去將額頭貼著地面時，他的身體一彈又再度挺起腰桿，彷彿這身體是鋼鐵打的。

在此同時夜幕低垂；最後一道餘暉和最早的一團營火燃燒著同樣顏色；谷底岸邊零落人群越來越稀少；各個部族聚集在駱駝圍成的圈圈裡過夜。我在窗邊坐了這麼久又如此靜默無聲，以致阿維茲（Awiz）提著燈盞進來時沒看到我人；他有點擔心，因爲酋長稍早前來登門拜訪，他卻告訴他我出去了。

阿維茲被派來當我的僕人。他有著一張烏木般臉孔，表情頗爲兇惡——這主要是臉上長天花的緣故；下巴的一撮山羊鬍和一雙細長瞇瞇眼，使他的臉呈現三角形；他微笑時臉就開闊起來，突然間變得十分迷人：不過他倒是很少微笑，通常只在我問及他內陸谷地故鄉時才會露出笑容：二十多年來他一直擔任皇室僕人，期間只在去年秋天蘇丹騎馬上哈達拉毛乾谷時返鄉過一次。

住在東方而對阿拉伯僕人多有抱怨的歐洲婦女，聽到他們對當地主子鞠躬盡瘁、死而後已的故事也許會感到驚訝。他們進入一個家庭，成爲其中一部分，就沒有想過要有自己的私生活；而假若他們不巧不擅於料理主人的食衣住行、照顧他們生活起居的話，就會被視爲天意如此，主人便得忍受這種缺憾，一如父母得忍受兒女天生不幸的畸形，並不會影響到主僕關係的友好親善。即使面臨對耐性最嚴苛的考驗，我也未曾聽聞任何阿拉伯人對下人惡言相向。當我在那裡時，伊拉克王后有一名手藝其差無比的御廚，因此費瑟國王❹主動提議拿自己身邊優秀的御廚和她交換；但是這名生性溫和、魅力十足的王后和廚師娘過從甚密，兩人不時相約一道看電影，也就拒絕了國王的提議。在哈達拉毛，每個富裕家庭初見天日的嬰兒都配有一名小奴或僕人，兩人總是形影不離地一道長大。

除了阿維茲之外，我還有一名男管家；這位蓄鬍長者來自胡賴達（Huraidha），他每天會過來，以紅白兩色頭巾底下的一雙蒼老卻驕傲的眼睛和善地看著我，然後把一條大紅披肩氣派地披掛在肩上，問我午餐想吃些什麼。

在蘇丹的客房裡我受到賓至如歸的照顧。從西邊綠洲經引水道引來的水，汩汩流入歐式浴室裡。我有一張掛有蚊帳的床和一個裝有鏡子的梳妝台。餐廳裡有一張長桌、六把上了清漆的椅子，其中最好的兩把還搭配了以長毛絨製成的粉紅玫瑰椅墊。從我的房間出去是會客室，裡頭陳設了林林總總的紅黃兩色橫紋沙發椅，椅背充塡著棉絮，有同樣喜氣洋洋紅黃色彩的月牙狀凹陷，正好可以讓人坐下來時舒服地把背彎靠上去。珍珠母製菸灰缸、青銅製馬上英姿雕像，以及皇室宴會的相片（其中有一張相片的前景是前德國皇太子）美化了四面牆壁，或分散在這一張那一張的小茶几上。在這一切之上，樂天知命的東方撒下了一道閒適安逸的面紗；前面的客人留下的菸蒂和塵埃還躺在那裡；蝙蝠輕快地飛進飛出；老鼠在衣櫥裡啃食著衣服：東方何其廣大，這樣小小的不整潔便淹沒在它寬廣的懷抱中，除了小題大作的歐洲人之外，不會有人爲此勞神費心。

當暮色來臨時，白天處處可聞尖銳卻甜美的鳶鷂叫聲便停止了。阿維茲提著三盞煤油燈出現，分放在地板上三個不同地方，然後他送上晚餐，之後便打道回府。幽暗的牆壁，以及種植著蔬菜和幾株綠樹的一方方潮濕泥土，使得這個營區在寂靜月色中顯得無邊無際又親切可愛。城門現在已經關上了，衛兵室裡透出一道幽暗光線，衛兵正藉水菸打發站哨守更的時間；差不多每隔一個小時，他們就會敲打一面掛在兩根竹竿中間的鑼，藉此做整點報時。一旦覺得疲倦，我便從陽台返回室內，收聚並吹熄多餘不用的殘燈，回到自己的房間。沒有一扇門能夠輕易上鎖，我也就省了鎖門這個麻煩；我婉拒了在房門門檻上派駐一名衛兵的好意，這樣的小心謹愼明顯多此一舉。當我在安全無虞且悄然無聲的環境中闔上雙眼時，心裡想的是向兩邊伸展開來的阿拉伯海岸：到亞丁有三百哩長，到另一個方向的穆斯卡特（Muscat）又有幾百哩長呢？在我前頭的是印度洋，而在我背後的是內陸沙漠：這個時刻，夾在這兩個一望無際的天險路障中的是我這個絕無僅有的歐洲人。一股悠悠然然的感覺透過我睡意濃濃的感官襲捲上心頭；有那麼一剎那，在辨別出這種感覺之前，我納悶著那是什麼：是喜悅吧，是純粹、不著皮相、無實無體的喜悅吧；它超然獨立於情感與情緒之外，具有快樂似神仙、飄渺如雲煙的本質，這種快樂如此罕見又如此忘我，以致當它翩然降臨時，似乎成了此樂只應天上有的超然物外。

【注釋】

❶布萊頓（Brighton）：英國英格蘭東南部城市，臨英吉利海峽。

❷海格特（Highgate）：英國倫敦北郊地名。

❸大利拉（Delilah）：《舊約士師記》中大力士參孫的非利士情婦，參孫向她透露力大無窮的秘密，後來卻被大利拉出賣。

❹費瑟（Faisal）國王：應指費瑟一世，一八八五～一九三三，原爲敘利亞國王，法國迫其退位，一九二一年成爲英國委任統治下的伊拉克第一代國王，在其治下一九三二年伊拉克獲得獨立。

第四章　城中生活點滴

「示巴和拉瑪的商人與你交易，他們用各類上好香料、各種寶石和黃金兌換你的貨物。」

——〈以西結書〉第二十七章二十二節

推薦給我的印度代理商並沒有爲我做太多事。我是在抵達後一、兩天，在海關旁他的辦公室裡遇見了他，他爲未能登門造訪找個藉口。

「我有個小嬰孩夭亡了。」他說。

我很遺憾聽到這個噩耗，但他一揮銀頭手杖甩開了這個話題。

「無所謂啦，」他說：「不過就是個小嬰孩嘛，我還有很多小孩子的。女人對這種事總愛小題大作。」

節哀順變的悼唁此時似乎時機不對。我離開他，繼續探索這座城市，隨行的是總督好意連車帶人派給我使喚的阿富汗司機。他在大街上慢慢地開車，不時停下來讓我透過幽暗店門看看路邊商家，他們的商品就靠著外牆陳列開來。馬卡拉沒有什麼東西可買，大部分都是某種食物，放在沒有加蓋的籃子裡，上面爬買了蒼蠅而讓人看不清廬山眞面目。除了圓月彎刀和染得鮮豔動人的大籃子之外，當地沒有什麼工業產品。魚、海參❶和準備銷往中國的魚翅的乾燥處理、以靛青爲染料的染色業，加上榨麻油業，這三者構成了城裡的工業：印度洋是條通衢大道，而大部分東西都是從海上進口；這城市僅有的一點工業就圍繞著海港發展，港口裡獨桅帆船以斷崖爲背景裸露出索具和翹得老高的船尾，而打著赤膊、手臂粗壯的黑奴則在海關外圍睡覺，等候貨物進港。

整座城市就是一條和大海平行的擁擠街道：它的西邊未來將開闢一條大道，但今天這裡依然只是一條坑坑洞洞又堆滿石塊的障礙賽沿海跑道。小路以直角和這條主要大道相交，小路的盡頭幾乎緊貼在斷崖邊上。灰白兩色的房子攀附在岩壁上，一間蓋在另一間上頭，房子有雕花窗牖和門戶，靠近一看卻都殘破不堪。這裡有些榨油廠，大約搭有十二頂遮雨蔽日的開放棚子，棚子底下有眼睛被小籃子遮住的駱駝，每天十小時繞著圈子慢慢走動，轉動著一條上面吊掛著大石頭的長竹竿，藉著壓在竹竿上頭的石磨輾磨芝麻籽。芝麻籽是放在中間某種漏斗裡，漏斗的容量是三十六磅，每天要裝塡五次。駱駝以緩慢又誇張的步伐執行著這項無聊的繞圈圈任務；頭抬得趾高氣揚，彷彿這是凡夫俗子無法懂得的宗教儀式；無疑的，在生活的百般無聊中，正如牠身邊許多形式主義者般，牠便以這種道德優越感自我安慰。

蘇丹的舊宮鄰近海港，而現在是一棟公共建築，總督在這裡會見客人，司法官「卡德希」（Qadhi）在這裡審判斷獄，這裡也是財政部和其他政府辦公室的所在。政府的歲收來自關稅和內陸的地價稅，馬卡拉本身沒有能抽稅的土地。本地的法律是伊斯蘭教教法，而蘇丹是法律最後的裁奪者。

向東行過了公墓，城市連接到一處小岬角，我前去參觀他們的監獄。從外觀看來，這是一座普通的白色灰泥房子，有一扇被太陽曬得發白的雕花大門：我那阿富汗籍嚮導敲了敲門，一名牙齒掉光的老獄卒來應門，他瘦削的臉龐籠罩在碩大的綠色頭巾陰影下，腰帶中暗藏著一把鑰匙。他很樂意帶我們參觀他的牢房，儘管他記不清裡頭關了多少犯人：他告訴我說，沒有人會跟他們來往的。他們的食物從門底下的一個洞推進去，從屋頂上可以看見他們。我們爬上屋頂，依靠低矮欄杆向下俯視，那是某種坑洞，洞裡有柱子，裡頭昏天暗日，十或十二名部落族人和人數一樣多的小孩蹲坐在一堆又一堆的垃圾當中。當他們看見我們被他們頭上的一方藍天所襯托出來的身影時，全部人跳了起來。

「願你們平安。」我們說。

他們異口同聲地回應，而看到我手裡拿的相機之後，他們開始大聲喧譁，爭論著讓拍還是不讓拍。他們頂著幽暗背景的黑黝黝身軀幾乎分辨不出來，一群孩子則像小黑鬼般東蹦西跳，大叫著：「照一張，照一張！」而有些人伸出雙臂，假裝成拿著來福槍瞄準我們的樣子。「現在拍吧。」他們說，我趕緊按下了快門。所有小孩和大部分成年人都是從蠢蠢欲動的部落強押來的人質；人質每一、兩個月更換一次。掛病號的（想像得到經常會有這種情形）則被送進醫院，而每週一次，整個監獄裡的囚徒在做禮拜五的禱告之前，會被帶到海邊做海水浴。馬卡拉並不是會派代表出席國際監獄會議的城市；而也許這樣反而比較好，因爲我頗爲肯定，這些貝都因人寧可一起忍受不衛生的悲慘生活，也不願意獨自一人享受模範牢房的舒適。

至於扣押人質的體制，在一個政府公文得跋涉過荒無人煙之地的國家裡，想提出一個替代方案其實並不容易。四十年前當希爾緒（L. Hirsch）在哈達拉毛旅行時，貝都因人會在馬卡拉城門口抽關稅，一年可以賺上五百五十元左右；現在的貿易則井然有序且平靜無事，今昔對照非常大。不過，在我今天剩下的時間裡，觸目所見盡是黑暗與髒亂，所以我第二天早上便奉獻了一筆錢去分送給窮人。我在馬卡拉的朋友對我此舉大表讚賞，他們相信窮人的痛苦是這個世間的必要之惡，因爲貧窮是某種操練道德的永恆處所，而有錢人假如覺得於心難安的話，便可在此操練操練他們的美德。

接近我要離開這座城市的日子前，大街上的行人、貝都因人、阿拉伯人和黑人等各色人種已經開始習慣看到我四處走動；但即使是如此，每當我離開汽車的防護，他們的騷動還是大到能在我身旁圍成一圈人潮：他們很友善，但是我的身高僅五呎二，每當我想看看他們喧擾滾燙臉孔以外的景物時，還是得請人幫我開出一條路來。我只有一次徒步進城，但很快就不得不中途而廢，轉到斷崖圖個耳根清靜；大約有五十個小孩尾隨在後，以一種單調卻非羞辱的方式大叫「拿撒勒人」，直到爬斷崖讓他們上氣不接下氣爲止。斷崖十分陡峭；當我們來到搭建了四座堡壘的岩架時，瘦弱的全打了退堂鼓，而留下來的小孩則和我發展出同甘共苦共患難的友誼。

我們來到這些小堡壘當中的一座，旁邊有一尊小而無用的砲。刻有石雕的門半掩著，堡壘牆壁是向上傾斜的金字塔型，每面牆牆角都築有一段城垛；這些堡壘叫做「庫特」（Kut），它們在岩架平台上一字排開，這岩架最近一定有人居住其上，因爲上面還有一畦一畦耕地所留下的明顯痕跡，而山丘頂上則覆蓋著零亂無人整理的土墳，塋塚的年代都不是很久遠。我需要一些技巧並且費一番舌功，才能說服伺候我的索馬里人爬到山丘頂上，而緊追著我們的十一個小孩子當中，沒有人曾經走到這麼遠；然而整個登山活動只耗費了一個半小時。事實上，在南阿拉伯沿海一帶，沒有人會將爬山視爲一樁樂事——這一帶有太多杳無人煙的小山頭了。

我們從山頭登高遠眺內陸高低起伏不斷的鏽棕色土地，視野清楚，但景觀乏善可陳：在我們北面是棕櫚林密布的小村，那是馬卡拉人夏天的避暑勝地，另外則是循著綿長山脊線一路通到多安的谷地。在我們東方的是土堆狀的希赫爾丘陵，中間是布瓦什（Buwash）乾谷和魯庫布（Rukub）；在我們西面的是福瓦（Fuwa），英國皇家空軍在這裡有一處起降跑道；而在我們腳下的是茫茫大海，海豚在海中嬉戲玩耍。我們爬的這座山丘有一個寬廣的圓形山頂；山頭岩層表面有粉紅色紋理，看起來好像是有人拿了一把巨大無比的刨子，將它磨得又平又滑，而它蜂窩狀的岩縫邊緣則十分尖銳；我不是地質學家，但是我想像這樣奇特的岩層表面乃挾帶沙子的強風的傑作，強風轉動著細砂，就像金剛砂那樣在岩層上細磨粗刨。

但話說回來，岩石的硬度依然是最頑強不屈的堅硬無比。我們沿著一條裸露小山溝從北坡下山，這個時候我身後那支光腳跟班大隊露出了疲態。我們走下山，來到通往內地的道路上，這裡有兩座堡壘守護著通向大海的要衝，在這丘巒起伏、地形縐褶的通道中看來頗爲壯麗，堡壘的牆壁和丘陵同樣顏色。

堡壘上頭是城市的水源供應地以及蘇丹的花園，這是一處綠意盎然的園圃，中間有一座高起的水槽，另有座殘破的夏宮。我來到馬卡拉的第一天便曾開車來這裡，頂著蒼翠樹木在一畦畦蔬果間散步：茄子、絨毛花、胡椒、大葉的「比丹」（bidan）樹（它的果實像堅果，人們吃它紅色的果肉）、石榴、香蕉、葡萄，以及其他我認不出來卻爭奇鬥豔的花卉。兩名個頭矮小、皮膚黝黑的園丁緊跟在後，就像是依然辛勤從事這項史前園藝的不散鬼魂。這片土地上最早的居民一定也從事過這項園藝，也許還是以一模一樣的方式赤腳打造出將一條條小水溝分隔開來的小土堤。

我們離開花園時，讓一位出來散步的年輕「舍赫」搭了段便車，瘦瘦高高的他很高興有順風車可搭，還說他一直祈禱能有部車子。

「一定是阿拉給我們送來車子了。」我接腔。

他半信半疑地同意了，不是很確定一名不信阿拉的女人可以是阿拉手中的工具。不過，他漸漸放鬆了心情，還告訴我他想去旅行，但是沒有錢。

「這是因爲，」我說：「你是個有學問的人。凡是有學問的人都是窮兮兮苦哈哈的。假如不窮的話，他們就不會刻苦向學了。」

對於我這番話，他也心不甘情不願又悲哀地同意了。他不是塊讀書的料子，而如果他投筆從戎的話，將會過得比較快樂。我提起曾參觀過開羅的愛資哈爾大學❷，那裡的修業年限是十三年，對於這點他很明理地說這時間太長了。

「妳也是個讀書人，妳的生活又過得怎樣呢？」他問。

就在我們思索莘莘學子悲哀的命運時，岩石底下一隻體態優美的毛茸茸狐狸轉移了我們的注意力；牠一動也不動，卻等候著，看著我們走過去，準備拔腿就跑，身手矯捷又耳聰目明——牠是個幸運的生靈，不會違逆自己的心願，被迫敬虔度日。在夜裡涼颼颼的寒氣中，這名年輕舍赫用棉製披肩緊緊裹住肩頭，他患有貧血，臉色蒼白。在城門口他離我們而去，深怕被我這個人格可疑的同伴帶壞；於是這撲朔小人影消失了，但主人的迷人丰彩卻浮上我心頭。他踱步走開時，鄭重其事地向我們辭別，臉上則突然浮現像面具般的表情。除了走路的樣子，他的一言一行都是敬虔的表率；但在不合身的長袍下，他走起路來依然像頭放蕩不羈、野性難馴的幼獸。

有一天我的阿富汗僕人帶我到福瓦看英國皇家空軍的起降地。這是我們英國在阿拉伯海岸零星散布的許多條跑道之一，它位於一處開闊寬敞的空地，向北可通到基爾貝（Khirbe）

乾谷和哈賈爾（Hajar）。標示著跑道路線的標石稀疏排列，都塗上一層灰泥，好讓它們在這片紅褐色地表上顯得格外醒目；而隨著歷史的嬗變演進，在飛機早被人遺忘之後，無疑它們最終會變成石廟，以紀念天外飛來的不速之客。這個地方距離馬卡拉十三哩，一部分在海邊沙地上，一部分在內陸亂石累累的光禿禿紅色谷地中。谷地中平坦的地方生長著一些扇形「薩姆爾」（samr，洋槐樹），灰撲撲得像地衣或花崗岩，雖單調卻也不失為一種裝飾。那裡也生長著一些大戟屬植物，還有乾燥又布滿沙塵的海石竹❸，以及一叢一叢零星散布的荊棘。然而此地除了一棟小屋和一座即將荒蕪的園子之外，卻杳無人跡。如果說這裡還有點人氣的話，那就是打馬卡拉走上大約八哩路程來這兒的婦女了；她們撩起長袍露出大腿在這裡採集荊棘，厚厚的蓋頭布下目光炯炯有神。

馬卡拉和比爾阿里之間大約七十哩的距離，一無所有，只有這些荊棘和海岸邊的巴魯姆（Barūm）村莊。這是座貧窮的小村子，沒有一棟像樣的房子，而在皇家空軍友善的影響下，居民倒是性情良善。他們大部分似乎混有非洲人血統，在我們身邊圍成一圈，想不起這小村落裡除了學校外有什麼能展示給我們看；所謂的學校只是一處沒有窗戶的泥造地下室，裡頭有十二個小男孩坐在半明半暗中，正從紅色的可蘭經隨意挑些章節唸誦。有些男孩煞有介事地誦讀著，有些則假裝念念有詞，他們發出低沉的嗡嗡誦經聲，晃頭晃腦，左右搖擺。他們的黑人老師站在門口，讓風吹拂他打赤膊的上半身和短短的白鬍子；他是個慈祥的老師，對於這片嗡嗡作響的讀書聲感到心滿意足。當我問他誰是他的得意門生時，他立刻指出其中長得最其貌不揚的一位。

當我們沿著海邊被海浪拍打得濕潤的沙灘帶開車回去時，海鷗在我們前方御風而起，又在我們後頭翩然降下，像是一條條迎風飄蕩的灰色絲帶。海鷗棲息在這裡，數量多至不可勝數。當牠們以大海爲背景翱翔時，看起來就像黑白兩色雨點。在白色沙灘上，牠們宛如潔白珍珠，移到黃褐色沙地又狀似鴿灰色珍珠，而牠們游泳時排成一線，則看似白波上的粒粒明珠。這會兒，當牠們成群結隊起起落落時，牠們的翅膀竟能在地上投下一大片陰影。牠們御風爬升的高度正好在我們頭頂上，憑空盤旋時幾乎撞到我們的頭；有一隻海鷗距離判斷錯誤撞上了我，便驚恐萬狀地跌落在我的大腿上。我將牠拾起，牠害怕得全身僵硬，只剩眼睛還會轉動。牠的眼圈是一圈細緻的黑色網眼邊飾，就像微型畫外殼的玻璃；嘴部呈紅色，上喙向下彎曲蓋過下喙；腳趾由肉蹼連結成一張網狀，顏色灰白；而當我還牠自由，讓牠的身體從我手掌心溜出時，牠鴿灰色羽毛摸起來就像牠們所棲息的海水般冰涼、光滑。

在我離開之前，我又參觀了馬卡拉其他三所學校。其中一所蓋得漂漂亮亮的新學校只有五年之久，是由蘇丹出資興建，提供六年免費教育給任何想唸書的人；但是老師告訴我說，他們很少能說服學童家長讓他們離家長達四年以上，因爲受教育沒有什麼實質上的好處。

年輕的老師以東方向來傲人的好學不倦精神誨人不厭、作育英才。老師有十三名，教導的學生計三百人，分成六班。最低年級的兩班盤腿坐在地板上，較高年級的有板凳可坐；而所有的學童，從年紀最小的開始，都能將迎賓詩歌朗朗入口，一邊朗誦還一邊配合著合宜的動作，且多多少少流露出深刻的生活艱苦的跡象，但這背後顯然有盡社會義務的情操。學童都衣衫襤褸，看起來也不聰明，正如同髒亂落破小鎮的孩子般；書籍則一律從埃及進口，少之又少。教室裡的寶貝是擱在木架上的地球儀，裝在袋子裡等重要場合才取出；兩張大地圖、幾本讀本，以及許多可蘭經，提供他們心靈慰藉；學校教導的科目中有五門是可蘭經的各個層面，其餘則是閱讀、文法、聽寫、作文、繪畫、算數、幾何學、地理、歷史和以旗子打信號——最後一項是學校教育的壓軸好戲，保留給最高年級中程度最高的一班，好讓從五年枯燥乏味的基礎課程一路走來的學子有個高潮可以期待。帶著我到處參觀的學校副校長薩伊德・歐瑪（Sayyid 'Omar）是個善良斯文的人，他很喜歡他的學生。他有一張瘦長的臉，蓄著短短的絡腮鬍，長著一雙杏眼，嘴大而嘴型漂亮，這是在哈達拉毛典型的嘴型——也是范・戴克[4]會畫的那種貴族嘴型；他和負責學校註冊的阿布杜拉舍赫（Shaikh 'Abdulah）的熱忱，讓這個地方洋溢著一股歡欣氣氛，儘管這裡都是些窮書生，而在物資如此短缺的環境下，辦教育又是如此艱鉅的一項任務。

政府辦的老學校也是難兄難弟，但第三間學校是印度基督教會開辦的私立學校。它有五十五名學生，比薩伊德・歐瑪的學員來得乾淨，穿戴也較爲整潔，但是多多少少無可避免地患有自以爲是的毛病，東方的基督教徒似乎常不自覺地從法利賽人❺那裡承襲了這種習氣。馬卡拉向來以不讓猶太人或幾乎任何基督教徒入境而自豪，也就沒有人歡迎這位傳教士，結果他等上好幾個月才獲准在當地落腳定居。他有張仰不愧於天、俯不怍於地的善良臉孔，牙板泛黃，戴副眼鏡，現在每個月從蘇丹那裡領六十盧比補助金來經營學校，提供學生和老師一切他們可能要求的東西，並讓他自己和家人過日子。在他樓上的住所裡有兩排被翻得破舊的書，指引他人生的方向。他乾癟清瘦的太太試著縮衣節食、量入爲出，同時自我節制，勿太過思念亞丁。至於他的小女兒們，他太太說，她們已經把本分的女紅忘得一乾二淨了。我看了她們的刺繡之後，覺得有些事還是忘了好，不過我不認爲我這麼想純粹是居心不良。然而，我還是佩服支撐他們胼手胝足奮鬥下去的英雄氣概，他們單打獨鬥，試圖在一塊不願配合的土地上，灌輸一種與當地文化格格不入的文明。全體學生先以英文後以阿拉伯文爲我合唱一曲〈主佑吾王〉，我聽著有點擔心，心想這會不會被誤解爲英國別有用心的宣傳手法，這種說法時常聽到——但我後來得知〈主佑吾王〉是全馬卡拉引以爲榮的一項成就，沒有地域上的影射意涵。

這所學校裡最令人開懷的表演要算是兩名莘莘學子之間一段關於椅子的英語對話了。

「我買了一張椅子。」一個學生說。

「什麼模樣？」另一名學生問。

「木頭做的。」……等等不一而足。

內容聽起來像一段友善平和的對話。但這兩個年輕小伙子講得臉紅脖子粗，彷彿是一場打鬥般，他們扯著嗓子大吼大叫，激動之情令人難以置信；兩人身體朝對方前傾，彷彿馬上就要掐住對方的脖子，得靠三十幾名同學居中勸架才能拉開。我必須仔細聆聽才能確信他們講述的不過是張椅子罷了。

我離開這些西方文明灌溉下的綠洲時，心裡有點感傷，感覺就像個用情不專的情人，看著對方把自己乏善可陳的感情捧在手上當做純金那樣寶貝，自己卻莫可奈何。當我的阿富汗司機在一頂蘆葦蓆編成的大帳棚外停車，問我想不想看看裡頭的婚禮時，我倒有種如釋重負的快感。他帶我到門口後便自行離去，我則穿過一條折縫偷溜進去，發現自己置身在亂糟糟的女人陣中。她們在炎熱、污濁、昏黃的光線中擠成一堆，在她們身上完全看不出任何一絲現代教育的痕跡。

女奴站在人群外面的一圈，而在中間的女人則一個接一個跪坐在地上，還有人在擊鼓。我被人群推到中間，立刻引來了一陣騷動：我發現對面坐著一位怒氣沖沖的仕女，她臉上蒙著一條黃色面紗，嘴唇則塗成藍色，她問左右的人，爲什麼會有基督徒在這裡。我直接對她滔滔不絕地說了起來，用字遣詞盡可能禮貌周到。有幾秒鐘時間，事態尷尬地懸而未決；但是情勢非她所能掌控，因爲她一方面試著禮貌地和我說話，一方面說到我就生氣，最後竟噎到氣說不出話來。我蹲了下來，一、兩名既是好奇又是好心的婦人的態度開始看起來比較友善了；而這時我才能審視這個聚會的怪異處。

這是個百花齊放的女性花壇，閃閃發光，姹紫嫣紅，外圍環繞著一圈黑壓壓的黑奴。她們的衣服不是織錦就是亮片，身體讓鏽有圖案的銀質胸片和一圈圈項鍊束縛得硬幫幫的；外加厚重的踝鍊、手鐲、腰帶，每只耳朵還掛著五、六圈耳環。仕女們走進來時，頭上綁著黃色絲巾，但很快就被拿下來，然後她們便開始展示精雕細琢的藝術品——她們的臉、手和頭髮。她們頭上編著將近一百條小辮子，緊貼在一條平直中分線的兩邊；頭髮以散沫花染成橙紅色，額前頭髮梳理成美人尖，並用髮油抹得閃閃發亮；她們的臉頰呈現閃亮的黃暈，紅褐色手掌心有一股濃郁的散沫花和香油的氣味，手掌外緣則用顏料畫成褐色蕾絲花邊，好像戴了副連指手套。她們的眉毛塗成褐色，從兩邊太陽穴竄出一抹蜷曲的褐色圖案；還有一條褐色線條從額頭一直畫到下巴。有些仕女長得如花似玉，五官分明，下巴細長；但是她們不具人性，乃是獻身神聖儀式的祭司；她們不是有血有肉的女人，而是恐怖、冥頑不靈的「女性」化身，始自太初，千載不變。當她們每回一、兩個人站起來跳舞時更顯得如此。她們雙腳並不移動，只是僵硬地扭動頭部和上半身，並以豬尾巴狀辮子在半空中畫出輪形圖案。從她們身上散發出一股縈繞不散的香氣；鼓鼕鼕敲著，手鐲和腰帶叮鈴噹啷撞擊著；帳棚裡熱得幾乎令人難以忍受。當一名仕女站起來時，就像一朵盛開的花，一朵五彩繽紛的鬱金香，脫去了素淨無華的外衣，讓一身彩衣重見天日，表情雖故作冷漠，但也留神細聽周遭具有品味的讚美低語。當然，新娘子在樓上房間，避不見人。客人陸續來到，人越來越多；雖然似乎不可能再騰出什麼空間，婚禮的招待還是設法幫他們取得廁身處。鼓依然持續敲著，單調中帶著一絲細微的興奮；越來越多舞者站起來，膝蓋以下淹沒在一片萬頭鑽動的女人海中。我盡可能悄悄地溜出去，一種如此古老又深邃的神秘感覺重重壓在心頭，它幽暗、蒙昧且人皆有之的根，牢牢不放地抓住人性，而被教育教得無可救藥的生靈（人類）所做的倏忽即逝的努力，只有望塵莫及的份。

【注釋】

❶海參（*Holothuria edulis*）：拉丁文，原意是可口的海參，在這裡是裸鰓亞目軟體動物的學名。

❷愛資哈爾大學（al-Azhar）：伊斯蘭世界中的最高學府。

❸海石竹（statice）：希臘文，是一種帶有澀味的海石竹屬植物。

❹范・戴克（Sir Anthony Van Dyck）：一五九九～一六四一，佛蘭德斯畫家，英王查理一世宮廷畫師，作品多以

宗教、神話爲題材，尤以貴族肖像畫著稱。

❺法利賽人（Pharisee）：公元前二世紀到公元二世紀猶太教的一派，強調墨守傳統禮儀。

第五章　首途前往內地

「我要往沒藥山和乳香岡去。」

——〈雅歌〉❶

馬卡拉的蘇丹軍隊可分成由奴隸組成的貼身護衛，叫做「尼贊姆」（Nizam），以及領餉的軍隊「阿斯卡」（'Askar），士兵是從雅法伊部族裡招募而來，數百年前登陸征服這片海岸，進而建立凱埃提（Qe'eti）王朝的就是這個部族。這個部族的族人每月支領十到十五「塔勒」❷，相當於十五到二十二先令的軍餉，但得自己打理伙食。在蘇丹所轄領土內，散布著三百到四百名這樣的軍人。

他們都是些面目俊俏的男人，肌肉發達一如蟒蛇，臉蛋瘦長，衣著顏色乃至頭上行頭都各憑所好，唯一必須穿著的制服是彈匣帶和來福槍，這使得他們在貝都因軍營外的乾谷中進行每週兩次晨操時，看起來就像夏日的百日草花床那樣五彩繽紛。他們裸露的雙腿在原地踏步，短裙迎風飄逸，就像色彩鮮豔、琳瑯滿目的芭蕾舞裙；而從城門口一路以八支銅管樂器演奏歐洲曲調來壯大軍容的軍樂隊，此時忙不迭地把樂器放置在駱駝飲水的池邊，和士兵玩在一起了；四名在亞丁徵兵中受訓、卡其服穿得帥氣十足的軍官，以手中的細軟馬鞭及「左右左右」的口令指揮士兵操練。我起初還聽不出個所以然來，聽久了才明白。由黑人組成的「尼贊姆」由這頭踢正步過去，換了一批人後再從另一頭踢回來，但每次的氣勢和步伐準確性都不盡相同。他們是蘇丹的私有財產，是從非洲運來的奴隸家族，但已經世世代代定居在王宮中；在阿拉伯宮中，奴隸制可比伊斯蘭教來得歷史悠久，因爲麥加還在拜異教神明時，黑奴就以「亞哈比斯」（Ahabis）之名廣爲人知了。他們最年輕的成員是僅有十或十二歲的男童，他們自成一個童軍團，每個人手中握有一把小紅旗，在一旁角落做出看起來像莫里斯舞❸的動作。在這閱兵場的對面，穿插在這群正在操練的色彩鮮豔士兵當中的是，緩步行走的駱駝和塗著靛青染料的駱駝騎士，這一早正在通往各山丘的路上來回穿梭。營帳和遭污染水的刺鼻味道，在這清晨露重時刻散發出來。我走回城門，以便觀賞軍隊踢正步回營的景象。在城門口我發現蘇丹的加農砲，兩尊砲和四塊用來扛砲、內襯棉絮的駱駝鞍墊被人抬出來亮相。一名頭裹綠色羊毛頭巾的肥胖老軍官，正在監督砲兵爲大砲擦拭灰塵，一條錶鏈裝飾著他圓滾滾的軍服正面。等灰塵擦拭完畢，砲兵連的士兵便就地散開來休息。駐地裡飼養的母雞充滿了好奇心，緊靠兩管在烈日下發燙的砲口，近到不能再近，還假裝在尋找有趣的穀粒。很快的，八支被人大聲吹奏出軍樂的銅管樂器，便引領著士兵走過造有槍眼城垛的城門回到兵營。有些人的捲髮，有些人戴的土耳其帽或纏裹的頭巾，還有斜掛肩上的來福槍，都上上下下跳動著，所有人如此明顯地樂在其中，以至於即使是反戰的和平分子也不禁陶醉在這片無害的哥哥爸爸眞偉大的氣氛當中了。

這是我在馬卡拉的最後一個早晨。前一天有兩位來自比我們原始蠻荒的世界的小番仔，被帶來做我的嚮導和挑夫。他們看起來像籠中鳥般，彷彿為了出籠也不惜撞開家具似的。兩人都是一身靛青色，圍住下體的一小片布，且不管原來是什麼顏色，現在同樣成了靛青色；從這塊遮羞布，一把彎刀的刀柄幾乎以九十度的角度突出來，如此一來，才能以迅雷不及掩耳的速度抽出短刀。有些短刀十分美觀，銀製刀把上釘著一粒粒威尼斯古金幣，並且鑲嵌有紅玉髓，新月形刀鞘的長度則正好套到刀柄，刀鞘尖端還有一顆雕花圓球。但是這兩個人似乎頗為貧窮，儘管短刀能用，他們還是在短刀後面另外插一把銳利的刀子，旁邊還有一根打包貨物用的粗針。他們在右手肘上方圈了一只銀製臂環。一條黑線串住一顆鑲嵌在銀盤上的紅玉髓，掛在脖子上，他們說紅玉髓能用來止血；另外，膝蓋下方則綁了一綹深色羊毛。他們的嘴唇，就像他們的臉，也是青一色靛青；兩人光著腳丫一蹦一跳地在我房間裡走來走去，不發一語地抬起我的紙箱，動作輕柔地掂掂重量。

他們說必須牽來三頭驢子，而其中一頭是給我騎的。他們要我減少一個箱子的重量，我那捆寢具也要減少；接著他們一把抓起我認為旅行時方便攜帶的馬口鐵罐子，這些製作於巴伐利亞的罐子是我在亞丁的市集買來的，他們將罐子全塞進麻布鞍袋裡。我們同意明天下午啓程上路，展開為期一個禮拜的旅程到多安乾谷，說好工資是五十盧比，外加五盧比的餐費。當他們離開時，其中一人摸了摸我客廳裡沙發上紅黃兩色的月牙形凹陷：他以輕柔好奇的手指觸摸著，正如碰觸一個陌生世界裡脆弱易碎的珍寶般。

第二天早上我前去拜訪大公沙林姆・伊本・阿哈馬德・伊本・阿布杜拉・凱埃提，向他道謝，他暫代堂兄蘇丹總督的職務，而蘇丹當時人在海德拉巴❹。透過哈利法克斯爵士一番好心的穿針引線，再輾轉透過阿克巴・海德利爵士和馬爾馬杜克・皮克索爾先生的居間幫忙，我才取得蘇丹的親筆信，而我這回的內陸之行才得以順利成行。大公的慷慨與好客使得我在馬卡拉停留的日子以及後來在內地的旅行既愉快又暢行無阻。之前他曾經登門造訪過我，看到我不帶僕人就上路旅行心裡一定頗為驚訝，但他以文雅舉止將詫異之情掩蓋過去。他會驚訝是因為凱埃提家族已幾乎全盤印度化，也喪失了對凡事不求人的貧窮的了解，而這樣的貧窮幾乎一無例外會在每個阿伯人內心深處引起共鳴，不論這名阿拉伯人多麼見聞廣博又何等成熟老練。

凱埃提家族的歷代蘇丹統領海德拉巴禁衛軍「尼贊姆」，這支禁衛軍世世代代都是從哈達拉毛召募新兵。他們的歲月大部分都在印度度過，也大部分是在印度締結良緣：大公沙林姆自不例外，因為他的外貌舉止，他細緻的小手，把玩著扭曲象牙手杖的纖細指頭，他那上了蠟的鬍髭（讓我看得目不轉睛以至於沒注意到他臉上其他部分），在在顯示他比較像印度人而不像阿拉伯人。但是他還是保留了他民族討喜的單純；他告訴我說他喜歡馬卡拉更勝於海德拉巴，因為這裡的生活比較不會一板一眼；他心情愉快地談論著我未來的旅程，只有在我坦白說到我喜歡每天走上幾小時的路時，他才流露出訝異與痛苦的神情。他告訴我說，去年秋天蘇丹生平第一回騎馬走到哈達拉毛乾谷；而這趟旅途的勞頓和馬上的顛簸讓他到現在人還不舒服。我向他辯白說，我從小到大過慣了辛苦的日子，很能吃苦耐勞。大公夫人相貌標緻，體態豐盈，肌膚柔細，像隻榛睡鼠，但是好生害臊，在他夫君面前一語不發，只拿著一雙天鵝絨般藍眼睛滿心同情地上下打量著我；我推測在她年輕的生命裡大概不曾吃過什麼苦吧。我們便隔著這道既無法跨越也無從解釋的鴻溝彼此友善對望著。

第二天下午三點鐘，三頭驢子馱著我的行李快馬加鞭地上路了。我將搭車隨後跟上，在第一個休息站會合。來自胡賴達的族長幫我打點好了路上的食物：

三磅米	四安那❺
四條麵包	四安那
五磅椰棗	五安那
一磅半的糖	兩安那
四磅茶	八安那
兩打蛋	九安那
兩打香蕉	八安那
十八顆酸橙果	四安那
四隻活雞	二十四安那

一共是三盧比半，阿維茲又加上一只炒菜鍋和一個茶壺。所有這些食物僅能維持一個星期，直到我走到多安爲止。

各色人等都來和我道別。大公站在台階底下，向我伸出他包著一條棉布圍巾的手，倒不必然是因爲我和他男女授受不親，而也許是因爲他已經洗過手準備下午的祈禱，如果隨便和人握手就得再淨手一次。我滿懷感激地離開了他和城牆邊的白色客房，心想假如我要度蜜月的話，在馬卡拉曲折的海灘度假想必會很舒服。在這裡幾乎感受不到紅塵俗世的喧囂擾攘，我會划著一艘小木舟和我的另一半，不拘他是誰，伴隨海豚和海鷗到外海徜徉一整天呢。

【注釋】

❶ 這段經文出自《舊約》〈雅歌〉第四章第六節前半句，後半句是「直到天起涼風、日影飛去的時候回來」。

❷ 塔勒（thaler）：德國舊銀幣，相當三馬克。

❸ 莫里斯舞（morris dancing）：英國的一種民俗舞蹈，舞者通常爲男性，身上繫鈴，扮演羅賓漢之類民間傳說的人物。

❹海德拉巴（Hyderabad）：印度中南部城市。

❺安那（anna）：印度、巴基斯坦的舊貨幣，相當於十六分之一盧比。

第六章　蒂勒的曼薩伯

「不論是大路小路，要找著並非難事；
只要發現浮雲遊子，那就八九不離十。」

——W. P. 喀爾❶

因爲我執意隻身旅行，既不帶僕人也不需貼身護衛，馬卡拉當局感到頭痛不已。我給的理由是，若想和貝都因人和平愉快地相處，端賴能夠和他們單獨相處，但這理由不具說服力。我是有史以來第三個深入內陸的歐洲女性，卻是單槍匹馬深入內地的第一位女性——任何古怪行徑理論上都講得通，甚至實際上也行得通，但由於無前例可尋，處理起來就頗爲棘手。然而，就貼身護衛這件事而言，我並不會一意孤行：他們把我交託給一名隸屬「尼贊姆」的黑人士兵，要他負責我的人身安全，並維持我旅途上一般的舒適。

對於這項任務他是否能勝任愉快，他和我一樣心存懷疑，甚至比我更不清不楚。他五官平坦的臉上有一雙小眼睛，眼窩淺，眼角布滿血絲，顴骨很高。他在我出發時出現，圍著一條紫紅色棉質遮羞布，上身穿著一件背心，頭上裹一條大紅頭巾——但遇正式場合，他通常會將頭巾換成一頂冬季運動用的針織白帽子。他身上唯一一件軍事用品就是那條彈匣帶，上頭裝滿子彈，鬆垮垮地掛在腰際。他把自己和他的來福槍都擱置在車子的腳踏板上，車子裡已經載有我和阿里・哈金以及其他兩位朋友，他們要送我到再走下去便無路可走的地方。從這裡到馬卡拉山後的蒂勒（Thilē）村大約是十哩的路程，我們一路顛簸地繞著後山被風侵蝕的弧線走，先向北再向東沿著荒涼貧瘠的山谷而行。馬卡拉的居民夏天時會到這些谷地，坐在一叢叢著附在岩石上的棕櫚樹下乘風納涼。我們從蘇丹的花園底下經過，花園就在我們的左手邊；我們還經過兩座據守路邊的土黃色碉堡、哈爾示亞特（Harshiyat，凹地中一條有綠意的植物帶），以及其他碉堡和方塔。阿里．哈金說，這些都是「恐怖時代的遺跡」，但是領餉軍隊「阿斯卡」一直沿用至今。這裡的地貌都是石頭地，石縫中長著洋槐樹。假如仔細一瞧的話，會發現荊棘叢後頭抽出了綠色嫩葉，但即使有荊棘的保護，這些嫩枝也擋不住駱駝舒捲自如舌頭的探入。然而，遠遠望去，又幾乎看不出這些灰撲撲又光禿禿的樹；你只有望著天際線時才看得到山丘上的洋槐樹，它們僵硬筆直的線條在雨後會霎時染上一層綠意。

我們走過左邊一條通向多安的山路，和馱著蘆葦從多安走來的一隊駱駝擦身而過；之後繞過一大片岩塊，前方頓時豁然開敞，來到地勢如波浪起伏的希赫爾低地；我們離開了希赫爾路以及路上的車轍，抵達一處低矮的山脊線，山脊上蒂勒村的土厝向下眺望著一整片棕櫚樹海。

這三棟堅實的蒂勒土厝排成一排，位置比村裡其他房子來得高，占據著易守難攻的戰略位置，它們屬於「曼薩伯」（Mansab，宗族裡的宗教領袖）和他的家族。它們不像馬卡拉有錢人家的房子那樣塗上一層灰泥，而是用泥土結實牢固地搭建起來，共有五層樓高。最靠近我們的這一棟，一位婦女站著屋頂上看著我們的來臨；她的手臂和臉孔就和身上長袍一樣烏黑，而在長袍縐褶流瀉而下的直線襯托中，她整個人流露出拜占庭風格的雍容華貴。我注意到她臉和手臂的黝黑是如何爲她體態的優美增色，她彷彿整個人都是從單一烏木塊雕刻出來的木雕像，散發出來的美既渾然天成又圓融一體，不像我們大多數人那樣，在蔽體的衣服裡顯得東一塊西一片、拼拼湊湊的。有什麼會比摩登裙子底下露出膚色和裙子顏色剛好相反的半截腿，更不搭嘎的呢？或是裁縫師傅從肩膀切開來的一條手臂，讓它獨立於他們作品的整體設計之外，任由它懸掛在那裡好像跟衣服了無關係似的。這位婦女就沒有這樣的齟齬不稱、各自爲政；她全身上下一氣呵成，以藍天爲背景站在那裡，就像義大利威尼斯托契洛（Torcello）島上教堂的的聖母馬賽克畫，背後是鑲嵌的金色光環。她一直站著直到看見了我們才一邊驚聲尖叫，一邊狂亂地揮舞黝黑手臂，這動作和拜占庭風格的鑲嵌畫頗不相宜。

蒂勒的曼薩伯名叫穆罕默德．伊本．阿哈馬德．巴．歐馬（Sheikh Muhammad ibn Ahmad ba 'Omar），他是哈達拉毛最德高望重的人士之一，講的話一言九鼎，在他這個地區的部族中或甚至以外的地方都算數。他是聖徒薩伊德．賓．以薩．阿姆迪（Sa'id bin 'Isa 'Amudi）的後代，後者埋葬在錫夫（Sif）和哈賈拉因（Hajarin）之間的蓋頓（Ghaidun），到他的陵寢謁陵以及在拉賈布月（Rajab，伊斯蘭曆的第七個月）舉行的四天慶典，是當地的一件大事。這慶典幾乎造成第一位踏足哈達拉毛的歐洲旅人馮．瑞德客死異鄉；他在危險時刻來到蓋頓，雖然經過一番僞裝還是被人懷疑，若不是村裡長老出面調解打圓場，並且送身無分文的他返回海岸，他可能早就慘遭貝都因人的毒手了。

當我們找人捎信通報我們來臨的時候，這位遠近馳名的聖人後裔，目前的曼薩伯，正在底下的棕櫚樹叢中。他爬上來歡迎我們，人生經驗和權威爲這位耆宿敏感的長臉憑添一股慈祥且威嚴的神情。他有著一張全家族都遺傳的大嘴。他兩個兒子也跟上來，接著是他留著翹鬍子的女婿，他圍著一塊遮羞布，掛著一條紅玉髓墜子，和薩伊德一家人的長袍形成對比。我們都被引進屋子裡，踏過被磨得光亮平滑的泥土台階，在一間鋪有草蓆的房間裡坐下。阿里．哈金一邊把粗製濫造的水菸袋抽得咯咯作響，一邊完成了把我移交給他們的任務。這任務沒有花多少時間，因爲日頭漸低，天色很快就暗下來，而我的朋友必須打道回府了。我的貝都因腳伕也到達了，他們在屋子牆壁的背風處歇腳準備過夜。阿里．哈金和我道別，他眼圈泛白的眼睛充滿了孤寂神情，沙啞的聲音以抑揚頓挫語調向我推薦接手的人，要我放心，又跟我道歉。該做的善行他都做了；而現在他把身軀塞進車子裡（這身軀似乎跟他這個人有點連不起來，略微臃腫又不聽使喚），其他兩個人則剛好擠在他身邊。阿富汗司機和我友善地握手，然後坐進駕駛座開車；他們很快消失在亂石累累的地平線上，我則轉身回到主人那邊，他以有教養的阿拉伯人與生俱來帶著三分保留的客氣，接待我這位不速之客。

這些哈達拉毛的房子似乎是薩巴時代流傳下來的，雖然光環已褪，但基本上沒有改變，這還是我第一遭住進歷史這麼悠久的古厝裡。小這些房子一號的古厝已經被挖掘出來，它們沒有什麼改變。伊斯蘭教文明早期的詩人阿爾卡馬（'Alqama）曾經描述過它們，當時它們在葉門山丘頂上的一派頹圮蕭索氣象，依然撩撥著人們的想像力。

「不可一世之蓋頓及其居民。此乃弔古撫昔者之慰藉。

它直上雲霄，樓高二十層；

白雲為其頭巾，白玉石為其腰帶與披氅；

其石塊以鉛液接合，高塔貼滿寶石與白玉石。

牆腳處處是振翅遠颺的鷹首，或青銅吼獅。

塔尖有一水鐘；滴水報時。

鳥雀棲止其上；渠道水流汩汩……

其上更有瞭望台

為平滑白玉石所砌，來去自如的統帥，居高臨下。」

對古代的統帥而言，也許真的來去自如、進出方便；但對於沒有人帶路的現代旅人而言，根本就不得其門而入；屋子的底層因為禦敵的緣故沒有開窗子。底層通常擠滿了山羊和驢子，它又向內岔開成許多彎道和階梯，像迷宮般令人一頭霧水；來到上面一層後，走過彎彎曲曲的甬道又轉了幾個急轉彎，就來到幾個不同的房間，每個房間都有自己的衛生系統，靠著一條寬豎坑把室內的水排放到剛好從底下經過的街道或空地上。所有這些房間都以木製鑰匙鎖上，鑰匙則塞在家庭主婦的腰帶裡，有幾個房間相對就有幾把鑰匙，開門時便把小木栓插進精雕的鎖內鑰匙孔裡；即使是行家老手照例也得折騰上一陣子功夫，和他自己的前門搏鬥一番；而要一一走過幽居在一棟哈達拉毛房子牆壁後的老婆、寡婦、女兒和丈母娘所住的各個房間，眞不是件輕鬆容易的任務。

至於詩人提到在古王宮牆腳的銅獅和展翅高飛的鷹首，今天依然看得到的是野山羊角，它們成雙成對鑲嵌在最上層的欄杆下頭；這回在蒂勒是我生平第一次目睹野山羊角。

這裡的房子破舊而古老，大多用來招待前來找精神領袖幫忙或指點迷津的貝都因人；房子裡的每件物品都飽經磨損，目前仍經常使用。他們給我一間樓上的房間，地板上鋪著燈心草蓆，牆上有許多扇雕花窗牖；曼薩伯和他兩個兒子以及小孫子進房坐著，臉上帶著一派溫文儒雅的迷人表情，一邊喝著陶碗裡的薑汁咖啡，一邊閒話家常。

沒多久，精心刻意打扮過的女婿扭著臀閒晃了進來。他的腰際圍著紅黃兩色的遮羞布，而一件像是古羅馬人袍掛的紅黑兩色寬袍隨興披掛在一條裸露手臂和肩膀上。他蜷曲的鬍子和頭髮擦得油光閃閃。說眞的，他也許眞是個古羅馬人，脖子渾圓粗大，一身性感。他在其他人旁邊坐下來，翹起二郎腿，一隻手把玩著在他紅黃遮羞布縐褶間閃閃發亮的銀製匕首；他習慣坐著受人讚美，看到他和他那些落落大方、泰然自若的親戚坐在一起，實在是令人啞然失笑。他們寒傖的衣服絲毫無損於他們臉龐寧靜致遠的影響力，這影響力是累積了數個世代的權威與家學造就出來的。

幾個月前才探勘過哈達拉毛乾谷到它東邊出口賽侯特的殷格蘭夫婦，路經蒂勒卻沒有停留；儘管有關他們的消息，讓當地人心理上接受了歐洲女性能在這附近一帶旅行的事實，但我還是曼薩伯一家人生平第一次看到的歐洲女性。我試著解釋我是因爲對歷史感興趣才不辭千里而來，而我發現（一如我在未來六週將不時發現的）我對古薩巴人的好奇被視爲歐洲人輕浮孟浪的表現，他們才不會對這種心靈的攪擾不安寄與什麼同情，但談到我對中古伊斯蘭教傳統的一往情深，所有人卻都衷心大表贊同，並且明白這是此行可以理解的理由。

沒多久他們便離開我，而這戶人家的女眷便跟在曼薩伯的女兒身後窸窸窣窣地走進來。她同樣有一張這個家族所共有高雅大方的大嘴，臉長迷人，但臉色頗爲蠟黃：她有一雙美麗、溫柔而聰黠的眸子。氣氛很快就熱絡了起來，因爲上蒼仁慈地賜給我對衣服如假包換的興趣，這是生活諸多考驗中以應不時之需的備胎，卻是旅遊途中特別的恩賜，因爲它提供了一個普世皆有的話題，畢竟人類對衣著的興趣是無止無盡的。房間裡很快就遍布花狀絲織物，哎呀，所有的絲織品都是來自亞丁的人造絲；而我這會兒也就弄明白了印度高腰晚禮服

「戈萬」（gowan）和阿拉伯「酷而娣」（kurti）之間的不同。這時曼薩伯自己提了一盞油燈來看我的晚餐是否已經端上來，他很驚訝得發現我們談論的都是些浮華不實的東西，便面帶微笑地道歉。

女眷們向我解釋她們不同的髮型。頭髮中分、不編髮辮的是印度髮型，使用這種髮型的主要是沿海婦女或是哈達拉毛人在海外娶的東印度婦女。馬卡拉婦女會在額頭上留一道切齊的瀏海，而內地婦女會將前額頭髮梳理成一綹後穿過眉心收束成一個尖點。編織髮辮需要從早上到下午一整天的時間，而編好的髮辮僅能維持十天之久。

沒多久，一名婦女走進來坐在我旁邊，她的臉上嚇人地塗抹了幾條他們叫「虎大耳」（hudar）的褐色染料。它分成三大條塗在臉上，一條在眼睛上方，一條穿過鼻子分布在兩頰，一條在嘴下下顎處。她告訴我說，她在產後四十天每天都這麼塗抹，晚上才洗掉。她兒子大約十歲大，坐在人群的外圍。他突然間喃喃自語地吐出「剝客是喜」（Bakhshish，錢）這個字，把大家都嚇壞了。

我不發一語，但是神情痛苦而震驚；在座其餘人士則驚駭得說不出話來。

「你是從哪裡學來跟客人講這些話的？」最後曼薩伯的女兒說話了。「你一定是瘋了！」

小男孩已經因爲成了眾矢之的而嚇到了。

「基督徒，」他囁嚅地說：「他們都會給『剝客是喜』。以前來的基督徒給每個人『剝客是喜』。」我想這種喜捨散財的習慣是歐洲旅人所容易犯的最不幸錯誤之一：藉此他們得罪了最好的阿拉伯人，也寵壞了其他人。

「也許他們在路上施捨『剝客是喜』給窮人，」我打圓場：「他們在人家家裡做客是不會這麼做的。」

「不要再讓我聽到這樣的話。」曼薩伯的女兒說，而十幾個女人同時保持緘默更顯示出小男孩的惡形重大。他立刻消失在門外的黑暗中。我們這一圈女人又恢復了方才的融洽，繼續東扯西聊，直到我的貼身護衛提著油燈走過來，把我的行軍床擺在房間的一角。

他認眞地執行他的任務，想睡在我床腳保護我。但是我很堅持，而一干女眷又都站在我這邊，於是她們便跟在他身後魚貫出去，只留下曼薩伯的小孫子和一名貝都因孤女。她徘徊不去，希望看到我上床就寢。小女生面帶微笑，喜吱吱的，直到小男孩告訴我她是個孤女。

「『梅絲姬娜』（Meskina），可憐的東西。她一無所有。」他的語調，可憐與鄙視兼而有之，兩者巧妙地平衡，正表達出東方人對貧窮的態度。小女生的臉沉了下來，一臉憂傷神情。

「她是個奴隸嗎？」我問道。

「不是，只是沒爹沒娘。」阿哈馬德說。他似乎認爲這比爲奴更糟，無疑地更悲慘。

「奴隸，」他說道：「在希巴姆買得到，一名年輕奴隸要價五百塔勒（三十七英鎊）。」

我暗示我想就寢，他們於是離開，留下我一人在房間裡和一隻老鼠獨處。我走到露台上，俯視腳底下蒂勒的房子，以及朦朧月色下白茫茫的棕櫚樹梢。只有曼薩伯自家的房子可以蓋在山脊上；「如此一來沒有人可以，」他兒子告訴我說：「從窗口打子彈進來。」但是現在沒有子彈射擊，只有夜裡朦朧的闃靜，以及從下方一層露台上傳來一邊抽菸斗一邊輕聲細語的說話聲。溫度十分怡人，華氏七十九度〔約攝氏二十六度〕。牆腳一團幽暗燈火顯示貝都因人的營火已經消殘。底下的綠洲被鎖在乾谷中，猶如鏡框中的一幅畫；在這之外更大的一幅鏡框裝滿一片寂靜。在歐洲有幾個人能體會夜裡的萬籟俱寂：即便隻身露宿在阿爾卑斯山的草原上，我們也會聽到潺潺的溪流聲。但是在這裡，從這座村到下一村之間，除了起風時颳起的風之外，便一無所有。在無風的晚上，聽不見水聲的靜謐是如此萬籟俱寂，以致你會想像自己在這不毛的靜謐中，聽到了荊棘防護下沙漠灌木叢生長的聲音。

【注釋】

❶ W. P. 喀爾〔William Paton Ker〕：一八五五～一九二三，牛津大學萬聖學院的詩學教授。他以對英格蘭、蘇格蘭

以及古斯堪地那維亞詩歌的批評享譽仕林。他最爲學界所稱道的著作爲《史詩與傳奇》（*Epic and Romance*）以及《黑暗時代》（*The Dark Ages*）。

第七章　往約耳高原之路

「他入境隨俗，很快地習慣了以當地人的生活方式生活，而這是有必要的，假如你想在阿拉伯旅行得既充實又愉快的話。」

——尼布爾❶，《遊記》（*Reisebeschreibung*）

第二天早上我被窗台底下傳來呼喚大家起來晨禱的聲音喚醒，那聲音既強而有力又美麗。過了不久，士兵就過來整理床舖，而曼薩伯自己也現身道別。由於還沒有別人出現，我於是留了一面小鏡子在他手上，當做給他女兒的禮物；他帶著幾分驚訝收下它來，又代表他女兒表示卻之不恭的喜悅，很明顯他沒料到會有這樣的好事。他用著迷眼神看著紅色錦盒及流蘇，好像他對別人的奢華還是抱著好感；他的的確確是最迷人也最富於人性的修行人。但是他的心靈不是那種想著早餐該吃些什麼的世俗心靈，所以當我們下樓走進早晨清爽的空氣中時，我很心滿意足地撕下了一大塊馬卡拉麵包。

六點鐘。貝都因人適才開始套馬鞍：我們離開他們，沿著短短的下坡路走下山壁，來到一道灌溉整條乾谷的暖泉，蒂勒的花園和他們的繁榮便從這裡開始。曼薩伯的女婿已經開始洗滌他性感迷人的裸露上半身了，如果說他的身體屬於什麼異教神明也不為過。看到這番景象不免讓人同情那些從一而終也自甘平凡的主婦們，她們逛過梵蒂岡博物館之後有感而發地說：「大家說來說去都是赫丘力士、巴克斯，且給我一個瓊斯先生吧❷。」也許是因為他對自己的外貌如此得意，我們也就不想浪費時間讚美那些經後天努力才把自己妝點得美麗的人，這可能有失厚道，也可能是我們與生俱來能省則省的本能使然吧。

我在這裡辭別了年邁卻迷人的聖徒，跟隨士兵走上濕潤耕地的田埂，穿越整條乾谷爬上對面的山壁後，來到一處開闊地，地勢以幾乎令人察覺不出的坡度微微向北傾斜，我們的旅途便是向北行。它們是名符其實的乾谷，但如此寬廣低平，令人幾乎看不出來；這些乾谷最後融入了海岸平原，從外觀看起來景色十分單調乏味。然而，晨曦在乾谷上撒下一層朦朦朧朧的媚惑，而蒼白的洋槐樹在乾谷四周亭亭玉立。走了一個小時的路程之後，我們疾行趕路的驢隊在後頭出現，我們便在一個「西卡雅」（siqaya）的白色小穹窿頂旁坐下來等候他們。這西卡雅是某位已故善心人士所捐贈的蓄水池，每天會有人來注滿水以供來往旅人飲用。

到目前爲止，我只碰上我所雇用的貝都因人中的三名：薩伊德（Sa'id）、他的外甥沙林姆（Salim），以及沙林姆十歲的弟弟穆罕默德（Muhammad）。穆罕默德是個瘦巴巴的小男孩，總是隨時掛著一張笑臉，他的頭髮像老鼠尾巴，生長在像青蛙的小臉上頭。他們都是穆爾西迪（Murshidi）族的貝都因人，他們的家和放牧地都在哈達拉毛山脈的最高峰塞班峰（Kor Saiban）附近。

薩伊德是個樂天、友善、蓄著鬍子、個頭矮小的男人，他的嘴唇豐厚飽滿，鼻子高挺，不高的額頭被歲月刻劃了幾條平行皺紋。他毛茸茸的捲髮從額頭往後梳，像女生那樣紮成寬鬆的一束後圍繞在頭上。他精力充沛，體格壯碩，身材就像羅馬神話中的次要神祇，但不是黃金時代的雕像而是偏向巴洛克時期。他講話時頭偏一邊，總迎合別人的心意說話。他有一雙西班牙犬的大眼睛，在塗得一片靛青的臉上顯得非常友善且格外黃褐。他解釋事情時會張開雙手，而手掌、指頭、拇指等所有部分，都會向外張開到不能再開的地步。他的外甥沙林姆眼皮厚重，像一隻假裝瞌睡兮兮的貓，上唇則又厚又翹。他年紀很輕，我原本認為他很難搞定；但事實上，他對我發展出最有俠義之情的耿耿忠心，從不會讓我的驢子走出他視線一步；而假如我想照張相片，或不小心瞄到左一朵右一堆的沙地小花就想摘採，他可以一個小時內讓驢子停下來二十次，甚至我還沒開口要求他就看穿我心意。去年秋天這三個人曾陪蘇丹來過內地一趟。他們在馬卡拉很有名，而如果再加上兩個人的話——一名叫阿哈馬德・巴・果爾特（Ahmad Ba Gort）的沉默年輕小夥子和他表哥，後者名字也叫做薩伊德——他們這五人幫可就湊齊了。薩伊德二世現在圍著彈匣帶、拿著一把法製來福槍出現了，來福槍的槍托上多加了塊圓木頭，也和哈達拉毛地區所有槍枝一樣覆蓋著羚羊皮。他看起來是個鬱鬱寡歡的年輕人，一張臉瘦削細長，下巴底下留著一小簇黑毛，活脫就像埃及墳墓裡的一尊泥像；一條靛青色破布纏裹在他軟木塞顏色的捲髮上。他的捲髮，一條被槌平成蛇狀的銀製臂環，以及小指上的兩只銀戒指，使他散發出一股放蕩不羈的氣息，而他的確也具備一種拜倫式浪漫性情，常走著走著就獨自一人爬上駱駝商隊經常走的路徑之外的大石頭，或突然從遮羞布裡抽出一管蘆笛，並走到我們前頭吹奏出如呼呼風聲般的單調貝都因旋律。就我所知，他的鬱鬱寡歡就在當天結束前我邀請他們一道享用貝都因咖啡時消失無蹤；我後來發現他不悅的原因，不過是因爲懊惱要保護「驕傲得不和他們共同進食的基督徒」，因爲他從前曾經和歐洲人一起旅行過，很明顯他們獨自進食的事實讓他久久無法釋懷。

這四個人現在和六頭疾行趕路的驢子迎頭趕上了我們，這些驢子在堆積如山的行李覆蓋下幾乎看不見身影，而這些行李上除了一層麻布，還外加了一層蒼蠅。這些蒼蠅像黑色塵土般黏在任何不是太陡斜的地方；到了旅途的第二天，當高原空氣變冷之後，我們才擺脫牠們的糾纏。

我們現在逐漸朝分水嶺往上爬，在眞正的沙漠和海岸之間，橫亙著有好幾天路程的約耳（Jōl）高地亂石累累的荒原。這是一片遼闊單調的地形，但只是更大更單調的地塊阿拉伯高原的邊緣，這高原由皮特拉朝阿曼向南傾斜。位於外圈的約耳高原被切割成一如夏天池塘的乾涸泥底，而這些刻痕就是溝谷。有時候它們是古代城市的發祥地，有時卻既荒涼又狹窄，只有鳥類和樹木會在潺潺夏溪旁築巢紮根。約耳高原長期來一直是風、陽光和居無定所的貝都因人馳騁的遊樂場。內地城市的居民對這個地區所知不多也沒有興趣，他們之所以跋涉横越約耳高原，是因爲非得這麼做不可，因爲他們被高原困在內地，距離海岸有六、七天路程之遠。現在遠遠地我們開始看到太陽底下微微起伏的石灰岩高原，這是第一段階梯，但還不是約耳高原本身——薩伊德說——我們在第二天晚上才能抵達約耳高原，它在海門（Himem）乾谷的盡頭，而我們行將進入這條乾谷。

我們愉快地向前趕路，這條乾谷逐漸收束它低平但相距遙遠的谷壁，形成一條辨識得出來的乾谷地形。快步走的驢子踏在尖硬土地上所發出整齊清脆的聲響中，有一種歡歡喜喜的特質，而跨坐在驢背的行李堆上也是個愉快的經驗；假如你能掌握其中訣竅，知道如何以隨機應變的性情和保持平衡的本事來應付胯下坐騎的上下震盪或變幻莫測的搖擺。事實上，騎驢就好像在人生的大風大浪中載浮載沉，你必須用冷靜目光一邊前瞻突發狀況一邊保持怡然自得。我自己的驢子叫做熟外地（Suwaidi），是一頭健壯的小牲畜，有一對毛茸茸耳朵，脖子粗厚，毛色和陰天斑駁天空一樣灰沉沉。當我問牠叫什麼時，他們告訴我說牠沒有名字，不過是一頭「希馬」（himar，驢子）罷了。「這不可能，」我說：「牠一定有個名字，不然你們怎麼分辨牠和其他希馬間的不同？」這個時候，拿著樹枝在我旁邊蹦蹦跳跳的小穆罕默德朝我笑了笑，並告訴我牠的大名，很明顯的，他的長輩認為我對牠的名字不屑一顧。

我們沿著一條還算平坦的路走到了距蒂勒兩小時路程的拉斯布（Lasb）。這裡有幾座土厝和一棟刷灰泥的房子，而路徑從一座西卡雅旁下降到乾谷裡的河床。這裡的水塘和貼著谷壁的棕櫚樹，看起來就像經過園林設計師的精心設計，以烘托出整體效果。這裡有一畦畦濕潤菜圃，主要種植低矮的捲心菜，他們喚做「芭塔塔」（batata）。水塘裡有小魚和青蛙，水上飛舞著紅色蜻蜓。從這裡，我們真正開始遵循乾谷堆滿白石的河床行進，偶然遇上零星散布的水塘，水塘邊長著高大洋槐樹；「納斯布」（nathb）樹則伸展著長葉，形成一叢叢怡人綠蔭；而「阿什爾」（'ashr）樹則生長在開闊地，蒼白葉片大而橢圓，上頭覆蓋著一層白色細茸毛，樹梢上開著艷紫小花，伊斯蘭教徒說花裡住著小精靈。

在靠水的地方，植物成團成簇生長，但當我們走進四周環繞谷壁的幽閉地區時，儘管依然看得見一些開闊地的植物，景象卻有所改變。這兒有綻放白花的「哈爾馬勒」（harmal），這種植物有毒，對人和牲口都有害，大約兩呎高，散布在四處。另一種較高大、長得像夾竹桃、綻放白色天鵝絨般小花的灌木，也生長在這裡。還有一種黃色「加拉古拉」（galaigula），洋槐屬但長得低矮，沙林姆說假如把這種植物煮開喝下，將會精神錯亂。在白色峽谷中，水塘邊的綠色植物依戀著池水，景色秀麗，風光旖旎。現在我們兩邊都是谷壁，將我們左右包抄住，谷壁如此高聳以致我幾乎看不清懸崖上方在日光中振翅飛翔的野鴿子。一半由風蝕所形成的粗大石柱和岩石表面，看起來就像一雙大手鬼斧神工的傑作。這些懸崖峭壁由石灰岩構成，底層則是沙岩。這嶙峋巉巖的天際線襯托出枝椏歧曲的灌木叢，可以想像得到若逢雨季時節，它們的表面應該是一層淡淡的嫩綠。早晨的微風和陽光在崖頂上漫步，但是我們走的地方卻空氣沉悶，溫度緩緩上升。驢子低頭搧著耳朵，在一堆堆白色卵石間尋找落蹄處。薩伊德二世抽出他的「馬祝福」（madruf，蘆笛），光著腳丫從這塊大石頭跳到另一塊大石頭，一邊吹奏著曲子。突然間，其他三個人不約而同地抽出刀子。我原以爲他們打算戳刺驢子露在行李下方的後腿和臀部，但他們只是想在蘆笛手後頭起舞；他們的步伐輕盈快速，手底下露出的彎曲刀尖舉到齊眉高度。他們看起來相當快樂，一點也不像之前亞丁的人之前向我描述的一個超乎想像的「守紀律、有秩序的政府」的子民。

九點鐘時，我們來到一塊垂懸半空的大石塊，有點像一座開放的岩洞。從石塊上滴下的涓涓細流，一定使得這個地方早在我們之前數百年就成了旅人的休憩所。我們便在這裡度過這一天酷熱的時辰。

我們的士兵使用手邊能找到的每一樣軟東西，爲我鋪了張床。在此同時，貝都因腳伕四散開來工作，撿木柴，煮咖啡，然後才開始張羅午餐正事。

午餐由薩伊德掌廚，用我新買的鍋子。它是由一團米飯和紅辣椒粉——叫做「碧絲芭絲」（bisbas）——所組成。就在即將大功告成之前，薩伊德將搗碎的爛鯊魚肉拌進去，這種爛鯊魚肉使得哈達拉毛的每支駱駝商隊聞起來就像隊伍中有某個東西死了好一陣子。他拿起一只滲著油的羊皮袋倒油進鍋子裡，再撿起地上一根小樹枝攪拌，最後裝滿我的盤子，由士兵送給坐在隱蔽岩架上的我，而士兵和四名貝都因人則蹲在地上以手指從鍋子裡抓飯吃。

我們就在這裡休息到午后兩點鐘。蔭涼處十分舒服，而且我們不需要一直追著陰影移動。在陰影覆蓋處以外的地方，就沿著我們的來時路，有一片平坦石板地夾在兩片高聳岩石間，在太陽下閃閃發光，就像一條通往神殿的大道。沙林姆此時人就出現在那兒，他正把驢子從水塘邊帶回來。蘆笛手薩伊德二世仰臥在一塊岩石上，手裡握著短刀，看得忘我出神，那是他今生的驕傲。一名脫了隊的貝都因人，一個留鬍子的高個兒，他之前和我們不期而遇，頭暈目眩地說他頭痛；現在他躺在另一塊岩石上，眼睛上覆蓋著一條沾了古龍水的精梳棉毛巾。至於黑奴則正在一角拿幾粒包穀哄我們那四隻倒楣的雞。我們的旅程一開始雖有些意外的小插曲，但它遵循的線路卻一成不變；這是意外與規則的互動與激盪，每天的驚奇被身體的需要織入一個恆常不變的生活紋理中，一個世紀又一個世紀，迫使人們走上同樣的路徑。這的確是在野外旅行的魅力所在；等到人類的交通工具達到盡善盡美的地步，以致物理法則不再能限制我們在陸上、海上或空中的旅行，屆時我們將不再與這個地球有貼膚之親，這種與地球上動植物及石頭合而爲一的快感，在同一種律動掌握下物我合一的感覺，將永遠不再出現在我們的旅途中。

我們在兩點鐘時重新上路，而薩伊德和沙林姆一邊爲驢子套鞍，還一邊哼著特別爲這個時機準備的奇怪小調。「哈巴里，哈巴里，哈巴里特，哈巴里」（Habbali, Habbali, Habbalit, Habbali）；歌詞裡有種單調，但他們以幾種不同調子重複不斷地唱著，直到辦完事爲止；不過，驢子似乎喜歡這小調，耳朵後翻聆聽著，等調子停下，牠就知道行李都綁妥當了，便會自動自發地上路。有時候他們把歌詞改了一下，唱著「哈特，踏特，易達克」（Hot taht idak），也是不斷重複唱。「哈特，踏特，易達克」就是「請別嫌棄收下來吧」的意思，但我想在把行李綁到一頭牲口背上時，這樣唱給牠聽實在不太妥當。事實上，是薩伊德自己編出這些歌詞，他腦袋裡想到什麼就唱什麼。他做飯時習慣坐下，並以低沉、專注又快速的聲音唱歌給自己聽，像極了天主教神父連珠炮似快速念誦彌撒經文。

離開了我們的營地後，我們在兩點半來到了魯拜布（Lubaib），這是個窮鄉僻壤，卻是幾條乾谷會合的開闊地。來自左邊的兩條乾谷名叫貝納沙（Benahsa）和萊亞克（Rayak），它們通到蓋倫萊亞克（Qarn Rayak）；在魯拜布東南方遠遠在望的是阿納那山（Jebel Anana），我們從它的外緣繞過胡迪（Huti）乾谷和巴爾克角（Ras Barq）的谷口之後，就會進入海門乾谷荒涼的隘路，沿著這條乾谷便可以抵達約耳高原。

范．登．穆稜（Van den Meulen）和殷格蘭夫婦的隊伍都是遵循這條路線，而且繪製了地圖，所以在我抵達希巴姆以西的新疆界之前，我不打算採集任何地質標本。我在這裡只是複述貝都因人告訴我的話，並沒有勞神費事地求證或比較不同的說法。其中一個原因是，我發現我依然很難聽懂我的貝都因腳伕在說些什麼；雖然他們說著流利的阿拉伯文，但他們會令人驚訝地突然改變發音，並在每個字字尾加上獨特的濃濁爆裂音，彷彿後頭存在一股能量般。當你第一次聽到這種唸法時，會發現這比特定的獨門唸法（像把j唸成y）來得難懂得多，因爲後者可以很快辨識出來。

當我們從開闊地走入四周環繞崖壁且寂靜無聲的海門乾谷時，在我們面前出現了一些廢墟和扭曲地面，它們記錄了地表飽受風吹雨打的歷史。懸崖的上半壁陡峭且割痕累累，被風切割成一條條橫向凹槽，宛如劇院包廂，我們可以想像史前人類從凹槽中觀賞著這裡搬演的風風雨雨戲碼；日光、風、雨、太陽和霜的演出，對象是禁錮在地殼下的蠢蠢欲動的力量。陡峭坡壁上覆蓋著一層樹木，準備在雨季來臨時復甦重生。這些樹木有許多品種，鷓鴣、小烏鴉和黃鶺鴒出沒其間。夏天當溪水流過河床上的白石，而坡壁上一片綠意盎然的時候，這些禁錮在崖壁之間的谷地看起來一定像個樂園；但是眼前這片光禿禿景象令人震懾。人在其中顯得太微不足道，光著腳板排成一線在寂靜崖壁間迂迴穿梭。驢子的腳蹄時而失足時而喀噠喀噠作響，任何一小叢棕櫚樹綠洲或一小片玉米田都會讓人產生久旱逢甘霖的快慰，也讓人突然明白這整片土地荒無人煙的程度如何之大。

那天並沒有出現這樣的綠洲。我們沿著未開墾過的孤寂谷地行走，直到三點二十分來到一處叫做哈拉夫（Hallaf）的地方。在這處像圓形競技場、四周環繞平滑崖壁的地方，乾谷轉向，步道上升到更加開闊的地方，並爬升到一處叫做拉赫巴（Rahba）的地區。我們沿著河床西岸行進，踏過從崖壁剝落下來的古老碎石岩屑：這些乾谷雖然荒涼壯麗，卻只是垃圾堆及約耳高原的出口罷了。在約耳高原上，數世紀不斷的夏季暴風正在切割新的山脈，切割下來的垃圾物質則傾倒在這些谷地裡。暴風雨並且侵蝕石灰岩崖壁，在沙岩山腳灑滿雨水。

在這些造化鬼斧神工的地區旅行的駱駝商隊，有可能被突如其來的山洪沖走，山洪會將溝谷注滿水，而將人和牲畜沖得不見蹤影。

兩旁小山谷裡依然生長著一些香料，人們會把香料帶下去馬卡拉販售。不過，在我們行走的交通要道上卻不見香料的芳蹤。我們周遭生長著其他許多植物：洋槐；一種葉小而黑的矮樹「胡末」（humé）；像金鏈花科的「阿夏里克」（'asharik）；我在亞丁看過、樹幹紅色的「阿布」（abb）；像橄欖樹、當駱駝秣料的「薩拉克」（sarakh）；「道拉阿達比」（thaulat adh-dhabi），也就是「沙漠玫瑰」（*Adenum obesum*）；開著黃花、給駱駝吃的「朱比德」（dhubid）；「卡勒斯法」（khalsfa）；「喀塔拉」（qatara）；一種頗像洋槐的植物「喀拉德」（qaradh），當我們向上爬升到約耳高原時，一路上越來越常出現。一種無味無臭、像薰衣草的植物「闊海勒」（kohaile）；還有一種當地人叫做「朱大」（dhudà）的灌木，葉子粘答答且十分光亮，彷彿塗上亮光漆般，沒有動物會吃它。在這裡我也第一次看到一種奇怪的沙岩岩塊，裡頭鑲嵌著一粒粒像鐵般的鐵銹色岩石，邊緣十分堅硬，無法和周圍質地鬆軟的石材緊密接合。到約耳高原的一路上，我發現越來越多這種岩塊。

在這期間我們只遇上一隊下山的駱駝商隊。一路上蹦蹦跳跳的小穆罕默德現在已經疲倦，卻仍拒絕我讓他騎我驢子的邀請：我下驢來讓他騎，他對我的好意笑笑接納，但才過了大約十分鐘他又下了驢，說他休息夠了要我放心。谷底現在是下坡而且地勢逐漸開闊，夥同乾涸溪流就躺在我們右邊底下的深處。谷壁好像被人用巨大刨子刨光磨平過，谷壁上方露出多雲暮空，我們背後則出現一片三角錐丘陵。四點四十五分，在一處陡峭荒涼、遍布大如屋之巨石的山坳裡，我們卸下驢背行李，開始搭帳棚。

這個地方叫做拉希（Rash），很明顯經常有人在這兒紮營，四處散布前人留下的營火灰燼。士兵把我的床鋪在一塊岩石的背風面，而當晚餐準備好時，我加入他們圍繞營火坐下，打破了士兵對歐洲人的傳統看法。他們用一口麻袋鋪在一塊最平滑的石頭上，歡迎我加入他們，並用我的名字芙芮雅稱呼我——之後他們便一路這樣叫我，直到旅程盡頭。然後，他們才告訴我基督徒很「驕傲」，他們很顯然對這點一直耿耿於懷。

「我們升起營火，」薩伊德說：「但他們看不上眼，想要自己單獨一個爐灶來做飯，還叫我們坐得離他們遠遠的。他們驕傲得很，甚至堅持要騎馬走在前頭，我們這些鄉巴佬只能跟在後頭。」

我盡力撫平他們的傷口，而和我過去經常感受到的一樣，我感覺當一天工作完畢，在晚上和同伴圍繞營火坐下聊開來，是保持關係融洽、維繫友誼的不二法門。我從不曾和貝都因腳伕發生任何不愉快，我在他們身上只找到友誼和要把我伺候得服服貼貼的熱心。我將這善緣主要歸因於我們共進晚餐的事實，另外就是除了那氣沖沖的貼身護衛之外（只有他一人有這樣的感覺），我沒帶其他專用的僕人。

當夜幕已低垂時，我們聽到另一支商隊的駱駝踩踏石頭所發出的叮叮噹噹聲。我們默不作聲，希望他們和我們錯身而過，很自然懷疑夜來訪客來者不善。然而，他們在我們露宿的岩石轉過彎來，叫著「呀—哈呀！」（Ya haya！）來和我們打招呼，還向我們借了烙鐵去煮飯。他們比我們會享受，攜帶了「桑」（sahn，大盤子）來盛飯，還有掛在鐵架上的馬口鐵餐具，不像我們得用手從飯鍋裡舀飯吃。不過他們是打墾殖區來的鄉下人，行李比我們少多了。他們當中一名身強體壯、五官粗大的年輕小伙子很快走上前來，和我們一起圍著營火坐下來聊天。他把一條白色羊毛圍巾當頭巾，上頭綁著「哈爾馬勒」樹枝遮陽。他是個活寶，五官鮮明，一副無憂無慮模樣，逗得我們笑個不停。沒多久我爬上床，從我的床上可以看見這夥人圍著餘燼閒適自在地蹲著，明滅撲朔的餘火由下往上照得他們的臉時亮時暗。驢子幽暗耐性的身影一半隱藏在牠們身後的陰影中；牠們背後聳立高插著黑壓壓的岩石，頭頂上則映照出一條條火光。我想起童年插畫版童話書中阿里巴巴巖穴洞口的圖片，想著想著便睡著了。

【注釋】

❶尼布爾（Niebuhr）：一七七六～一八三一，德國歷史學家，創立原始資料鑑定法，開創了歷史研究的新紀元。

❷赫丘力士（Hercules）：希臘神話中力大無比的英雄。巴克斯（Bacchus）：希臘神話中的農神，象徵大地豐饒物產的神祉。瓊斯先生（Jones）：英語中代表平凡卻眞實的人。

第八章　塞班峰的貝都因人

「有時在客棧中除了發霉麵包外什麼都找不著卻仍不改其樂，任何可以如此旅行而仍感舒適愜意者，他將發現在葉門旅行實是一大樂事，正和我在當地所感受到的一般。」

——尼布爾《遊記》

第二天一整天我們都沿著海門乾谷前進，並且持續爬升。

我在凌晨四點時醒過來，量一量氣溫，七十四度（攝氏二十三度），是一個舒服多雲的早晨。

我們在六點鐘出發，沿著乾谷的左側行進，遇上了窩在岩石間睡覺的駱駝。駱駝走得比驢子還慢，租金稍微便宜一點，驢子六天的腳程，駱駝要走上八天，從攝影師的觀點來看，驢子比較受青睞，因爲你可以很快地上下驢背。這些駱駝四散路上，駱駝主人除了網住紮起來的頭髮的髮網之外，全身幾乎一絲不掛；當我問他們這些駱駝會不會咬人時，他們晃過來，覺得很好笑。其中一名小男生彎下腰，抱住駱駝咯咯作響的脖子，我則趕緊走過去，一邊做出像希臘飾帶上浮雕人物的動作，一個既瀟脫又協調的手勢。

在這之後，我們來到第一座村落，札敏埃爾喀比爾（Zamin el-Kebir），這村落大概有十五間房子，橫陳在溝谷開口谷地裡。房子四周環繞著香蕉樹、棕櫚樹和小米田。所有這些海門乾谷的村莊都是貧窮落後小鎮，並且隸屬於巴赫布里（Ba Hebri）地區的各獨立「蘇丹」。鄉村和鄉村之間隔著長條荒地。我們經過札敏亞斯沙吉爾（Zamin as-Saghir）的幾間土厝，接著爬上崎嶇不平、亂石累累的坡路「巴達的阿卡巴」（'Aqaba of Bathā）來到馬匝馬（Mahzama）。從這裡開始，谷地隆起成一個高原盆地，周圍環繞著被雨水沖蝕得禿了頂的山巒，山頂上躺臥著白雲和陽光。一個圍有城垛、叫做札雅達（Ghayada）的土村，在我們左手邊映入了眼簾。村子前面矗立著棕櫚樹、酸橙樹和枝葉高張如傘的有刺酸棗——又叫「內布克」（nebk），拉丁學名爲*Zizyphus Spina Christi*[1]。有刺酸棗樹是哈達拉毛地區僅次於棕櫚樹最有用的樹木。它不需要灌溉，能夠在較乾燥的地方生長，蘋果色內含粉末的漿果能提供貝都因人天然食物，葉片嫩枝能當做山羊的秣料糧草，樹幹還是城裡所有雕梁畫棟和雕花木門的好原料。

走過底下那些幾成垂直的山隘之後，我走到這裡，很高興看到平底谷地的豁然開朗，以及周遭山巒與一般丘陵無異的正常坡度。

所有未曾見過的植物和灌木開始出現。在灌木上開著舌狀紅花、大約四呎高的「馬大布」（Madhab）；開紫花的「艾布布」（'ebub）；開菜籽般紅色小花的「朵拉」（dhora）；「古利拉」（ghulila）；一種黃色的菊科植物「達阿亞」（da'aya）；一種叫「胡達姆」（hudam）的肥胖植物；一種叫「古魯夫」（quruf）、汁液可以賣錢的蘆薈。還有多刺的葉枕，綻放令人意想不到的小巧玲瓏橘色花朵；蓬亂像雛菊的黃色「杜外拉」（duweila），在無水乾地上隨處可見。

當我們快步走過沖積地時，貝都因腳伕一起引吭高歌，唱著不具意義的歌詞：

「哇—唉—呆哪—呆哪……」（Wa ai daina, daina...）

他們把這叫做「馬歌奶」（maghāni），說是用來跳舞的；他們以一個下降沉落的音符來收尾，低聲細吟，最後在空氣的聲波中慢慢消散，彷彿歌聲比音波來得沉重。

他們很高興我願意成爲他們謳歌的對象，於是很快地唱起了一首「栽馬」（Zeima）。這是男人的歌，薩伊德解釋說：「因爲它教我們不懼怕死亡。」它的拍子較快，先是三個一重一輕的音節，接著是兩個一重一輕的音節，最後才是一個重輕輕的音節。他們以急促窄步配合歌聲的節拍跑動。我們的一把槍也舉了起來。一旁驢子顯然早習慣這樣的嬉耍，於是豎起了耳朵，開始自動自發地快步走動，行李喀啦喀啦響。準備成爲盤中飧的四隻小公雞中的一隻，想扯開嗓啼一啼，卻無力絕望地啼不出聲音。牠們一路上兩腳朝天地被綁在一落行李頂上，旁邊就是飯鍋和水壺，當牠們看著身邊的世界顛簸搖晃地和自己錯身而過時，只能無奈地將小眼睛睜了又閉、閉了又睜。看到牠們這幅悲慘模樣，使我很想在牠們鬱鬱以終前，就看到牠們被宰殺烹煮來吃。

現在十點鐘，我們再次看到乾谷在眼前收束緊縮起來。一座村子的封建塔尖「海門」（Himem）兀自矗立在谷口上方一座丘陵上，塔底鮮少耕地，而當你從西南方接近時，會看到許多洋槐樹。

我很驚訝，旅人在遊記中對洋槐樹著墨不多。它體現了荒野精神，樸素無華得如此細緻，纖細卻又不失優雅。它波浪狀樹幹搖曳得如此輕盈，水平舒展的樹枝和扎根抓地的石灰岩水平地面，恰恰形成此一動彼一靜的對照。它是一種輕柔的洋槐（*acacia vera*，金合歡屬阿拉伯膠樹），有黑色的豆莢和長得比葉子還長的刺。在它們糾結成一團的尖刺底下是柔軟淡綠的葉片，而它香味撲鼻的黃色花球，就像唐懷瑟朝聖杖❷上的花那樣令人驚訝。它弱不禁風的優雅輕盈，就像日本盆栽般，線條簡單俐落又不失裝飾性，和背景中亂石嶙峋的粗獷笨重形成強烈對比。我不知道究竟是它扭曲的樹幹撐起它被風吹平的枝葉華蓋，抑或是這樣的對照；我只知道洋槐樹就像一名奔放在荒涼峽道中的婆娑舞者，就在你峰迴路轉的當下，突然著了魔靜止不動。

當我們騎驢經過海門時，看到了許多洋槐樹。我們從山丘底下經過一段被人遺忘的低矮城牆，來到了乾谷谷底。然後，我們在一些山洞裡水色如翡翠的水塘邊紮營，山洞短淺，經常有風灌進來，並不是很理想的蔭庇處。洞裡的石灰岩地面縐褶得像在東施效顰地模仿扭曲樹根，而洞裡除了被水侵蝕的岩石所反射的強光外，並沒有什麼要小心的。然而，一些村民注意到我們而走下來圍成一圈。我們的士兵藉著把我的辣椒飯移到另一個山洞，設法使我無法打入他們的小圈圈。他對那些不莊重矜持的女人，表現出一種維多利亞式的不敢苟同，而我偏偏認爲莊重矜持既沉悶無聊又窒礙難行。此外，他還是個笨頭笨腦的人，一旦腦袋裡出現任何想法，便牢牢緊抓住不放，秉持那種腦海裡不是每天都會冒出新點子的人的韌性。他其中一個想法是，此次遠征大大小小事都由他一手來安排。我和四名貝都因腳伕都不受這種一廂情願想法的影響，而下午時我們兩方的默契便互相揭示，當時場面令人啼笑皆非。我們沿著一條崎嶇不平的羊腸小徑走，這條小徑緊貼谷壁，時上時下，忽高忽低。薩伊德在我和驢子旁邊走邊聊，一旦看到前面路面崎嶇難行時便伸出手緊緊將我按壓在驢鞍上，直到我安然走過爲止。我自己倒不會迫切期待這樣的幫助；他每按壓一下，我的裙子上就多出一幅靛青色五爪印。但是當時我們正起勁談論上一次穆爾西迪戰爭的歷史經過，薩伊德的好意是一個心不在焉的人的反射動作，他會伸手按住一只瓷盒，或任何從驢背滾落到石頭路上會損壞的東西。走著走著，護衛突然間走上前來一把撥開薩伊德的手，說男女授受不親，不可以亂摸淑女。薩伊德茫然不解地望著他，但他還是繼續前進，像小女生般扭動洋紅短裙下細瘦的臀部。薩伊德看著我，我笑一笑，他笑一笑，在不發一語中達成協議：且將我們的士兵送進他的歸宿笨伯候判所「林波」❸吧。然後，我們繼續談論像部落戰爭這樣的正經事。

薩伊德告訴我，穆爾西迪部族的祖先是穆爾巴・阿布達拉・班海姆（Murba' 'Abdalla Benhaim）和穆罕默德・巴・沙林姆・貝格狄姆（Muhammad ba Salim Begdīm）。他們的發祥地是在塞班峰的懸崖峭壁上，他們的後代子孫今天依然擁有這塊地方。多安的巴・蘇拉

（Ba Surra）部族有同樣的血統，而這些是馬卡拉政府唯一不會從其中擄掠人質的部族，因爲他們出了名的忠貞不二。他們和馬卡拉東北方的胡穆姆（Humūm）族有血緣關係。八年前他們和胡穆姆族大動干戈，當時有五百名胡穆姆族人襲擊三百名穆爾西迪族人，在塞班峰上留下七十條死屍（這些戰爭中的死亡人數因說故事人選邊的不同而異）。希赫爾的艾德勒斯（'Aiderus）出面爲胡穆姆族調停，而招待我們的主人蒂勒的曼薩伯則出面爲穆爾西迪族人調停——然而他並非穆爾西迪族名正言順的曼薩伯（宗教領袖）。眞正的曼薩伯住在北邊的埃薩爾（al-Aissar）乾谷，當時這裡正和鄰近的部落交戰中。

我們的蘆笛手薩伊德二世剛剛和他們打完仗回來。此時，他就像往常的習慣那樣在小徑旁邊的岩塊爬上爬下，並不時插嘴進來。我問他是否達成了和平協定。

「沒有，」他說：「我們兩邊都感到害怕。但是沒差，我們還是能安全無恙地做買賣。」

他抽出蘆笛，扯開嗓門，高聲唱起「唉—呆哪」，於是他們全跟著他揚聲高歌，樂音像鐘響似風聲，似乎是屬於岩石與溪流的天籟。

但是薩伊德是個眞正的詩人，他知道哪種場合該唱哪種題材最合適。他以低沉音調、短促顫抖的音符，對著他的外甥唱起「卡西達」[4]，如此嚴肅認眞，如此辯才無礙，以致我一開始以爲他唱的是攸關錢財的事或家庭糾紛。因爲有時候我坐在歐洲小城的板凳上，聽著談話流水般從耳際流過，除非扯到錢的問題，否則我幾乎不曾聽聞這麼嚴肅認眞的語調。所以當我問薩伊德他唱的是什麼，而他回答說是詩時，我感到又喜又驚；而當他開始為我唱歌時，我又遺憾聽不懂他的歌詞。問他歌詞的意義為何也沒有用，因為他只會說「是詩」，然後又一頭栽入他的詩歌當中，一手摸著我驢子的鬣毛，另一隻手懸在半空中。他褐色西班牙犬似眼睛裡滿布喜悅，蓬鬆捲髮則嫻雅地在頸背捲成一綹髮球，這家庭主婦般髮型和他小而結實的赤裸上半身，恰成極為有趣的對比。

我們在一點十五分離開了海門，整個下午沿著一條同樣叫海門的乾谷行進，只有在行經一處叫做安克登（Ankedun）的坍方時，才在左手邊路過一間土厝。這坍方是一處荒涼的地方，但一旦我們爬上坍方上頭的「阿卡巴」（'aqaba，斜坡）時，上海門頃刻間變得美麗而具野性，狹窄的谷地裡出現越來越多樹木和體積更大塊的石頭。

小徑高拔而開敞，溝谷再次在我們面前收束緊縮起來，而將我們閉鎖在岩壁當中。岩壁茂盛的綠意，造就一種詩情畫意的風景，通常只能在畫中看到。這裡沒有房子，幾個怯生生的人穴居在溝谷中隨處可見的山洞裡。在這裡攔路強盜要發動攻擊是如此容易，而要察覺強盜行蹤卻又如此困難，旅人路過此地不會被洗劫，足見當地政府之大有為。我們的溝谷向左轉，樹越長越高，綠油油的灌木叢越積越厚。飽受風吹雨打又被風刻蝕出羅紋圖案的岩壁，一旦越來越逼近我們，敧出的岩層就顯得更為猙獰。我們只碰上一隊從多安的胡賴拜（Khuraiba）出發要往印度去的旅人，另外在一處轉彎處遇上兩個苗條的貝都因小女生，她們跑上前來和蘆笛手打招呼，原來是他的妹妹。

我們一直都在爬坡，天氣則始終多雲。他們說進入約耳高原晴朗無雲的氣候帶之前，通常都是這樣的天氣。我們現在非常接近約耳高原了；乾谷的兩邊越來越低淺。我們越往前走，空氣越乾燥，植物一種接一種消失，直到最後我們來到開闊的谷肩，從這裡開始這片亂石累累的地塊朝大海緩緩下沉。時間將近五點鐘，暗雲蔽日，天空呈現沼澤般黃褐色，在我們的右手邊就是塞班峰，但現在籠罩在氤氳霧氣中。

「山峰哪，山峰哪」（Al-Kor, al-Kor），他們對我大喊，因為他們對這座山——他們祖宗的故鄉——抱持異教徒泛神與神話的看法，正如希臘人覺得一草一樹一山一石皆有靈。

我們現在真的身處穆爾西迪地區的中心了。我們左轉稍往下走到海西（Hisi），在這兒，開闊淺乾谷口有些田地和幾間土厝，我們今晚將在此打尖過夜。

沙林姆和薩伊德二世跑去拿草繩。我們沿著可通航的河床（現在是乾的）前進，乾河床就像一條鋪著石板、兩邊有樹木夾道的林蔭大道。這裡的樹大多是「喀拉德」，有點像洋槐樹，但更加粗壯，樹皮有縐褶，生長在裸露與地勢較高的地方。田地四周圍著大石塊或荊棘，當洪水從約耳高原湧現，進而灌進乾谷這大漏斗之前，這些石塊和荊棘便可用來擋水防洪。洪水不是年年都有，但遇到會做大水的年分，海西的穆爾西迪族人便得匆匆忙忙地播種收割。

開闊地上有幾間方形土厝，我們在沙林姆的妹妹米莉安（Miriam）的土厝門前卸下行李。她是位新婚才一年的少婦，穿得一身黑，本身的膚色是烏木般深褐色，穿戴著項鍊、手鐲及銀質腰帶。她正值豆蔻年華，身材苗條，又有一雙像他哥哥一樣柔和惺忪的眼睛，也就顯得標緻漂亮。她站在門框中，腰上夾抱著一名瘦弱不快樂的嬰兒，其他婦女則從鄰近土厝裡走出來聚集。

在一間土厝的背風面用樹葉搭起屋頂，並在地面上以石頭圍成一個直徑約三呎的圈圈當做爐灶：這叫做「馬嘎得」（mag'ad，閒坐處），空地上隨處可見這種中央土地隆起的聚會場所。我們圍成一圈坐下來，而我的床就放在近旁。我們泡咖啡喝，咖啡是用漿果皮拌和薑一起煮的清淡飲料，但不是很能入口，你得在約耳高原冷冽的夜裡品嘗才會覺得舒暢，而它的溫暖滋潤了這些身上大部分只塗著靛青染料的人。在海西這裡，高地的空氣夠冷也夠濕，足以讓咖啡在此大受歡迎。部落的族人，外甥內侄，堂兄表弟，都聚集在一起幫我們，也和我們分享美食。我們一隻命運悲慘的小公雞被宰殺了，就葬身在飯鍋裡。我們急著快快將牠們拿來祭五臟廟，因爲牠們隨時可能死去，而如果不是以阿拉之名割斷牠們的喉管，宰殺牠們就成了一樁非法情事。牠們已經對世事提不起任何興趣，當我們的士兵在牠們面前灑著小米製美食時，只是以呆滯眼光望著遠方。就在薩伊德忙著把紅辣椒末不斷倒進我們的晚餐裡的當下，爐火邊聚集了一圈黑壓壓的人們。

村民很友善，彼此都有血緣關係，相貌也很像，有著相同的大嘴、高翹的嘴唇、翼狀眉毛和長臉。他們蹲著討論從馬卡拉到多安、控制在他們手中這段通商要道的交通。他們談論著薩伊德二世的法製來福槍，以及普通商品的價格。他用三英鎊十五先令買了那把來福槍，而每個彈匣四便士半，或四塔勒。短刀和刀鞘被視爲各自獨立的商品，前者十五塔勒（一英鎊兩先令）、後者三十五塔勒（兩英鎊十二先令）算是好價錢。沙林姆的刀鞘是漂亮的銀製刀鞘，價值三十塔勒，但刀子不是什麼好貨色，他們估計只值五塔勒。而薩伊德二世的刀鞘雖貌不驚人，裡頭的鋒利快刀卻價值三十先令。他抽出刀子，在熊熊火光中愛不釋手地翻轉，並且輕輕地在自己壓著厚厚護胸的肋骨上試試利刃的鋒芒。我離開一邊喃喃低語一邊抽菸的他們，在床上躺下來寫完日記後入眠。

第二天早上七點十五分，我們出發上路。旭日初升，天氣晴朗，溫度五十六度（約攝氏十三度）。米莉安的鄰居跪在土厝外研磨做麵包用的玉米，在一塊稍微凹進去的石頭上用石杵將玉米搗碎。米莉安站在一旁看著她，腰際抱著瘦弱的嬰孩；他以動物般憂傷而智慧的眼神望著我們，突然間轉過頭去，捏著拳頭揮打他媽媽的肚子，彷彿要遺棄這個不快樂的世界和這世間光怪陸離的種種現象。

「呀—伊布尼」（Ya ibni，吃奶呀），米莉安說，感到難爲情又驕傲，一邊在長袍縐褶中摸索乳房。嬰孩吸著奶，恢復了原來的姿勢，在這充滿變數的宇宙中至少這個因素是肯定的。他斜眼看了我們一眼，憂傷又膩煩的眼神，因爲已經得到所想要的，也無法想像更進一步的事。假如這樣的生活不會讓人感到膩煩的話，什麼才會？

我給米莉安一些我帶在身上當做禮物的小東西。他們不會想要錢，她目送我們離去，在旭日中粲然而笑。

「她漂亮又可愛。」我向沙林姆說出我的觀察，他走在我驢子旁邊。

他以有其妹而榮的神情抬起下巴。

「你什麼時候也要結婚？」我判斷他大概有十八歲，也該討老婆了。

「我結過婚了，結過兩次，」他說：「我注定是孤鸞命。」

「爲什麼，發生什麼事了？」我問道。

「第一個老婆離我而去。我嫌她飯裡放了太多辣椒，她就站起來離家出走了。」他靦腆笑著，彷彿這只是個笑話，因爲他知道我對辣椒的感覺。

「那麼第二個老婆呢？」

「啊，」沙林姆說：「她不聽話。我損失慘重。」他嘆了口氣補充說道。

究竟這損失是傷他的心還是傷他的荷包，我就不得而知了。但我還是帶著敬意望著他，心想他畢竟已經結束兩段婚姻，一定不只十八歲了。

【注釋】

❶ *Zizyphus Spina Christi*：*Zizyphus*爲酸棗，而*Spina Christi*則爲耶穌基督受難時，頭上戴的荊棘冠，這是用來比喻酸棗枝上的刺。

❷ 唐懷瑟（Tannhäuser），十三世紀德國抒情詩人，後成爲一段普世流傳傳奇中的英雄人物。話說唐懷瑟受維納斯宮廷的誘惑，生活極盡奢華，但很快悔恨交加，並決定到羅馬朝聖以求赦免。然而，教宗告訴他，就像他的朝聖杖不可能再長出葉片，他的罪永遠不可能被赦免。唐懷瑟只好絕望地回到維納斯宮廷。不久後，他丟棄的手杖長出了綠葉，教宗於是派使者找回唐懷瑟，但他卻再也不見蹤影。許多作家將這段傳奇加以編寫，其中最有名的就是華格納一八四五年完成的音樂劇《唐懷瑟》。

❸ 林波（limbo）：地獄的第一層，在但丁《神曲》裡，是異教徒死後靈魂所居之地。

❹ 卡西達（qasida）：一種阿拉伯詩歌形式，包括六十到一百句詩詞，用單一節奏吟誦。

第九章　約耳高原

「馬勒古法斯看到一種並非植物的生命；在那裡的樹木已經學會了沉默……在輕薄地殼覆蓋下，地球內部搏動跳躍著。」

——《星辰之蛇》（*Le Serpent d'Etoile*）❶

約耳高原經常被旅人貶爲一片單調無聊的荒野，一個冷熱都令人難以忍受的高原，食物缺乏，飲水幾乎不存在，一個生活艱困、不適合人居住、地勢平坦、面積遼闊的荒野。

對我而言卻非如此。約耳高原大得嚇人，也大得迷人；它的大不僅是空間的遼闊，也是時間的亙古。當我們爬到它沐浴在日光下的高度時，人文世界便消失無影蹤。在這裡動工的只有大自然，造化以千年爲單位刻畫著地理景觀，大自然時間的深淵以岩石層層刻痕呈現出來。在這片高原上，我們踩著遠古的海底。它曾經被舉起、下沉、也許又被舉起，這樣上上下下幾回合呢？它的貝類早在人類誕生前就躺臥在原始無人跡的海洋底下。它們被舉起七千多呎得以見天日。昔日海底已經硬化爲石灰岩；現在以波浪起伏的地勢向南向北延伸，亂石累累的地面在陽光下閃閃發光。造物主這位巧匠正在它被舉起的地質上精雕細琢。數千年來的雕琢切割出塞班峰的天然垂直扶壁，一個挨著一個，規律地就像跨坐分水嶺上的沃邦❷要塞的翼壁。在扶壁底下，環繞著它們，目力所及處以外，是造物主計畫中的未來山脈。祂鑿子首先動刀的地方，將成爲未來的山坡和山谷，但現在以崗巒形式存在，它們平坦相似的崗頂依然看得出遠古時期海平面的痕跡，尚未鑿寬的峽溝，由上往下望去，昏暗不見天日，彷彿是從高原底部挖出的土牢。

在這裡，低淺的匯水盆地匯聚了傾盆降下的大雨。雨水打著漩渦，想找到最脆弱的漏洞突破重圍，以與日俱增的水量侵蝕底下危險的峽溝。峽溝在這裡只是小而陡的漩渦坑，是讓洪水湧進來的漏斗頭。就像低淺的圓形競技場，這裡的地面和谷口連成一片，而層次規律地如此奇特，看起來就像用石頭鬆鬆垮垮砌起來的石牆基座。但它們並不眞的鬆鬆垮垮堆著；儘管它們被風切割吹蝕得狀似各自獨立的大石塊，你會發現它們固定不動地牢砌在那裡，雖然年代久遠，依然保持長方形稜角，屬於山核的一部分。只有走過崎嶇不平的地表、走入深邃亙古的駱駝商隊，才硬是踩踏出一條光溜平滑的石子路。就在這千磨萬踩得平滑光亮的岩石上，歷來不知名的阿拉伯人刻鏤著他們的名字。

在這個空曠的高度上，地球原始的力量與日俱增，想拿人類年歲的尺規來計算時間不啻荒謬絕倫。人類代代相傳，轉瞬即逝，不比這裡矮小的植物更能久駐長存。人類留下的痕跡，不過是一隻蒼蠅落腳在正忙碌工作的工匠穩穩的手上而留下的蛛絲細痕。和約耳高原緩緩的抬升相較，人類的起源和歷史便顯得幾乎微不足觀。只有天不怕地不怕的貝都因人，能走過這片高原而不會感到心情沉重。他們衣不蔽體又無憂無慮，好似「狄度凱旋門底下的蝴蝶」❸，他們知悉這高原稀少的草原，熱愛它只應天上有的自由。

我們從海西朝著這壯觀卻不毛的高原持續爬升，回頭眺望，越過底下的低淺盆地，更遠處是往海門的下坡路，以及昨天一路包夾我們的斷陷谷。當我們向上爬升時，右前方越來越靠近我們的是高達兩千一百五十公尺的塞班峰的扶壁狀山壁，其中六片山壁從垂直線突出，略帶紅色，平頂。等到更接近時，眼前則聳立邁塔爾山（Jebel Matar）或叫做阿姆塔爾（Amtar）的一大塊類似岩壁，就像一棟建築物獨立出來的外圍建築，被一道隙縫和斷崖的主結構分隔開來。我們的羊腸小徑就在兩者之間蜿蜒曲折，繞過一些漏斗狀小洞。這些洞標示出特溫尼（Thwinne）和哈賴姆（Haram）乾谷的開端。我們經過為數不多、彎腰駝背、樹幹攲曲的洋槐樹，直到來到像埃及神殿大門的兩片崖面面面相覷的地方。

在這裡，我們懷著原始的敬畏之情，進入這塊土地上最高的峽溝，發現累累亂石間的蔭庇處又出現樹木和綠意盎然的岩壁。貝都因人在當地自然神教的信仰驅使下，建立了一座神廟，也是他們祖先舍赫阿姆塔爾德（Shaikh Amtard）的墳塋。深谷中的墓園圍起了刷上灰泥的牆壁，貧瘠的土地中有一座圓塚，其上有穹窿頂。在拉賈布月的十三、十四日，穆爾西迪族人和他們的親戚便聚集在一起烤羊肉，晚上就地就寢，睡得滿坑滿谷。他們的火堆餘灰現在還明顯可見。一、兩年前赫爾弗里茲（J. Helfritz）博士在祭祖之日路過此地，但是他心事重重，還說貝都因人蠢蠢欲動，想謀害他性命。至於我，由於貝都因人幾乎不曾想加害於我，我倒很遺憾我們不能在這裡歇腳停留，自己也升一團營火，共襄敬拜部族之祖的盛舉。

我告訴薩伊德說，假如我們有幸能碰上剛好對的日子舊地重遊的話，我願意提供俎豆祭祀之用的羊隻。

在峽溝舒服怡人的涼爽中，我跳下驢騎徒步行走。沒多久我聽到身後響起槍響，也看見我們的蘆笛手在石塊間跳躍奔走，卯足全力像一隻要啣回獵物的拾獚。貝都因人跑起來有點內八，快雖快卻不甚雅觀，至於他們的其他動作，和英國年輕人率性標準的動作相比，則絲毫不遑多讓。我想他們赤腳走路，深怕踩到尖石，自然走起路來小心翼翼，跑步起來兩腿輕微貓腿般向內側彎。薩伊德二世跑得飛快，而薩伊德自己則滿面春風，手裡握著槍告訴我，他射中了一隻「哇靶耳」（wabar）。假如蘆笛手能在牠倒斃前抓到牠，並以阿拉之名割斷牠喉管的話，我們中午就可以加菜了。

我們的士兵滿臉嫌惡又愕然的神情。「哇靶耳不是給人吃的。」他說。

「這不犯法吧？」我問道。

「當然不犯法，」薩伊德說：「別人不吃，我們貝都因人吃。牠只吃草。」

這隻小野獸現在現形了，懸吊在薩伊德二世手上，喉管被切開兩次，一次是遭子彈射穿，另一次是以宗教之名行的割禮。在我的孤陋寡聞中，牠似乎是披著鼠皮的土撥鼠，毛皮比我在皮德蒙特❹山麓所看到，在石頭上吹著口哨的土撥鼠來得柔軟，顏色也較灰，當地的山地人也吃這種動物。後來我才發現那是藏身在岩石中的鼠兔。我覺得，拿牠來當午餐，無論如何總比吃那噁心的鯊魚肉來得開胃吧。薩伊德承諾要把牠的頭風乾，幫我留下來當標本。他能以槍射中一百多碼外這麼小的一隻野獸，很有理由為自己百步穿楊的神準自豪。我建議他何不賦詩一首以資紀念，但他表示不擅長賦詩吟詠，所以我們還是隨意聊天，並從各方面切磋琢磨〈哇靶耳之死有感〉這首詩，直到走出峽溝，轉向西走上約耳高原沐浴在陽光下的原頂。這裡的土地被風吹颳得十分堅硬，而地勢如此之高，以致天空近得彷彿舉手可及，也似乎以雙臂環抱著高原。

在這片不適合人居、面積遼闊的方形土地上，每隔一段距離便能看到只有一個房間的土厝；土厝旁鑿有未圍井欄的地下蓄水池，地面便利用傾斜度順勢將雨水導入蓄水池中。這些土厝因它們立方體的形狀被叫做「木拉巴阿斯」（Murabba'as），並且標示出約耳高原上的里程。十一點十五分，我們抵達位於拜恩耶布來恩（Bain-al-Jeblain，意為「雙丘之間」）的木拉巴（Murabba），並就地頂著太陽歇腳休息，因為沒有樹能在這麼高海拔的地方生長。空氣新鮮稀薄，熱浪穿透空氣撲來；我們正在分水嶺上。北方的一切（由於我們向西行，所以北方是在右手邊）匯聚成胡瓦伊爾（Huwayre）乾谷；而在南方，哈賴姆和特溫尼乾谷從我們的底下經過。沿著我們爬升的路線，在安阿那山（Jebel An'ana）的東南方，就是其他在左手邊的乾谷，它們會向西南行走匯聚成哈賈爾（Hajar）乾谷，這條乾谷乃是從海邊迦拿往沙巴瓦採行的路線。我們可以看到在南邊的阿蓋巴爾山（Jebel 'Aqaibar），將我們和馬卡拉及海岸隔開，還有在遙遠西南方、哈賈爾乾谷再過去的納格什穆哈馬德（Naqsh Muhammad）。有「諸色之后」之稱的白光照耀在這一切之上；像鉛筆素描般的陰影勾勒出在廣大寂靜中逐漸下沉消失不見的溝谷，沒有鳥鳴，沒有獸吼；大地和驕陽擁抱，而遠方靜止不動的層積雲像石柱般矗立在看不見的海面上，只有白光能居高臨下地俯視這一切。

和著飯一起煮的哇靶耳，結果肉質又老又硬，根本說不出嚐來是什麼味道。我們一邊休息一邊慢慢消化，直到兩點三十五分才出發上路，沿著分水嶺前進。

將近三個小時，我們沿著約耳高原的平坦背脊騎驢前進。在這裡生長著新的植物，以及高原下就出現過的鮮豔亮綠色的「左拉爾」（dhorar）和無所不在的「杜外拉」。此外，還有他們拿來外銷的「薩布爾」（sabr，蘆薈）、「凱達哈」（kaidah）、「古利特」（qurith）、「示格勒」（shighle）、葉子拿來當藥煎煮的「拉」（rà），以及一種叫做「得尼」（deni）的圓形灌木。「得尼」這種植物看起來彷彿原來打算投胎當仙人掌卻臨時決定生爲荊棘般，它的樹幹分泌一種乳白色樹脂，貝都因人便用這種樹脂黏合草鞋鞋底。在地勢較低處，它每條枝椏的末端都會長出放射星狀小樹葉，但在高地則只見糾結成一團的枝條，核心是淺灰色和深灰色。它的美是化石的美，是珊瑚的美，美得讓人想起海底就在眼前；事實上，我們正踩在遠古的海底上。幾株枝幹扭曲的「卡達哈」（qadah）樹依然在這裡屹立不搖，但這裡沒有足夠的遮蔽給它們，因爲我們正踏在一大片空曠地上，從我們眼前布滿小石粒的平地一直到遠在天邊的印度，兩者間可說是一無所有。我們在一無障礙的自由自在中愉快地騎驢前進。

「在這裡，地靈幻化爲雄獅；自由自在意味在它自身的荒涼空無中擁有並君臨一切。」

「爲什麼在地靈中需要雄獅？棄絕世俗、畏神敬天、吃苦耐勞的馱獸難道不夠神勇？」

「爲自身創造自由，以從事新創造，這事工只有萬獸之王有能耐達成。妄自接下僭越造次的權利，是忍辱負重、畏神敬天的靈魂最可怕的非分之想。」

瑣羅亞斯德[5]如是說，而也許在他的語錄中可以找到荒涼空無的秘密。因爲它讓我們得以暫時用孤絕的超然來正視我們的宇宙；好整以暇地來權衡我們的價值，在幾乎是永恆的事物面前重新評斷這些價值。揚棄某些價值，有些則據爲己有。不論我們權衡的結果爲何，它不可能卑賤低劣，因此我們得以在時間老人雄偉可見的目光下重生；而當我們重回芸芸眾生的人間世時，我們的步伐便會更爲堅定踏實。

在我們的左右，乾谷開口突如其來的漩渦下降並流乾成爲看不見的谷地。約耳高原堅硬的鵝卵石在驢蹄下叮叮噹噹作響。驢子也自動自發地放步疾行；也許有一絲雄獅的精神也潛入牠們靈魂中，因爲牠們把背上行李搖晃地叮噹作響，並且又是彼此嗅聞腳後跟，又是甩耳朵。至於畏神敬天的靈魂，首先，沒有一頭驢子與生俱有這種靈魂，但牠們把自己的沉思默想埋藏在心裡，而假如你把什麼都藏在心中的話，那麼你愛怎麼想就悉聽尊便，不必去在乎周遭世界的想法了。我就如此這般默想著，一邊看著熟外地厚實短小的脖子與肩膀在我和我的行李底下一上一下晃動，也許牠其實就是雄獅中的一頭，只是沒有人知道罷了。

我身後的貝都因人與士兵此刻正高聲合唱著一首軍歌。他們手握武器輕快疾行，其中兩人唱半句，另外兩人則以雄壯短促的喉音接續唱完。他們一而再再而三反覆唱著，此起彼落地唱和著，一路上唱個不停。過了一會兒，我開始計算，結果在他們以嘶吼聲結束之前，一來一往間居然重複唱了一百三十次之多。不過，昨夜在拉希加入我們而現在迎頭趕上的農夫則不曾開口唱歌；他說他是個阿拉伯人，不是貝都因人。

時間便如此流逝，很快我們在路上又碰上了其他插曲。幾個模樣闊綽的城裡人跨坐在繡花行李上，肩裹披肩，頭上圈著頭巾，前面有一、兩名黑奴兵開路，正經歷從哈達拉毛內地到新加坡或巴塔維亞❻漫漫長路的第一階段路程。我的護衛和這些黑奴兵見面時互相親吻致意，來福槍握在背後。我們從這些人口中得知，薩目（Samuh）部族那天早上搶了一名旅人的驢子和槍枝，而我們即將進入這部族所在的約耳高原地區。目前穆爾西迪族和薩目族之間關係友善良好，所以我們的驢子安全無虞，但有個人隸屬一個敵對的部族，而且薩伊德說：「薩目大有權利洗劫一空。」這個人應該花錢請部族裡的「薩阿拉」（saiara，鑣師）護送，就可以安全無恙。

我們的士兵不以爲然；他對常設政府深信不疑，還開導了我們一頓，而這番話聽起來就像日內瓦制定的公約。正因爲如此，貝都因人洗耳恭聽卻面無表情，我注意到他們現在比方才更加提高警覺了。但是在這片遼闊寬廣的土地上，我們看不到人跡，只有一名折取荊棘的婦人。我們轉向北行進，頭上是寒冷清澈、掛著一抹斜陽、散布絲絲霞紅雲彩的天空，從被霞光照得通紅的下陷地望過去是馬塔納（Mathana）的土厝，這也是我們今夜要打尖過夜的地方。向更遠的地方眺望過去，一座叫做穆拉山（Jebel Mūlah）的小丘陵拔地而起，形成一個優美的三角形；在所有細節一覽無遺的清爽天氣中，前景幾株樹梢平頂的「喀拉德」樹，讓這座山看起來像極了富士山。

五點二十分，我們抵達了營地。有兩棟茅屋，第三棟已傾圮坍塌，茅屋間有一株發育不良的矮小樹木「卡達哈」，這就是一座家園了。等我們生起營火，一名面帶笑容的男孩不知從什麼地方竄了出來，並蹲下身來和我們共享晚餐。沒有人招呼他，大家把他的不請自來當做理所當然。

「他從哪裡來的？」我問道。

「也許從山洞裡鑽出來的吧。山谷裡住著人。」

他和我們一起坐著吃飯，然後來無影去無蹤地又消失在黑暗中。

當晚我們有十個人圍繞營火席地而坐，包括從拉希加入的兩名旅人。天氣很冷，風呼嘯刮過石頭並捲成旋風將營火吹出煙燻炙我們；但我們頭頂上的樹葉卻沒有在風中顫抖，這些葉子如此細小，結構如此密實，如此緊密地貼著它們的莖，以致打從出生來便對這風習以爲常了。不過，打赤膊的貝都因人卻冷得渾身打哆嗦，只好用破爛的棉布披肩將自己團團包住，披肩裡有許多用線綁住的鼓漲突出部分，顯示裡頭藏著菸草、茶或糖。

我披著亞丁的雷克上校好心借我的一件羊皮外套，口中祝福他一聲，然後於心不忍地看著小穆罕默德。他一邊撥弄著裝呈我們煮沸晚餐的大鍋底下的樹枝，一邊沒命地咳嗽，而即使染得一身靛青，看起來還是一副病懨懨的樣子。我試著讓他穿上我的一件斗篷，但沒幾分鐘他又脫了下來。「一點星星之火可能會燒著它。」他說，又補充說靛青染料能保暖。

從我們認識的第一天起，我便因爲送這位年紀雖小卻能吃苦耐勞的人一只玩具口哨，而不慎污辱他的人格。在海西時，當我把鞭炮送給貝都因小朋友時，穆罕默德帶著一絲大人大量卻優越感十足的微笑看著這些小孩，但是這部族裡的大人們卻一把將這些閃閃發亮的東西從幼童手中抓過來，在黑暗中把玩著。十歲的穆罕默德已經過了（也或許他還沒有到達）玩玩具的年紀。他總是安分地做好分內工作，並且把驢子的燕麥鋪灑在地面的痲布上。這些驢子都是識途老驢，深諳出外旅行之道，牠們小心翼翼吃著，唯恐鼻息不慎將一頓晚餐吹跑了。牠們井然有序地在我們散亂一地的東西當中進進出出，看著我們吃晚餐。

我們所做的一切都是許多世紀逐漸發展出來的一套儀式中的部分，而僅僅這一套儀式便足以讓貝都因人得以熬過生活中的種種艱辛，在心神祥和中旅行。他們以心照不宣且習慣成自然的正式禮貌彼此相待；而我從未看見有人推辭任何小工作、畏苦怕難，或在忙碌一天後等著別人站起來做。你只要想想兩個朋友相安無事地一道生活有多麼困難，以及旅遊書籍裡四處充斥、徒然留下許多想像空間的詞句：「這裡就是如此這般，我便離開了」，你就知道貝都因人令人愉快的禮貌值得大書特書，儘管他們一直生活在勞頓與飢餓之極限邊緣。帶著自家僕人旅行的人如果和貝都因人走在一起，有可能發現他們爭吵不休、貪得無饜且難以相處；但幾乎所有和他們單獨相處的人，無不對他們刮目相看。他們把你當做患難與共、肝膽相照的兄弟看待：他們減輕較爲羸弱的異鄉人手上的工作，增加他們旅途上的舒適。在過完相對來說較爲舒服的一天之後，你得以坐在所能找到最好的位子上，看著他們愉快地勞動著，儘管旅行途中你騎馬他們步行。這時你會明白，即使荒原曠野社會也存在社會規範與約束、體面生活的規則，就像任何一個人類社會。

我們的行李被放置在背風處，圍著火排成半圓形。我們就坐下來背倚行李觀看生米煮成熟飯，同時薩伊德以玉米和水做成麵團，放在餘燼中燒烤。兩名年輕人從羊皮囊裡倒出食用油塗抹大腿，說經過忙碌的一天後，這麼做能讓身體充分休息。就在這個當下，薩伊德輕聲說道，有人在陰影中走動。薩伊德二世的槍放在他身後，靠在鞍袋上，槍上蓋了片麻布防潮；說時遲那時快，他轉過身去，抹了油的腳一腳一邊跨在我袋子的兩側，接著槍扳上扳機，並像靠在胸牆上那樣斜靠我鞍袋上。我們的士兵，也就是我們的官派護衛，把他的槍留在棚架裡。薩伊德叫他不要動，並要我一如方才繼續談話。什麼事都沒發生，不再有聲音或動靜——但稍後我們即將就寢時，發現少了一條韁繩。我們回頭去吃晚餐。

薩伊德二世立刻放下他的槍，並且對著我們開始吹奏蘆笛。玉米鬆餅在餘燼中燒烤，被燒得紅通的小樹枝跳躍起來，像迴光返照似騰空而起，並扭曲成火紅棒子，然後才落地成灰，或散成火花被風吹走。在這幽暗的光影中，只有男人有紅玉髓浮雕裝飾的彎刀閃閃發光，而薩伊德二世靛青色手指上的白指甲，在按壓蘆笛上五個風口時也閃爍微弱光芒。他的蘆笛是海邊的管蘆葦做成的，一頭是褐色，然後漸漸淡成綠色。這蘆笛由於使用頻繁而閃閃發光，它似乎在音符中匯聚了永恆的空洞風聲。當我離開他們，在黑暗中一路抓著鞍袋摸索著爬上床時，我聽到鞍袋中冒出一個聲音對我說話。那是「迪阿伊夫」（dha'if，農夫），多安來的農夫，他正看守著他的財物，急切地想確定我不是強盜。

我必須態度強硬地對待士兵，才能說服他相信，我打算睡在外頭，而不打算睡在茅屋裡。我告訴他把我的床擺在靠門的地方，而他和其他人可以睡在裡面；但他不願這麼做，逕自在房腳邊躺下來，扁平的黑臉在月光中閃閃發亮。這是稍後的事，因為我離開他們就寢時，他們都圍在營火旁聊天講話。我睡著後又被吵醒，因為他們找到失竊的韁繩，引起一陣喧譁吵鬧與爭執不休，並且重新提高安全戒備。當晚除了我之外，沒有人睡得安穩；而每當我正巧醒來，在月光下眺望我們小小的帳棚時，我總看到一、兩個兜著披肩的身影在火邊打哆嗦守夜。

【注釋】

❶法國小說家紀沃（Jean Giono, 1895-1970）的作品。其作品揉和人類和自然的理想，並以描寫質樸之高尚人物見稱。乃本世紀最獨特的鄉土文學大師，被譽爲「農民詩人」。

❷沃邦（Vauban）：一六六三～一七〇七，法國元帥，軍事工程師，領導過五十三個要塞的圍攻戰役，著有《論要塞的攻擊與防禦》等書。

❸狄度凱旋門底下的蝴蝶：羅馬的狄度凱旋門（arch of Titus）是爲了紀念羅馬皇帝狄度在公元七十年敉平猶太人的叛亂，征服耶路撒冷及其神殿而興建的，留存至今。蝴蝶是比喻大自然裡人類的渺小。

❹皮德蒙特（Piedmont）：在美國東部，阿帕拉契山脈之東。

❺瑣羅亞斯德（Zarathustra）：又作Zoroaster，古波斯瑣羅亞斯德教（祆教）創始人，據說二十歲起棄家隱修，後對波斯的多神教進行改革，創立了瑣羅亞斯德教。

❻巴塔維亞（Batavia）：即今印尼雅加達。

第十章　約耳高原之夜

「在大洪水後存留我們的大地后土，在漸漸乾了之後，看哪，就是這婆娑世界。」

——《星辰之蛇》（*Le Sertpent d'Etoile*）

我在凌晨三點醒過來，望著夜空的穹窿凝視了好長一陣子，夜空清澈宛如一口光亮水井。不知名的鳥，也許是隻貓頭鷹，在幽暗處吹著哨音；一大片硬朗的月光照著我們這四下滿布石頭的世界。風依然呼嘯地吹拂過寂然不爲所動的樹木，樹葉受風面積小、質地硬，無法望風披靡。北風吹來朵朵白雲，從雲朵疾馳飛奔中看得出風神健步如飛的腳步，它捲起如驚濤駭浪般的層雲，後者忽明忽滅，並在月光中被吞噬消溶。冰冷的空氣閃爍著微光，月亮爬得老高，而對面的西邊天空則在一條燦爛星光大道的輝映下顯得柔和。那裡的天狼星和雙子星領導著一列眾星尾隨於後，與月娘形單影隻所在的銀白深淵遙相對望。這列群星就像一支行進中行列，散發難以言喻的可愛；它們在一片荒無人煙的大地頂上緩步行進，孤芳自賞地夜遊。也難怪古老阿拉伯民族膜拜這些亮麗的天體。在夜遊途中，它們彷彿幾乎摩挲到約耳高原不毛的地表；而這裡是如此接近赤道，它們在地球巨大的圓周上移動，步伐似乎比較快速。霎時間，一大片烏雲飛來，遮蔽了群星；烏雲罩頂，天空下起綿綿細雨，一路點滴到天明。

接著麻煩來了。在經過一夜的攪擾不安後，每個人又倦又濕。由於喝茶加糖的人比我在馬卡拉時所預料得多得多，我的糖已經告罄。沙林姆看我無糖可吃看不下去，很快再出現時披肩裡裹著一團小球。不幸的是，這糖不是他自己的；它是一路沉默不語的阿哈馬德・巴・果爾特的財產。他提出抗議，但沒人理會他。他們說沒有人會吝於施捨一點糖給一位遠道而來的女士，也就是一位客人。事實上，喜歡抓起一把把糖丟進茶壺裡的人是他們，而不是我。也許這正是阿哈馬德・巴・果爾特心中的感受。一個早上的時間，他都一人踽踽獨行；他太過不擅言詞，根本沒法保衛自己的財產權益。到現在為止，我只聽過他說了一句評語，倒是句和藹可親的話；每當我靠近他到能聽到耳語的距離時，他便擺出一副校長頒發獎狀的高姿態，自言自語道：「貝都因人喜歡妳啊。」我很抱歉強占了他的糖，但我確定他也吃了不少我的糖。喝茶拉近了我們彼此之間的距離，增進了我們的友誼。到了早上六點，氣溫上升到五十三度〔約攝氏十一度六〕。七點半時，我們朝穆拉山的方向往西北前進。

今天早上約耳高原地區呈現出黃褐色，看起來像達特穆爾高原。我們繼續看著低谷下沉：從左邊依序過來是從古姆拉（Qumra）延伸過來的希頓（Sidūn）乾谷、土魯姆威（Trumwe）乾谷和貝利（Beli）乾谷，以及哈薩（Hasa）和塞賴布（Sarab）。以上這些低谷都下沉匯聚成哈賈爾乾谷；在右邊從穆拉山延伸過來的希里（Shiri）乾谷匯流入胡瓦伊爾乾谷，而克努恩（Kenun）乾谷、從哈薩延伸過來的布格里特（Bughlīt）乾谷，以及從塞賴布延伸過來的加爾札比（Ghar Dhabi）乾谷，都一併匯流入埃薩爾乾谷。我們將會看見從塞班峰到多安的約耳高原分水嶺是如何匯流爲四大系統。海門乾谷帶著哈賴姆乾谷及特溫尼乾谷從馬卡拉以東的地方奔流到海；分水嶺南麓其餘的地方則匯流入哈賈爾乾谷；分水嶺北麓先是匯流入胡瓦伊爾乾谷，直到過了穆拉山後，所有低谷則轉匯入埃薩爾乾谷，埃薩爾乾谷本身則下沉成爲多安乾谷的北部，接著又形成內陸哈達拉毛乾谷。

當我們穿越這些峽谷的谷口時，就像夏日螞蟻遇上地面坑洞便繞路而行般蜿蜒前進。我們可以看見地面下陷形成乾谷的過程，也可說是乾谷密集發育成長的過程。乾谷的形成就像人間世的俗事般，最先由幾乎察覺不出的意外所決定，而這意外在此地就是地表看不出來的下陷。受到地心引力的牽引，雨水聚集在凹陷處，並向下推擠挖掘；水蝕硬土於焉開始。挖掘的方向時而向左、時而向右。被拘禁在谷壁間積水的下鑽力道，所到之處無堅不摧，總殘暴地切穿地表。於是乎一條乾谷誕生，它的行走方向永遠抵定了（若非永遠，至少是一段漫長歲月）。我們也看到了支撐峽谷下半部的巨石柱是如何形成。那是順著被水切開的峽壁涓滴流下的細流的傑作。細流向峽壁裡侵蝕，留下突出於兩細流間的巨石，便形成了石柱。此地的地貌被水切鑿塑形，就像從大理石塊雕刻出雕像般，整個雕刻過程就如同一齣搬演了億萬年的劇碼。我一邊騎驢，一邊想像一開始是哪種奇怪的海潮把這些物質沖刷在一起，這些物質就像我的思想般，既遠在天邊又各分東西。它們被從如此遙遠的地方輾轉運送到這片空無一物、相對來說也了無思想的地方。這些四散的碎屑破片是希臘，或巴比倫，或哥德森林，以及天知道哪個幽暗世界遺留下來的。它們在這裡活躍奔放，一如在自己的故鄉，彷彿約耳高原是一座雅典娜神廟，或某處人們能靜謐沉思的地方。我一路騎驢，一路有看不見的魅影相隨相伴，而伴隨魅影同行的也許是薩巴人亙古沉思的今日迴響，這些沉思在古時想必在這條路徑上來回穿梭不息。這個世界太大了，小小人腦竟能大到足以理解這大千世界，這毋寧非常驚人，也經常讓我詫異不已；而也許我們人類的首要之務就是動腦思考。貝都因人像頑石般無意識地活著，他們屬於無言無語的大自然；但未來操之在我們這些有知有覺的人手中，可是明白這點只是讓自己難受罷了。

我們經過了古姆拉（Qumra）的土厝，從這裡開始就是班尼薩穆（Beni Samu，偷驢者）之地。接著我們來到哈薩之地，突然間我人已站在上約耳高原的邊緣，遠眺著這片平坦高原，它以肉眼幾乎察覺不出來的褶曲向北傾斜，直到視線不能及爲止。小蜥蜴在這裡到處跑竄，牠們有著美國蜥蜴強韌的下顎，尾巴直挺挺得豎得半天高；沙林姆管牠們叫「侏迷」（Zumi）。

我這會兒留在驢背上拍照。沙林姆按住驢頭和鼻孔，並且扳來頂在自己肚皮上，以防止牠噴出的鼻息撼動了正拍照的我。熟外地這頭驢子顯然不喜歡照相。有一回在路上稍作休息時，我問沙林姆爲何他和薩伊德不願陪我走到多安更過去的哈達拉毛乾谷。

「我們樂意奉陪，」沙林姆說：「去那一段沒甚大不了的，因爲妳會和我們結伴同行，還有那名代表政府的奴隸。但是回來這程我們就得自求多福了，到時其他部落族會攔路搶劫。」

「你們可以一起走到沙巴瓦，然後跟我回去。」

「不成，」他說：「我們會害怕。我們不是那國家的人。」

「你們願意帶我下行，走到西南方的哈賈爾和邁法阿嗎？」

「不行，」他說：「我們不喜歡去邁法阿。」

「你們之間有戰事嗎？」

「噢，沒有，但是我們不喜歡他們。我們的市場是馬卡拉，我們就在馬卡拉和多安之間旅行。」

這個部落間嚴格謹守的貿易本位主義，不允許貝都因人在自己勢力範圍外的任何地區從事任何貿易，對於旅遊此地的人來說，這點可說不勝其擾：他在嚮導剛派得上用場時，就得和他分手了。

十一點十分，我們來到塞賴布的土厝，並紮營準備午餐。陰影下氣溫七十度（約攝氏二十一度），氣壓二十四度一。土厝大約長二十、寬十六呎，牆壁用大石塊和泥土砌築到三呎高，往上就用扁平小石頭嵌在被太陽烤曬得其硬如水泥的泥土裡。這些避風遮日的棲身處全按照相同藍圖搭建。房高不超過六、七呎，如此一來人們紮營時可將平坦屋頂的邊緣當做桌子，用來擺放槍枝、披肩，以及雜七雜八的東西。土厝旁有窪水坑，坑道旁通常會砌起一排排石頭引水道來收集雨水。

這是個令人心曠神怡的地方，而在我們腳下有一凹窪地，窪地裡有一座被封閉棄置的泥塔，顯示那裡過去曾有一股水泉，也告訴我們已接近約耳高原區的盡頭了。

正當我們坐著休息時，一支駱駝隊伍在遠方出現，然後走了過去。隊伍裡的貝都因人逗留了一會兒互通訊息，然後親吻彼此的手，追他們的駱駝去了。我注意到他們大多數人的嘴其醜無比，這或許是因爲經常在烈日下噘嘴翹唇的緣故，因爲他們從不戴北阿拉伯人遮陽蔽日的頭套。他們離去後，我看到沙林姆正準備動身上路，於是提出一貫立場的抗議，抗議不需要頂著大太陽匆匆忙忙趕路。「匆忙是魔鬼作祟。」每天下午當我們趕路時，我就會複述一遍。

他們則異口同聲回答：「而拖延乃慈悲爲懷。」但仍繼續套馬鞍。

「如果現在不出發的話，意味我們得在約耳高原多待一個晚上，那樣就得再買秣料了。」沙林姆解釋道。

我建議了一個折衷辦法：我來買秣料。結果每頭牲口所費是九便士，而我們可以多待一個晚上，不需要吃完飯就趕路。每個人都很滿意這種處理方式，過了一會兒，沙林姆走上前來到我休憩的一小方蔭涼處，問我是否滿意。「耐心對待旅人是件好事。」他補充說道，臉上散放品德高尚的光輝。

我同意處事有耐性總是好的，同時避免做出任何具體推論。即使如此，他們還是說服我在下午兩點半動身。

我們現在離開了約耳高原，接著非常緩慢地走下坡進入達赫姆（Dahme）乾谷。這條乾谷匯流入埃薩爾；在它緩和低矮的地貌中，在分水嶺以北處坐落著第一個村莊達赫姆。這村落位在地勢開闊的上乾谷盆底約莫只有四英畝大的平原上，村裡有幾株有刺酸棗樹，以及一座四方塔，守衛著塔旁的房舍。不過，在走過荒無人煙的約耳高原之後，這小村看起來是個文明世界，薩伊德還管它叫小城。

我們從它的左手邊經過，走過幾處低矮斜坡，來到布瑞以拉（Bureyira）；而沙林姆繼續向前行，到前頭的一座穆爾西迪村莊買秣料，因爲達赫姆和布瑞以拉兩村都隸屬薩目族管轄，我認爲這就是他們不願在這裡過夜的原因吧。義大利一句俗話說得好：「能相信別人固然好，但是不相信別人更好。」貝都因人對這句俗話想必能心領神悟。他們在此地買的秣料捲曲成一條粗繩，一頭驢子除了得餵食價值四又二分之一便士的玉米外，每天還要供應牠半條到四分之三條的乾草；至於駱駝則只需要吃榨油器榨剩的渣仔。他們把渣仔壓成薄餅狀餵食駱駝，根本不用花錢買駱駝的糧食，因此，驢子被認爲是較具貴族氣息的牲口。

布瑞以拉是個乾燥不毛的地方。它位在一處幾乎沒有樹木的地勢下陷處，聚集了一些立方體土厝，村子旁有一些田地。我們在下午五點鐘時來到這裡。我們把驢子趕過一扇門，趕進一處大小恰巧容得下這些牲口的院落，然後把行李安頓在院落後頭兩間廂房中的一間。這些廂房破落又沒有窗戶，還被沒有遮蓋的爐灶所冒出的黑煙燻得烏漆抹黑。油膩膩的牆腳邊幾只疊起來的食盤，地面上的一、兩張燈心草蓆及一管水菸袋，就是這間客房裡所有的陳設。價值一塔勒的石輪和三塔勒的磨石，則是該家家庭主婦最貴重的財產；此地硬梆梆的赤貧宛如與周遭硬梆梆的土地相互呼應。即使是那些身穿黑衣的小孩子，看起來也一副退縮膽怯的樣子。小女生的頭髮剪成醜陋的馬桶蓋，覆蓋在額頭和太陽穴前，只在眉毛上方留下一小條大約半吋寬叫做「喜辣卡」（hillāqa）的空隙，其餘頭髮照例是挽在後腦勺收束成一條的豬尾巴，每兩個禮拜綁一次。當我在這幾間房子蹓躂，這些小女孩就躲躲藏藏地跟在我身後，而當我駐足在平原上方她們氏族的祠堂前時，她們就逐一爬出來，但和我保持一段安全距離。那是個樸拙的墓塚，大約長四呎、寬三呎，牆壁刷上灰泥，十分粗糙，但四個牆腳卻有裝飾；而在一面牆的中間，則依從古示巴的方式以牲畜的頭角加以裝飾，有「瓦伊爾」（wa'il，野生山羊）、「德哈比」（dhabi，羚羊），以及當地人叫做「沙伊地」（saidi）的山羊——後來人家跟我說，這個口語詞彙指的是野生雌鹿。

當我回來時，我告訴士兵當晚要吃烤羊大餐。我們的雞已經全軍覆沒，一隻過勞而死，其餘三隻則和米煮了，祭了五臟廟，而我可不想再看到任何不幸雞隻活生生倒吊在鞍前弓上。一想到可以吃一頓大餐，大夥兒一陣快活。

一隻肥羊被揪進屋來，在我面前展示，但要價十三塔勒。貝都因人帶著三心二意的嚴肅神情坐著看牠，直到我冒失地撇下話說太貴了。接著他們一個個站起來，將羊隻全身上下摸個透徹，然後討價還價砍掉幾塔勒。可是還是太貴了，因爲我身上只有五塔勒，只好說沒必要找一隻大肥羊。大夥兒立刻同意，於是又揪進一隻驚嚇不已的小羊，全身烏黑，只有尾巴末梢一點白。他們照樣全身上下摸了一遍。我花了四先令六便士（三塔勒）買下牠，而不到兩分鐘功夫，他們就以阿拉之名在院落裡宰了這頭羊；一名婦人坐在門口剝皮的當下，煮羊的水就在大鍋子裡燒滾。我們來自拉希的同行旅人結果原來是名屠夫，所以剩下的工作就由他代勞了。他用一把匕首在草蓆上庖丁解羊，將牠瓜分肢解，彷彿羊隻就是任憑列強隨意宰割的非洲大陸。他用羊腸當繩子，捆住屠體裡的五臟六腑、七雜八碎，然後全部交給女眷，由她們拿到房裡和著白米一起煮。至於羊心和羊肝是特殊美食，則拿給我放在平底咖啡鍋裡煎熟，當做餐前開胃菜。

看到這頓全羊大餐如何讓我大受歡迎，而當高高一落全羊大餐堆在向同行旅人借用的錫盤上出現在眾人眼前時，大夥兒又是如何樂不可支、無言已對，我不免感到幾分感傷。在我們飢腸轆轆的眼睛注視下，操刀的屠夫沿著大餐邊緣切下九份（有一份是給招待我們留宿的主人）。他們把一份放在我的盤子上，無疑是上上之選，接下來每個人依序選一份，而在迫不及待辦完這分配工作後，大家坐下來以令人難以置信的速度大快朵頤；只有沙林姆暫停下來告訴我說，他留了一點肉沒煮，準備給我明天吃，因為他全身上下每根神經都流露著彬彬有禮的俠義之風。

我們用完咖啡後，我回到床邊並開始梳洗，能洗多少就算多少。此時，貝都因人則蹲坐在煙霧中。薩伊德二世橫躺在一個角落裡，玩弄著鬆開來橫陳在他下腹的彈帶。彈帶前面有個口袋，裡頭除了火柴和一個地址之外別無他物，而第一個子彈包裡裝的不是子彈匣，而是他用來妝點眼睛的一小罐眼圈粉。他很快地抽出匕首，並開始在上頭吹氣，當水氣從亮晃晃的刀面消失時，他帶著一抹喜悅的笑容轉身面向大家。他瞧見我在臉上敷面霜。他把匕首遞給小穆罕默德，要他跟我要些面霜好擦拭他的刀面。我心裡很是捨不得，因為面霜很珍貴，但我還是挖了一小塊放在刀面上，心想龐德街的蕾絲布麗菊小姐看了不知做何感想。穆罕默德小心翼翼地捧著面霜回到熊熊火光處，大夥兒看了無不樂得大叫。

「好香啊。」（Yasmin.）薩伊德二世說，一邊聞著。所有人都把匕首遞給他，要求分一杯羹；最後只剩下一點，他拿來塗抹在自己腿上，還說這比「油膏更好」。

在這之後，我們就睡下了，但睡得沒有在曠野露天而眠來得香甜。我們在東方露出一片貝殼粉彩時起床，並在七點半時離開了布瑞以拉，從乾谷繼續向上爬，跋涉過我們在約耳高原的最後一段路途。六點半時的溫度是五十八度（約攝氏十四點四度）。臨走前，由於我們主人不屬於穆爾西迪部族，我便送了一塔勒給女主人。她是位和藹可親卻操勞得不成人形的婦人，她做小姐時保留下來的一管六吋高銅製踝飾，是她所擁有唯一一件女人虛榮品。她告訴我薩目族的兩名族人目前被當做人質關在馬卡拉監獄中。

在爲驢套鞍的小院落裡發生了一件不幸的事。沙林姆和多安來的屠夫緊抓一只麻袋不放，兩人都聲稱麻袋是自己的。一向和藹可親的沙林姆，有時會出人意料地大發雷霆，這也許能說明他爲何會離兩次婚吧。他朝著屠夫一頭撞過去，薩伊德和我們的士兵在一旁拉架。吵架是件嚴重的事，這點可從每個人都急著要平息糾紛中看得出來。大打出手的兩個人終於被拉開來。士兵以代表政府的立場訓了我們一頓。他說他自己會在旅途結束時，爲兩造來個是非了斷。

沒有人太去理會他。貝都因人對他的自以爲了不起所表現出的不在意，對他而言一定是心中永遠的痛。不過，他的虛榮不是他個人的虛榮；這虛榮起自他父親與祖父被買下、被從非洲帶過來後所隸屬的皇室，早已和他糾結纏繞、密不可分：他對這皇室忠心耿耿、絕無貳心。他自視爲皇家代言人，身分卑微卻能通達聖意，但這是個危險的想法，也是造成世上大多數迫害的原因。他沒有不怒而威的天賦，反而像個大驚小怪的護士，總是如數家珍地嘀嘀咕咕細數他既冗長又單調的責任，像極了我們對不稱職女管家的碎碎唸，對於這些話貝都因人一向置若罔聞。然而，現在他很快樂；當天剩下的時間，他口中念念有詞地輪流說著他政府的優秀程度以及這次搶麻袋風波，並告訴我，他在抵達多安時會叫兩造人士對麻袋所有權發誓，然後把麻袋物歸原主。

「但是，」我說：「假如他們『兩個』都發誓麻袋屬於自己的呢？」

若非我的阿拉伯文太差，就是這個問題已經超越他小小腦袋的負荷，我並沒得到滿意的答覆。他和薩伊德繼續討論秉公對待窮人的抽象好處，但他的語調卻是用來討論可有可無美德時那種無所謂的語調；在此同時麻袋已被沙林姆所占有，而沙林姆黨派和屠夫黨派的人數是四比一，我們只能希望在這個狀況下，正義與政府的力量恰好站在人多的一方。

我們經過第二座也叫做布瑞以拉的村落右邊，村前有座堡壘以及一株喀拉德樹，接著我們抵達約耳高原的平坦地區。這裡的地勢比較低平，但其他方面和我們先前走過的地方沒什麼兩樣，若硬要說有什麼不同，就是在我們身後遠處塞班峰的邊緣橫陳在地平線上，線條波浪起伏，散發粉紅與紫紅色澤，宛若輕煙。

我們右手邊的海里特（Kharit）乾谷會同許多支流一起匯流入埃薩爾；在我們左手邊，曼威（Menwe）乾谷則奔向多安。這裡十分炎熱，熾熱的太陽在白熱晴空中發威：它照耀著小石頭的堅硬邊緣，每一處都不放過。他們說有時會有幾株草為約耳高原帶來一絲綠意，但現在它光禿禿一片，就像一張放在驕陽烈焰下的烤架。我們經過了哈杰（Hadje）以及巴卡米斯（Ba Khamis）的土厝，並在十一點十分時在那裡休息，和兩名要到馬卡拉探望孩子的婦人談話。她們說馬卡拉是個民風頗不純樸的地方，因爲那裡的婦女在短裙下不穿底褲，就像多安的婦女般。這樣有失厚道的風評也許並非事實，但這畢竟只是婦人之談罷了。我們動身離開，一路上騎驢來到遍布卵石的平坦大地的西側，此時那些卵石因落日夕照而閃閃發光。我們的身影在卵石上搖曳擺動，彷彿有一掛簾子走在我們前頭般。散落一地的熔岩碎石呈斑駁暗褐色，就和貝都因人的皮膚一樣。

我覺得頭痛不舒服，很高興看到大家就地四散開來，好在披肩裡裝滿柴火，因爲這意味營地就在不遠處。這可憐的棉布披肩幾乎什麼工作都派得上用場；就連要縫補麻布袋，他們也從披肩上扯一條線下來縫。五點四十五分，我們來到了約耳奧拜德（Jōl Obaid）的土厝。這裡沒有散落一地的木頭，因爲有婦女從多安來此撿拾。在我們的右邊，可以看見埃薩爾乾谷的斷壁，但因距離過遠，變成模糊不清的地層斷裂。溫度上升到六十一度（約攝氏十六點一度）。

我們一行人漸行漸少，因爲薩伊德二世和沉默不語的阿哈馬德·巴·果爾特加速向前趕路回家，而來自多安的屠夫在麻袋風波後又始終不發一語。然而，等我們圍著營火坐下來，他走上前來，友善一如往常，並且開始熱心公益地煮起一種混合麵粉、水與糖的食物。當混合物發硬成爲一條麵粉團時，他便在上頭灑上更多糖，並挖個洞把油倒進麵團中央，接著邀請我們前來分享——的確風味絕佳。我們自己的糖已經用盡，但屠夫恰巧受託帶包糖給多安的一名商人，於是我們先「暫時借用」，等到了乾谷的小店再去換一包新的。他在幾經猶豫後才這麼做，因爲貝都因人對交託給他們的商品非常小心謹慎，畢竟他們的信用和生計就端賴於此。薩伊德告訴我說，他們每個月會在馬卡拉和多安兩地間往返三趟左右。

「空過一生，」他說：「總是在趕路。」然而他不會樂意以約耳高原有益健康的環境來交換乾谷裡的舒適。

想到我們的旅程這麼快就要接近尾聲，他們就變得友善起來，並再三感謝我一路上和他們分享食物。「眞是旅途愉快呀。」薩伊德說。

沙林姆正把咖啡倒入兩只灰色的碗裡，貝都因人擁有的所有陶器就僅止於此了。

「現在我們都在，」他說：「所有人都在一起。而明天呢？」——他向外張開雙手——「大家都各奔東西了，都去哪裡了？」

提出這個如此感傷、古老又普遍的問題之後，我們默默看著黑暗中的星辰。突然間，我們很驚訝地看到黑暗中閃爍著一圈小光點。我認爲是一盞提燈隨著驢子步伐上上下下跳動著。

「也許是，」薩伊德懷疑地說：「但不會有人在夜裡旅行。很有可能是『格迪里亞』（Gedriya）。」

他們告訴我說，格迪里亞是齋戒月第二十五夜有時會出現在夜空中的強光，而出現格迪里亞時，不論許下什麼心願，都能心想事成。就在這個時刻，光又再度出現，更加靠近我們，還傳來一陣踐踏在石頭上的腳步聲。很明顯這是人的腳步聲。頃刻間，黑暗中有個聲音吆喝著，三名來自乾谷的莊稼漢出現在火光光圈的範圍中，頭上和身上都裹著夜裡禦寒的布塊。他們是朋友，從薩伊德和巴·果爾特那裡聽說了我們的來到，發現我們行程延遲（因爲我喜歡不慌不忙地旅行），於是連夜趕來保護我們。

對於這片善意，大夥兒感激不盡，於是圍繞營火的社交圈變得更大了。我離開他們，在皎潔月色中回到床邊，享受露天而眠的最後一個晚上——事後證明未來幾個月我都再沒機會露宿。

因爲只剩下一小段路，第二天早上我們好整以暇地上路。驢子知道離家不遠，也快活輕盈地疾步前進。很快的，在約耳高原一片坦蕩蕩的平原上，以及更遠方約耳高原一望無際的坦蕩上，我們看見前頭出現多安乾谷越來越寬的裂縫及對面的崖頂，右手邊是一個皇家空軍基地的起降地，前方懸崖邊上則立著兩座小型土造瞭望塔。

第十一章　多安的生活

「我們的住所向遠道而來的客人廣爲開放，夜裡在那裡憩息的人與我們無異。」

——《穆斯塔特拉夫》❶

如果有人問我人生第一大樂事爲何，我會說相形之下的快樂。我們很難想像除了天使以外會有什麼人抱著一把豎琴永遠坐在天堂裡。一般凡夫俗子的人生需要變化。這就是綠洲沙漠魅力無窮的秘密了；一抹不經意的綠意，經常因爲周遭的萬里黃沙而顯得彌足珍貴。舉世聞名的噴泉——赫利孔、巴杜希留，或所羅門王贈送給示巴女王的薩勒薩比勒之水❷——都是在乾旱之地的佳泉。阿爾卑斯山的破曉之美一半歸功山下還在沉睡的世界。帶著獵狗狩獵一天後，爐火旁一張溫暖的坐椅，或當風兒呼嘯時，一間門窗緊閉的房間，都屬於這個相形下喜樂的範疇。當暴風雨撕裂汪洋大海時，希臘牧人深知安全松林的快樂；而我認識的一位婦人告訴我，她之所以嫁給她先生是因爲他說的話總是出人意料之外——我想，這是結爲連理一個富冒險精神的好理由吧。

這種微妙的意想不到之樂，這個爲生活調味的鹽，正是跋涉過約耳高原之後，站在斷崖邊居高臨下俯視多安乾谷的報償。

乾谷大約一千碼寬，地勢陡然下降一千呎左右，兩邊是壁立千仞的峭壁。斷壁下布滿碎石的邊緣聚居著小村落。村居像燕巢般由泥土築成，所以只有在陽光下才能將土厝與背後泥土區別開來。往下俯視，可以看見緩坡上有五、六幢土厝。在土厝與村民在白色溪床兩邊圈出的方塊耕地之間，是種滿棕櫚樹的乾谷谷底。棕櫚樹梢在昏暗中閃爍著光芒，宛如一條錦蛇或一道河流，蛇的鱗片或河的漣漪在陽光下粼洵閃爍。當眼睛看膩了一望無際的曠野，目光自然落在圈起來的綠意上，並且一路追著它，走出陰影，走進陽光，穿過夾著它的兩片棧道，一直到它在遠方拐個彎不見爲止。這條棕櫚樹之河被約束在銅牆鐵壁之間，換句話說，它被拘禁在約耳高原地表的一條裂縫當中，看起來就像永恆臂彎中的生命一樣英勇、豐饒、樂觀，充滿了僻靜休憩所及陰涼處。

在哈達拉毛旅行的困難在於必須爬下陡峭崖壁進入這些乾谷，爬下斷壁上闢出的棧道。這些路也許都年代久遠，上面鋪著鵝卵石大小的圓石，就像利久立❸地區要掙脫兩片山壁夾束的山路，只不過難走得多，也陡峭得多。十四世紀有一位葉門女王遺愛人間，留下「谷地山路上的飲水泉」，她又修復了陡峭的崖壁小路和那「如階梯般步步高升的山路」。（她是大名鼎鼎的女王，而她的丈夫賴蘇里德・馬里克・埃什拉夫〔Raisulid Malik Eshraf〕對她如此一往情深，以致在她死後甘爲她服喪一個月才續絃再娶。）我們爬下從斷壁上挖鑿出、有時底下懸空的棧道，如履薄冰地前進，花了五十分鐘時間才抵達布滿碎石的緩坡。在這裡石灰岩崖壁埋藏在沙岩的岩床裡。

貝都因人開闊的約耳高原現在在我們身後，也在我們頭上了。現在的空氣比較沉悶。這裡住的都是農夫，他們放下手邊的工作抬頭看我們，鶴嘴鋤有一半還嵌在地裡，但沒人開口打招呼。薩伊德領著我們這支小型商隊，在棕櫚樹下沿著隆起的河堤前進，樹蔭像高聳的大教堂撒落，驢子則踏著輕快步伐在底下的乾河道中行進。沿著乾谷向北走，很快的我們就來到了邁斯納阿（Masna'a）的總督城堡；它坐落在乾谷邊，泥土築成，高大正方，迎面可以看見許多屋頂和台階。主人鳴砲歡迎我們。我們穿過嵌飾鐵突飾的雕花門，走上堡壘裡夾在兩面牆間的一條蜿蜒曲折通道，又在不同角度穿過兩扇門。每回進門時都有人和我們握手寒暄；就這樣我們穿過一條狹窄過道來到一間有大柱子和灰泥牆壁的房間。房間裡兩位總督穆罕默德·巴·蘇拉和他的兄弟阿哈馬德·巴·蘇拉站起來歡迎我。

他們身旁圍繞著來自同一個部族的隨從，就像我身邊的穆爾西迪族人一樣是全身染成靛青色的貝都因人。他們都擁有來福槍，來福槍或掛或靠在牆上，像一條條雕飾，而所有人這時全擁上前來一睹我爲快。會客室前方，坐墊或地毯上聚集著這家族的一些成員、此地小兵營的營長，以及一、兩位來自鄰近城鎮的鄰居。他們裹著五顏六色的遮羞布，身穿白色夾克，裹著頭巾，一副盛裝赴宴模樣。我把鞋子擺好後席地而坐，並拿起常用的陶碗喝咖啡，這時屋主的僕人則在一旁照料水菸袋，每隔一陣子就奉上一巡水菸，好讓每位興致高昂的來賓都吸上一口。

未來十二天我要和巴・蘇拉家族共度，必須跟他們混熟；而想在任何地方找到比他們更討人喜歡的家庭，恐怕不是件容易的事。這兩兄弟和樂融融地住在堡壘裡，彼此分擔統御此地的重責大任。他們治下的貝都因人十分愛戴他們，說：「巴・蘇拉是我們的父親」，高地族人對他們氏族族長正是這麼叫的。乾谷裡的人同樣對他們以及他們大公無私、堅定不移的統治讚美有加，他們對此地的統治實際上獨立於馬卡拉的蘇丹之外。他們兄弟倆年紀都還輕，長得肖像，都有一雙溫柔的褐色眼睛和一張大嘴，嘴唇豐厚，笑口常開。他們的臉同樣呈長橢圓形，既不尖也不圓，還有一雙萬能的長手。唯一的差異是穆罕默德留了一圈稍微捲曲的黑色頰鬚，而阿哈馬德只在下巴留了一簇山羊鬍。在他們之前，他們的父親以堅若磐石的權威統治這個谷地，而在兩年前以高齡去世，在他充實的一生中共娶了十個老婆。穆罕默德已經討了六房老婆，阿哈馬德也討了四個；這些細節是我後來才知道的。這回初次會面，我們只是停留片刻交換禮貌性的問候罷了。接著有人帶我穿過堡壘裡另一條曲折通道，走到我的房間。

這間房間原本屬於老總督，現在房間的女主人是總督的遺孀甘妮雅（Ghaniya）。她腰帶上掛著房間的木鑰匙，帶我走上狹窄的泥土階梯，來到一扇有雕花圖案的門前。這是有六扇雕花窗櫺的大房間，穿過窗戶有迴紋細雕的圓弧，可以望見底下的低谷。我們得彎下腰才能看見窗外景色，而為了讓坐在地上的人方便，窗戶都和地板切齊。

多安的豪宅一律大同小異，房間也都以精雕細琢的木柱支撐。內牆覆上雕飾木板，房門上方有圓弧拱，壁面上鑿出一個個壁龕，壁龕裡白天放著枕頭、棉被。雕刻手工很細，而古色古香的有刺酸棗樹木板則貴重暗沉。鐵製浮飾上鍍上一層錫，像失去光澤的銀。天花板由一段段棕櫚木搭建成，椽與椽間形成像鯡骨的人字形。支撐天花板的是雕有圖案的柱子，柱頂的上楣有扁平的波斯式樣。每扇窗有四小片，每片窗圓弧狀開口上都雕有窗花格。而由於沒有玻璃，所有窗板都十分厚實，關上時可防子彈射入。另外，每扇窗底下都有小圓孔，外接一條排水管，敵人膽敢來犯時，可從小圓孔倒東西下去退敵，圓孔後還有洞可插入槍管。因為谷地只有近年來才寧靜無事，許多人對於小城間的戰爭依然記憶猶新。當時老巴．蘇拉被圍困在自己的房子裡，然而現在卻如此平靜祥和。而假如有人開了一槍，槍聲就會在兩面谷壁間盪漾迴響不止，彷彿永遠無法逃脫這個監獄似的。此時後宮三千就會衝到雕花窗旁，俯視著橫陳眼前、挨著谷壁邊的所有小城，並猜想來者究竟是貝都因人或士兵。假如沒有進一步事情發生，她們就會大失所望地走開，告訴我谷地近年來變得何等風平浪靜。

他們對自己的房間感到無比驕傲，並以掛在牆上的銅盤數量來展現財力；銅盤掛得厚厚一層，有時彼此相疊。由於銅的價值不斐，銅盤可換成現金，所以後宮佳麗們把它們視為可隨時支配運用的銀行存款。女奴通常會小心翼翼地勤加拂拭，沒有別的東西能得到此種殊遇，所以銅盤經常亮晶晶得光可鑑人。牆壁的其餘地方則掛著伯明罕鏡子、落單的盤子，以及一排排錫咖啡壺——咖啡壺一個接著一個，幾乎碰觸在一起，從房角一路向上排到天花板。除此之外，房間裡別無長物，只除了有時會擺一座來自桑吉巴爾的櫃子，這種櫃子雕刻精美、釘有銅釘，在科威特和巴斯拉❹也看得到。房間地板上鋪著地毯，地毯底下的泥土硬化成平滑壟線，像有羅紋的沙地，這種裝飾性波狀花紋也用在樓梯上。樓梯扶壁上用泥土塑成裝飾帶，有些地方被磨平、磨白甚至磨損到像用壁畫顏料畫上去一樣閃閃發光，其邊緣也成鋸齒狀。多安和哈達拉毛最靈巧的工匠利用起泥土來就像用灰泥一樣得心應手、巧奪天工；而的確，沒有一件東西比得上他們古色古香宅邸的氣派尊貴與裝飾華麗，但不幸的是，他們開始鄙視傳統而崇尚來自歐洲既粗製濫造又俗不可耐的東西。當我再次走下樓來到會客室時，我發現阿哈馬德愛不釋手地看著芥茉黃窗玻璃，這是他花大錢從馬卡拉用駱駝一路馱運上來的，打算用來裝潢蓋在旁邊的新居。新居會在六個月到一年後落成，屆時他就會搬進去而把在舊堡壘的房間留給兒子。

他帶我去看他的新居。他找的石匠們一邊唱歌、打拍子，一邊將泥土拌和乾草做成的泥板砌在泥土夯打的地基上。這房子只有最低的一圈是用石頭堆砌，其餘部分，甚至高到七層樓，都是用泥土和剁碎乾草做成的泥板砌成。這些泥板長寬各十八吋、厚三吋，必須先在太陽下曝曬一個星期，然後以泥水漿一個個砌起來。驢子以小跑步背來用羊皮袋子裝的水，好攪和泥土。牆壁開始成形了；它們稍微向內傾斜，就像古代的示巴建築；而即使是最大的傾盆大雨也不會穿透牆壁達一吋以上，它們可以數百年屹立不搖。白色灰泥圖案裝飾著窗戶的外觀，或把白灰泥塗成長帶狀並和天然的黃褐色交錯輪替。當我說，我認爲這些房子比歐洲的新市鎮來得美觀時，兩位巴．蘇拉都不願意相信我。但是他們承認也許他們古老的雕花門，要比剛從西方訂購來、用機器打模做成並漆著褐色亮光漆的唬人東西來得美觀大方。文明的陰影正快速籠罩在這些封建制度下的谷地上空。只有缺乏現代交通工具所造成的交通不便，才能抵擋住我們衛生卻粗俗的文明。

我在客房裡要求的第一件事是洗個澡，以及一個人靜下來和我行李內灰塵奮戰一番。貝都因人幫我在哇靶耳的頭灑上胡椒和鹽巴防腐，但是你絕對想不到這麼小小一個東西聞起來竟那麼腥臭。趁我沒看到，侍衛把它丟進了茶壺裡。總督遺孀和我發現這事後感到十分嫌惡，但也對男人普遍的笨手笨腳油然生起惻隱之情。不一會兒她拿來一只錫壺的熱水，錫壺有個壺嘴，我站在浴室洗澡時就能用壺嘴淋浴。一如所有哈達拉毛的房子，我的房間有自己的浴室。浴室的一角擺了一口四呎高陶甕，每天都裝滿了水。地板向一側傾斜，連接到一條排水管，排水管再把水排放到牆壁下方的山坡壁上。污水糞便也同樣排放到外面空地上，糞坑底下挖了一條很寬的豎坑，豎坑兩邊各搭建了一個小平台供人站立用。而由於沒有衛生紙，牆壁上有個壁龕，裡頭塞滿了一塊塊在太陽底下曬乾的山坡泥土。這些浴室假如有人整理的話，的確能乾淨不噁心，而它們的壞處只有一般社會大眾才感受得到——假如浴室下面剛好是條街道的話。幾天後我不舒服時，多安的女眷們很肯定地告訴我，一切肇因於我那香噴噴的肥皀。我無法讓她們相信她們的污水可能比胡比剛特牌❺香水更不健康，因爲人們總是迫不及待地相信對人有好處的總會讓人感到不舒服。

我花了好幾天功夫才釐清邁斯納阿堡壘裡的居民究竟誰是誰，因爲這裡是個大雜院，像兔子窩，共好幾層樓高。堡壘圍牆和大門內區域搭建了好幾棟房子，屋裡的居民有人離了婚又再嫁再娶其他親戚，使得家庭和家庭間的族譜糾纏不清、無從追溯。我的女主人甘妮雅則關係單純。她只有一個女兒和一個叫拿細兒（Nasir）的兒子，她會又憐愛又心疼地看著兒子說：「可憐這孩子，他沒爹呀。」這話說得如此頻繁以致我很確定已經在這男孩心裡造成了情結，因爲他鬱鬱寡歡又沉默寡言，和他身邊那一大群嬉哈玩耍、聒噪吵鬧的表兄弟大不相同。

他姊姊倒也愛嬉哈玩耍。她進來時，小小的眼睛在蒙面巾的兩條細縫中游移漂浮，只有在論及婚嫁時，她才會嚴肅起來。再過兩年等她十五歲，家人就要幫她安排婚事了；十五歲是沒爹小孩的完婚年紀，一般人家的女兒出閣的年紀更小些。不論年紀多大，整件事的安排都不會讓小孩自己知道。嫁衣裳是「爲表姊做的」，她只有在爲了終身大事而洗頭髮時，才能猜到發生了什麼事。接著人們會用一種調和了油、臘和薑黃、叫做「薩比巴德」

（zabidbud）的油彩把她的臉龐塗成黃色；手和腿則塗上一層褐色圖案。而在婚宴的第三天，新娘子必須臉上蓋著紅面紗坐上一整天，等入夜洞房花燭時才由新郎揭開。第二天早上，新郎會在枕頭上擺十塔勒；等度過第二個晚上，他會在一只托盤上放一條手帕、十塔勒、一疊丁香、香料，以及焚香；在這之後就不再給東西。我停留期間，這座村裡有人嫁女兒。她是個反應遲鈍、心地善良的女孩，名叫法蒂瑪（Fatima）。她盛裝打扮，一身珠光寶氣；她還告訴我說她這身打扮要一直穿上四十天。她的黑色婚紗上掛著一片純銀胸牌，邊緣滾了圈棉花，腰帶上叮鈴噹啷地垂懸著銀製流蘇，赤裸的腳上套著金踝扣。我問她她的先生是否親吻了她，如果是的話，親吻了哪裡，因爲她這身繁複華麗的打扮使得她不論哪個部位被碰到都不會覺得舒服。我這唐突的問題問得她一頭霧水，也讓她被一群手帕交調侃了好幾天。她母親在完婚後陪了新娘兩個禮拜，剛剛才離開。

這些女眷們有的濃妝有的淡抹，視當時是否有悅己者而定。我可憐的甘妮雅只是把頭髮中分。「因爲，」她說：「我是個寡婦。」她的母親來自鄰村，是一位笑口常開、討人喜歡的老婦，早已放棄這些費時費力的虛榮裝飾，對於這個世界和她孫兒們的閒扯淡，滿臉皺紋的臉回應了一抹若即若離的微笑。但是當穆罕默德的太太這位城堡女主人走進來時，就像一艘掛滿風帆的帆船，手鐲和腰帶搖晃得窸窣窸窣響，項鍊裝飾得光鮮亮麗，臉上的笑容富貴又氣派。她雖是半老徐娘，依然風韻猶存，儘管她的女兒努兒（Nur）已經嫁做人婦多年了。努兒是我在這後宮的主要朋友兼良伴，她會端來我的三餐，並坐下來和我說說話，一隻眼睛望著窗外的谷地和底下的熙熙攘攘。她有一雙目光柔和的眼睛、一張大嘴，以及和她舅舅一樣的細長指頭，也有著同樣討人喜歡的個性，對任何到訪的客人都表現出一種隨和的善良。她先生三年前離開她到異地工作，就像哈達拉毛大部分的男人一樣；而每隔兩艘或三艘船班的時間，靠港的貨輪都會捎來他的信。由於這是她第一次獨守空閨，她得以回娘家和家人一起住；等到第二次，她會留在自己的新家，因為這是多安當地的風俗。男人外出工作，一走就是十五、二十載，常在國外另結新歡，因為他們的老婆幾乎從不踏出谷地一步。他們主要是從多安去索馬利蘭、阿比西尼亞❻或埃及，而上哈達拉毛的男人則往東移民到荷屬東印度群島或馬來西亞。

這種在他國落地生根的習慣是頗為晚近才有的事。巴・蘇拉家成員告訴我說，他們還記得以前任何旅人都會被根據他去過的地方而稱做馬卡威人（Makkawi）或馬薩威人（Massawi）等等，因為當地人離開多安懸崖圈住的範圍是十分罕見的事情。不過，通商貿易的痕跡想必曾使這些谷地的居民風光一時，因為即使在伊斯蘭世界早期的商業帝國式微後，我們還是能在內陸深處找到通商的蛛絲馬跡。他們在東征西討的年代在敘利亞和埃及落地生根，形成當地阿拉伯人口中的十分之一。他們最早被稱呼為哈里斯人（al Harith）及愛脊巴人（al-Eshbā）——這兩個字都源於沙巴瓦❼。

文獻曾提及在征討埃及的偉大征服者阿姆爾・伊本・阿斯（Amr ibn al-As）的大軍中，有一位來自薩達夫（Sadaf）族的掌旗手，而薩達夫是哈達拉毛的一個部族。此外，述萊亞・伊本・馬里穆恩（Shuraih ibn Maimūn）也在歷史文獻留下了紀錄，他來自邁赫拉（Mahra）的馬達迪（Madadi）部族，後來遷移到埃及，他在伊斯蘭曆九十八年（西曆七一六至七一七年）率領埃及大軍遠征君士坦丁堡。大部分離開阿拉伯的薩達夫族人都前往埃及或北非，但伊拉克的庫法（Kufa）也有他們的蹤跡。他們和金達（Kinda）部族有密切的聯盟關係，而金達部族也大部分由哈達拉毛人所構成。在庫法逮捕刺殺先知穆罕默德女婿阿里的人也是哈達拉毛人。據說當金達部族反抗伊斯蘭統治時，哈達拉毛人前去救援金達；而他們當然拒絕逮捕金達人喜吉兒（Hijr），理由是他們有親屬關係。在推翻波斯帝國的戰爭中，哈達拉毛和薩達夫族人在薩伊德・伊本・瓦卡斯（Sa'id ibn Waqqās）的大軍中有六百人。當時他們想必富裕發達且博學多聞，因爲葉門全部稅收的十分之一來自他們，而他們的司法官還被特別帶到一筆。這葉門「第八大財寶」就住在哈達拉毛某處的哈姆拉（Hamra）。當伊斯蘭政府最後大獲全勝時，他們在阿拉伯西南部派駐了三名總督，其中兩名在葉門的薩恩阿和杰內德（Jened），一名在哈達拉毛。

這個地區古代享譽一時的鼎盛文風，卻沒能在多安乾谷維繫下去，因爲這裡沒有眞正的學校，只有幾位慈善家願意教導任何迫切想閱讀可蘭經的人。司法官本身的學問是在麥加待了十年學來的；任何對他感到不滿的人可上行或下行谷地求教另一位司法官，而如果還不濟事，最後的辦法就是前去馬卡拉。我所遇見的女人都是目不識丁的文盲。至於這些女眷們如何打發每天從早到晚的時間，我則想不通也弄不懂。她們不做刺繡不事女紅，雖然自己動手縫製衣服，但這事情簡單得就像縫製麻布袋。她們綴上亮片、珠子與箔片的精緻胸牌則送給專業師父製作。她們有時會洗手做羹湯，或在一旁監督下人做飯，而在忠誠的族人隨時會出現等待飽餐一頓的家裡，這意味三不五時就忙得團團轉。不過，她們一天內大部分時間都是在堡壘或底下的歐拉（Ora）村裡挨家挨戶串門子。

這種串門子有它的禮數。儘管我們剛剛才在穆罕默德太太家裡見過面，但半小時後又在阿哈馬德母親的房間裡碰面時，也不能免俗地得再握過一回合的手。每位初來乍到的訪客都要一一和在場所有人握手致意，輪流舉起每位女眷的手親吻，有時爲了表示更大的尊敬，則可親吻年長婦人的額頭。假如你正好在講話，恰巧沒注意到有人剛走進來，她就會大聲地擰響手指，直到你轉身去行禮如儀爲止。對方會回應一句「哈亞」（Hayya）或「平安」（Salaam）。從外頭來的訪客身上會裹著「舒卡」（shuka），這是一種四方黑色披肩，兩邊有穗邊，她們將它罩在頭上和身上，披肩下端兩角綁在一起，而上端兩角披在一隻手臂上。這披肩美麗地垂覆在身上，令我百看不厭，披著披肩的女士看起來就像會走路的塔納格拉陶俑❽。即使在堡壘裡，從這戶走到那戶，她們還是會披上這披肩並戴上黑色蒙面巾，原因是有可能在狹窄巷道中碰到男人。這種蒙面巾沿著鼻子縫了一條銀線，還開了兩個眼縫。不過，在室內時她們只在下巴下圍一條印度絲巾，以及一件斜掛在一邊肩頭的黑色無袖長袍。

除了守門警衛馬哈穆德（Mahmud）以外，沒有男人能在無預警的情況下闖入這個聖地。這位警衛以一條鐵鍊從上面控制碉堡的大門；他是一位得天獨厚的家臣，在巴．蘇拉家裡出生長大，是個笑口常開、精力充沛的小夥子，一頭捲髮，圓圓的下巴留了撮山羊鬍。他通常會像被一群母雞簇擁著的矮腳雞那樣大搖大擺走進來，身上白色夾克正面有一顆顆鈕扣排成的兩、三種顏色的袖口鏈釦。他會取笑行爲較低調、把面罩拉下來的外來訪客。我生病時，他會走上前來，說：「很好，現在怎麼樣了？如果上帝願意的話，萬事順利。」他把我的話當耳邊風撇到一邊，難道他不是個男人嗎？——而這群三姑六婆言不及義的閒話不就發生在他房間下面，難道他只當做噪音？有時候，當女人的喋喋不休似乎沒完沒了時，我不禁要同意他的看法。他告訴我，他想要的是一個來自埃及的歐洲老婆。他說，他現在的老婆蓬頭垢面的，所以他從不跟她說話。

「你爲什麼不叫她梳洗乾淨一點呢？」我問，心裡邊納悶她的模樣，因爲這地方普遍衛生標準不高。「也許你比較中意的是安靜沉默的老婆吧？一旦你讓她開口，她就會說個沒完沒了。」

馬哈穆德看著我，彷彿這是他從沒想過的想法，並且很明顯地打定主意繼續保持沉默。

他寡人有疾，睫毛往內翹，老刺痛眼睛，而我沒有什麼良藥可以治療這種疾病。他小小的圓臉望著我，五官因爲失望而糾結在一起，像張嬰兒的臉。

「你得找個醫生看看你的病。」我告訴他。

「趁你到埃及找第二任老婆的時候。」努兒加了一句。

想到這愉快的念頭，他又踏起雄糾糾氣昂昂的昂首闊步，幫我去提水。水是從峭壁中的一股泉水打來的，我認爲那裡的水質比堡壘裡的井水來得好。他每天總會不憚其煩地前去打水，用一種涵藏微妙施惠捨恩之情的好意。「要不是我的話，」他似乎是說；「妳這可憐東西該怎麼辦呀？就只能無助地坐困愁城了。」

【注釋】

❶《穆斯塔特拉夫》（*Mustatraf*）：書名意思是「精神發現」，乃伊比盧希（Ibshihi，活耀於一四四〇年）所編的百科全書，內容涵蓋伊斯蘭宗教、行爲、法律、精神特質、工作、自然歷史、音樂、食物和醫學。

❷赫利孔（Helicon）：位於希臘南部，在希臘神話中爲阿波羅與繆思的居所，所以象徵著靈感的泉源。巴杜希留

（Bandusium）：即希臘神話中的史坎曼德（Scamander）河。薩勒薩比勒泉（Salsabil）：可蘭經中記載天堂中的噴泉之一，只有誠實者能飲用。

❸利久立（Liguria）：義大利南部的一個州，本書作者原在此經營花圃。

❹巴斯拉（Basra）：伊拉克東南部港市。

❺胡比剛特（Houbigant）：法國出產的一種著名香水品牌。

❻阿比西尼亞（Abyssinia）：即後來的衣索比亞。

❼原注：請參見Abd-el Haqam 47B fol.2，以及海姆達尼的著作第九十八頁。

❽塔納格拉（Tanagra）陶俑：在希臘塔納格拉小村古墳中發現的赤陶小雕像。

第十二章　胡賴拜與羅巴特

عجبت من منع امرئ جاهه　ما منع مَن يجتدي ولم يحرم
يثلم وفر المال اعطاؤه لكن　وفر الجاه لم يثلم
(ابن الرومي)

「我納悶人格高尚如他何以會吝於付出；
人付出不會因此有所損失，何以要吝於付出？
雖然施予使得財庫短少減損：
但是榮譽之庫卻不減反增。」

——伊本・埃爾—魯米（Ibn Er-Rūmi）

兩位總督通常會到我房間來吃飯，讓一干女眷們聞風落荒而逃。他們會不拘禮地進來，穆罕默德帶著一張稻草桌墊，阿哈馬德手裡拿著一、兩只盤子，然後兩人就坐定下來，其他事交由甘妮雅來張羅。她面對兩位大人如此紆尊屈貴而感到惶惶不安，也就盡可能保持緘默。她會爲我們帶來堆得老高、上頭澆淋了油脂和胡椒的米飯、以風味絕佳滷汁烹煮成的肉塊，以及一道叫做「哈麗莎」（harisa）的當地菜餚——搗得像麥片粥那樣勻稱滑口的肉片和麵粉糊，中間放一杯溶化奶油，每個人抓一把肉糊時就沾點奶油搭配食用。

在此同時，阿哈馬德和穆罕默德愉快地談天說地，而我越來越喜歡他們了。他們帶了一個人來，薩伊德・穆罕默德・伊本・伊阿辛（Sayyid Muhammad ibn Iasīn），他是個上了年紀的迷人商人，在紅海沿岸做棉花買賣，並且以阿拉伯文寫信給利物浦。他也有張長形臉和一張討人喜歡的大嘴，這是定居在這些谷地中居民的典型特徵；而他們彼此間令人快活的好性情，在他身上演化成一種來自人生歷練與心地善良的特殊成熟味。他也許一度是四海漂泊的尤里西斯❶，現在定居下來安度平靜晚年：

「我一直就像長期漂泊的尤里西斯，
或像奪取金羊毛的那位英雄❷，
歷險歸來時滿腹人生歷練與智慧，
與雙親一起生活，共度餘生。」

伊本・伊阿辛返鄉回到老婆身邊和位於乾谷頭羅巴特（Robāt）村的老家，留下兒子在國外繼續做買賣。由於他是A.B.君的朋友，而A.B.君的鼎鼎大名又在這個地區十分吃得開，他於是邀請我第二天去他家吃午飯。

我一大早便出發，安步當車，因爲我想在路上看看這座小城。羅巴特是乾谷裡最後一個城鎮，棕櫚樹在此告一個段落，而村裡有三條杳無人煙的峽谷通到約耳高原。在羅巴特與邁斯納阿之間，拉希德（Rashid）與胡賴拜攀附在乾谷左側的斷壁上。走路不到一個小時的路程就能經過所有這些小城，我帶著侍衛和一名貝都因嚮導上路，沿著棕櫚樹的戟狀樹蔭。

棕櫚樹是多安當地的大宗貿易商品，一株發育美好的棕櫚樹能賣到五百塔勒的好價錢。每成交一筆生意必須繳給政府百分之六的利潤，而每株棕櫚樹每年被課徵四分之一塔勒的稅，相當一塊地的土地稅，也大概等於一天的工資——工人一天的工資是三分之一塔勒，也就是六便士。當我們沿著頂著華蓋的樹幹，在綠蔭下行走時，看見有人爬到開著乳白色佛燄苞的樹上施肥。「味道有夠臭的。」他們告訴我說。我想這些爲了氣味而大費周章的人們，照理說應該對飄浮在街上的氣味更加講究才對。

我離開右手邊的拉希德，轉向一條又黑又窄的街道。街道夾在胡賴拜兩排層層相疊房子中往上爬升；這街道如此狹窄，以致對街窗戶的小木條可垂下來當做雞隻棲息地，不怕小偷和狐狸的偷襲。這是上谷地主要的城市，城裡有市場和清眞寺。城市名的意思是廢墟，而它也許是托勒密和海姆達尼所提及的多安，是普林尼作品中人物托阿尼（Toani）的首都。無論如何，它是個古老而自給自足的城市，以宗教的純粹自豪，但這宗教使它有暴力傾向。就是這座城市的舍赫在一八四三年將遭洗劫而身無分文的馮．瑞德送回海岸邊。五十年後，本特❸夫婦因爲嚮導的警告而避開胡賴拜。這之後的旅行家，范．登．穆稜以及殷格蘭夫婦則認爲它是個宜人的地方，而假如不是這城市的地方望族薩伊德・阿哈馬德・巴爾（Sayyid Hamd al-Bar）家族老大不客氣的話，我也會認爲這是個宜人的地方。

我有一封信要轉交給薩伊德，而人們告訴我他家就在小城最北端斷壁下。我們一行人還沒走幾步路，一個討人喜歡的陌生人不知從哪地方冒了出來，並對我們表示歡迎。他曾經在亞丁當過職員，看到歐洲人讓他很快樂。他來爲我介紹一路上我所想看的一切。他帶領我到主要的清眞寺——一個有許多圓柱子的安靜地方——還有一些次要的清眞寺，實際上比較像一些虔誠屋主搭蓋的私人禮拜堂，低矮而被人遺忘，旁邊有露天水井。這種水井都位在這些小城中的擁擠區域，污水從這裡下去，井水也從這裡打上來，兩者混雜在一起。

我們來到市場，我在約耳高原時已經從貝都因人口中聽說了這個市場的種種盛況：它只是一條狹窄巷弄，攤販便坐在高高的門階上，大腿上擺著籃子，背後的黑暗房間襯托出他們的身影。他們用漆成紅黃兩色的秤子來秤肉的斤兩。這時正是生意繁忙的時候，小孩子把我團團包圍；但是所有的人都很友善。他們問著問題，站著要照相。隊伍越拉越長，就這樣我們一路來到高聳的宮殿，其雕花殿門和灰泥城垛就矗立在斷壁的壁面下。

就在這裡發生了可悲的錯誤。那名陌生人走到門前呈上我的信；等了好長一段時間後，我們得到沒有人在家的回應。我感到懷疑，而其他每個人都知道這不是眞的。事實上，薩伊德本人出門了；如果他在家的話，是不會允許這場災難發生的。但是他的妻兒都在家，眾所周知他們不喜歡基督徒，後來有人告訴我說，他們也不願意和基督徒碰面。然而在哈達拉毛，在此之前與在此之後，這樣不留情面地拒人於千里之外絕無僅有，而這種吃了閉門羹的影響可是極具破壞力。滿腔熱情接待我的陌生人走回來，一語不發，深深覺得受到羞辱，而且心事重重。群眾中有些人散開了，有些人默不作聲，有些人交頭接耳。陌生人迅速帶領我走下坡來，因爲我們必須從城東到城西穿過一整座小城。

他不願開口講話，並且避走開闊地。他匆匆忙忙沿著小路走下坡，路面如此狹窄，使得我得選用房舍之間的小道：我們這趟下坡路走得好像在逃難。到了接近城市地勢低窪的一邊，我們不得不走到開闊地。一到開闊地，人群又出現了，而看到我們倆逃難似行色匆匆，群眾開始看起來來意不善，因爲最能引發人類狩獵動物本能的莫過於看到有人在逃亡了。他們閃躲過建築物以便追上我們。我做出結論，這位帶路的陌生人喪失了理智，他很快會引發一場大災難。我不願意再匆忙趕路，於是停下來和聚攏過來的居民拍照。

這暫時控制住場面：離我遠的人繼續往前推擠，但離我近的人卻遲疑不決。我走上前和最前面的人談話，並以要將他們分組拍照爲藉口開始問他們是否見過法朗磯人〔即歐洲人〕❹。沒有人回答，但是後頭的人想知道我在說些什麼，他們興致盎然，因爲他們看到我在微笑。我轉身面向我的嚮導，他因陷入不耐煩的煎熬而咬著指頭。我們繼續更加緩慢地走下坡，群眾在行進被打斷而靜默了一、兩分鐘後，現在又漸漸騷動起來。不過，我們就快走到小城的盡頭了。突然間，一個老頭子從他的房子裡冒出來，我在總督的會客室裡見過他一面，他是個笑口常開的白鬍公。他走上前來笑容可掬地向我打躬做揖，但一聽說發生了什麼事，就立刻設法閃人；他沒有邀請我到他家裡坐坐，反而忙不迭地催促我繼續向前走。我開始討厭起胡賴拜了。當我們來到城裡最後幾間房子的時候，總算發生令人高興的事。我的三名貝都因跟班薩伊德、沙林姆和小穆罕默德從他們不旅行時暫居的土厝裡衝了出來，迫不及待地和我微笑握手。群眾在一旁圍觀，心有戚戚焉，也變得比較友善了。我的保護人樂得甩開我，立刻消失得無影無蹤。我拍了張臨別照片，爲了強調胡賴拜這座城市和我就算不是友誼深厚也算好聚好散。接著我逕自離開，繼續前進，後頭跟著我的士兵護衛和板著一張臭臉的貝都因隨從。

薩伊德・巴爾家族這回粗魯無禮地拒絕招待外地來的異鄉人，令人難過得談都不想談論這件事。我必須重複一次，這次的不愉快是我在這個地區絕無僅有的一次：這件事也顯示出，一般而言，出門在外的旅人遊子是如何得仰賴這些封建主子的鼻息，看他們的臉色，因爲他的性命的確操之封建主子的手中，而他們對他的態度不但會被所有小老百姓爭相效法，還會被變本加厲地誇大。過了將近二十分鐘，我們帶著被撕裂的感情來到羅巴特城，這城市夾在兩道峽谷之間，在像監牢牆壁的斷壁突出處一層高似一層搭蓋起來。

這裡的棕櫚樹比較稀少，而這地區的荒涼高地到了這城市後便陡然下降。薩伊德・穆罕默德的兒子在外面街道等候我們的到來，薩伊德則親自在門前台階歡迎我們。他們熱切歡迎，洋溢一片友善之情。在一間低矮有圓柱、房門雕花的房間裡，我們在地毯的一端坐下，士兵和他的槍則廁身於地毯另一端的家僕中；胡賴拜的不愉快已經被拋諸九霄雲外了。

在場有另一名客人，是個笑口常開的老頭子，曾爲英國政府做過事，也曾因爲治理雅法伊族人有功而被任命爲巴哈杜爾汗（Khan Bahadurh）。直到有一天，不幸的，這些族人想辦法從他那裡偷去政府的來福槍；這事件發生後，他告老還鄉，目前深居寡出。他告訴我他的部分故事，並心情愉快地談論著世界大事，以及蕩漾到這裡的餘波回響。令人驚訝的是，在這些偏遠荒僻的阿拉伯小村裡，人們對於世界政壇風雲居然幾近瞭若指掌。這個時候，在南阿拉伯，人們討厭正準備侵略阿比西尼亞的義大利人。

「當我們走在馬薩瓦❺的街道上時，」這位老巴哈杜爾汗說：「我們不得不向每個碰上的法朗機佬行禮致意，並把人行道讓出來給他走；和妳這個英吉利人，至少我們可以平起平坐。而當義大利國王駕臨時，」他繼續說：「一道命令頒布，說他所到之處，所有人都要俯伏跪拜。而你知道的，我們只會向上帝屈膝跪拜，所以當天我們都足不出戶，只有奴隸和最下等的人才出去謁見國王。」

「而且，」房間另一頭的奴隸加入這個討論說，「他們還把國旗掛在清眞寺頂，彷彿這是他們自己的房子而不是上帝的家。讚美頌揚上帝。」

我們撇開這個敏感的話題，轉而談論棉花的悲劇。棉花的價格從四十英鎊慘跌到十先令，毀了許多人的生計，也毀了薩伊德．穆哈馬德的事業。接著我們談到乾谷裡的情勢、此地的貧窮和百業凋敝，以及巴．蘇拉政府的卓越——他在困難重重中依然能維持和平，而且幾乎不受馬卡拉的管轄。他們統治的實力，來自於他們具有掌握東貝都因人部族的力量，後來我得到結論，這個力量是這個地區唯一眞實的實力基礎。以目前的情勢看來，多安的安定只是波濤洶湧汪洋中的一座孤島。乾谷以西的部族是透過囚禁在馬卡拉的三十幾名人質來掌握。在埃薩爾乾谷谷口附近戰火方熾，只有巴．蘇拉統治下的村莊還能平靜無事。北部在哈賈拉因與希巴姆之間的一條狹長三不管地帶，目前暫時達成停火協議。當地的貝都因人認爲接受金錢來一筆勾銷血債是件可恥的事，這使得維持和平的努力難上加難，也使得他們冤冤相報、無止無休。

即使是馬卡拉提供的協助也是利弊參半，因爲將近兩百五十名在多安乾谷落腳的雅法伊族外籍傭兵，在這個時候便惹事生非。他們在百姓的屯田上放牧山羊而招惹民怨，被申斥後便擁兵自重，準備開火射擊谷地裡的一間碉堡。這事態的結局如何，我無從得知，但是無疑的巴．蘇拉有辦法擺平。當天我回家時碰上了雅法伊族傭兵團的團長，我拿他底下士兵的行徑稍稍挖苦了他。

「他們從來就不調動移防，」他告訴我說：「這就是一切是是非非的緣由。他們在這裡一待就是二十年，他們以為自己能為所欲為。」

團長本身是個雅法伊人，頭上裹著巨大頭巾，踽踽獨行；他有一張清瘦長臉，神色嚴峻卻顯得老態。就像他部族的族人，他會突然變得和藹可親、妙趣橫生。他自己也已經在多安待了三十年，當初來此地時還是個紅顏少年，選擇這地方是「因為他最好的朋友在這裡」。

午餐後，薩伊德．穆哈馬德帶我去看他養在一方小陽台上的蜜蜂。牠們住在一個像排水管的泥製水管裡，水管上覆蓋著一條毛毯以保持溫暖。水管的一端密封，上面挖了些小洞讓蜜蜂得以爬進爬出；另一端則連接到溫暖的屋內，並且用一圈像竹籃的塞子將洞口塞住，每年把塞子拔出一、兩次，用煙燻出蜜蜂後採收蜂蜜。哈達拉毛的蜂蜜名聞遐邇，普林尼也曾帶到一筆。蜂蜜裝在圓形錫罐中外銷，有一股濃郁的重口味，無疑是有刺酸棗樹的關係，因為它的花朵正是蜜蜂的主食。

看了這些蜜蜂後，我上樓到內室，和十到十二位女眷一起坐了一會兒，談論女士們最鍾愛的話題——衣服。談話中如果少了衣服當做對話基礎的話，恐怕就是身處伊甸園都會覺得遺憾。無法想像在東方國度的女眷內室中，如果撇開衣服不談還能做些什麼。我是第一位拜訪這些女眷的歐洲女性，因為殷格蘭太太沒有爬上這些階梯來看她們，而她們成群結隊等候著看我，即使我躺下來入睡時也一樣。我現在因為出現某種疾病初期徵候而全身打哆嗦，一心渴望休息。她們帶來草蓆與被毯為我蓋上；一名阿比西尼亞女奴把我的光腳放在她大腿上，正用雙手擠壓按摩，以便紓解兩腳的疲勞。這比我以前所做過的任何一次按摩都更爲舒爽。這時來了位美少女，她是阿塔斯的薩伊德家族中的成員，是哈達拉毛當地的貴冑，也是先知穆罕默德的後裔。她纖細修長像條獵犬，馬黛茶❻膚色的臉上有雙大眼睛，脂粉未施，笑起來羞澀而燦爛。在我離開前，因爲我說我訂做了一件多安的禮服要帶回去，薩伊德的太太便爲我帶來貼著亮片的刺繡，好裝飾在黑色禮服的腰臀處。她還送了我一些銀珠子，就是那種所有女性都喜愛戴在頸項的珠子。

我帶著這些代表善意的禮物，向這些可愛的人們道別。薩伊德的兒子帶我走一小段路，身後跟著羅巴特所有的小朋友。這些小孩本身並不討人厭，但是他們的小腳揚起了滾滾塵埃，他們還以一個接一個的短跑向前衝刺，希望盡可能看清楚我整張臉。他們一路跟著我走到胡賴拜的郊外，在這裡一群可怕得多的生力軍沿著小山丘如洪水般蜂擁而至。他們是我今天早上的敵人，他們的加入讓送行行列膨脹起來，而當我的士兵侍衛笨拙地想以槍枝痛毆他們時，他們就怪吼怪叫地唱歌來報復。他們的騷擾讓我很高興看到邁斯納阿友善的稜堡矗立在頭頂上的天空，也慶幸終於能在自己的客房中靜下來養病。晚上吃飯時，我和巴．蘇拉家族提及胡賴拜的小孩。他們深表關切。

「我會把幾個小孩抓去監牢關起來的，」穆罕默德說；「好教訓教訓他們。」

我希望他說到做到。

【注釋】

❶尤里西斯（Ulysses）：古希臘史詩《奧德賽》（*Odysseus*）中的英雄奧德賽的拉丁文名。

❷指希臘神話中的賈森（Jason），他率領「阿耳戈號」（Argo）赴海外覓取金羊毛，歷經艱險，後在美狄亞（Medea）的幫助下獲得成功。

❸本特（Theodore Bent）：一八五二～一八九七，英國探險家與考古學家。

❹法朗磯（Ferangi）：衣索比亞文，原是指葡萄牙人，因他們是最早出海從事海上殖民的人，後來通稱歐洲人。

❺馬薩瓦（Massawa）：衣索比亞北部港市。

❻馬黛（mate）茶：一種巴拉圭茶樹葉片加工成的飲料。

第十三章　臥病於邁斯納阿堡壘內

「她臥病好一陣子之久，她罹患了痲疹，而沒有水蛭的話，她是無藥可救了。」

——《亞瑟之死》❶，第十七章

在我抵達多安的第一天，努兒的母親和我一起坐著喝咖啡時就告訴我說，在她大腿上號啕大哭的小不點兒罹患了痲疹。她把他掛著許多護身符的綠色緞料衣服來個倒栽蔥，好讓我看見他身上的疹子。那時我就知道，從來沒出過痲疹的我未來會有什麼樣的遭遇了。他們告訴我說，每三或四年，這些傳染病就會橫掃這個地區，而我正巧不幸碰上其中的一次。幾乎每個走上前來、因信任你而要投懷送抱的小孩，當我仔細一瞧，都有一張花臉。人們告訴我說，他們不是彼此互相傳染，而是從像肥皂這種添加香料的東西上感染的。塔維尼爾❷在他的遊記中提及「阿比西尼亞人與示巴王國」不用香皂，而也許這就是原因。即使是我送給那些罹患風濕病而發牢騷的人的藥膏，他們通常也因爲它的香味而敬謝不敏。東西方的醫學理論是如此南轅北轍，我也就無能爲力避開臨頭厄運：我所碰過的每樣東西，在我之前都被患有痲疹的人碰過。當我覺得病體支離時，我量了量體溫，發現是一百零三度〔約攝氏三十九度四〕，這事實幾乎讓我如釋重負，我當下決定不需再採取任何進一步防範措施。我度過了一個神智不清的禮拜。有三個晚上簡直是意識錯亂、胡言亂語。在我破碎而痛苦的夢境當中，我追逐著某個模糊不清的東西，它隨波載浮載沉且活生生的，有人把它送給我，我卻失去了它，而只有失而復得我才快樂得起來。我想，這個東西就是快樂的秘密吧，我們可以料想得到，它雖簡單卻難以捉摸；我只希望我能記得它究竟是什麼，因爲我通常是在破曉時分燒退睡安穩後才夢見它。我一直作夢，直到努兒手裡端著我的早餐，穿得一身黑金兩色，手鐲撞擊得叮鈴噹啷響，迷人的眼睛妝點著亮麗眼圈粉，頭頂著光滑油亮的三角髻，出現在我夢醒的視線中，彷彿是我前一夜夢境奇怪的延續。

「『古迷』（Qumī），」她會說：「起床了。」完全無視於我的病情。當我告訴她我發燒時，她會心情愉快地回答「我們都在燒」，並讓我摸她的脈搏，而她的脈搏的確跳得很快。她就像絕大多數人那樣在咳嗽。我很快便將父權體制下小城生活的健康視爲一種迷思，因爲我從沒見過這麼多人同時生病。但是除非眞的病到無法下床，沒有人會臥病在床。一干女眷們魚貫走了進來，很驚訝得發現我坐在地板上吃完早餐後又爬回了床上。

「馬使嚇兒」（Ma shī　sharr），她們會這麼說；換句話就是，萬事如意，一切都好。然而，事不關己、袖手旁觀的風涼話最是令人火冒三丈，而我最後被逼得以牙還牙說，所有的病都是阿拉的旨意，而他們祈求的治癒根本就是不可能的。不過，我是自取其辱，因爲她們所有人都會以謙和溫順、逆來順受的態度回答說：「讚美上帝。」即使在告訴我自己的小孩一命歸西時，她們還是重複這句老話，對於人力所無法控制的天命，她們相當聽天由命。「這裡的人們把數量多到可怕的事情交託給上帝去做。」我在日記中寫下這句話。

她們告訴我說，疾病是海上吹來的熱風所帶來的。它把窗板吹得前前後後晃動，並且灌進谷地裡的管風琴風管裡。我望出去，聽到呼嘯的風聲，眼前卻只是文風不動的斷崖。它們簡單而尖銳的輪廓線，以及崖面上隨著太陽腳步起起落落的雲影，就像井裡的一只水桶，一桶復一桶斗量完日復一日的光陰。夾在這些垂直峭壁間，一種禁錮幽閉的感覺壓上我心頭；它們就像夜裡錯亂的夢境，無從脫逃。

然而，在白天有許多事可以占據我的心思。

其中一件就是食物的問題。正如在我之前的本特夫婦所發現的，牛奶、蔬菜與水果幾乎都無法取得。每個人都迫不及待地想把我所想要的一切給我，他們會抓來所有的山羊，從牠們乾癟的乳房中擠出滿滿一小杯平底陶杯的羊奶，我則卻之不恭地收下當早餐。他們有時會生吃紅蘿蔔，而努兒會幫我加工料理一番；他們也會帶肉來，但我病得咬不動。任憑我怎麼說他們都不相信，我的喉嚨痛得厲害，吃的飯最好不要加辣椒與油脂。我病得太厲害甚至碰都不想去碰在蜂蜜裡浸泡過的油煎麵餅。我只吃雞蛋和喝湯，以及我帶在身邊的好力克牛奶。有一天，我吃到了西瓜與蘋果這兩種奢侈品，這是沿岸一帶孝敬給總督的禮物，大家便見者有份、有福同享。可是女眷們一口都不肯吃，而由於我在場，他們便爲坐在我旁邊的小孩弄來一片果肉肥美的紅西瓜。他的小臉龐箍在一圈橙色緞布帽兜裡，帽兜因爲油漬與綴縫上的亮片而變得僵硬。

嬰孩是女眷們的玩物，我想他們大概飽受神經緊張之苦，因爲當女眷們喝咖啡時，他們便從這位女士易手到另一位女士，經常要忍受被摟摟抱抱好幾番的苦刑。大一點的小孩跑進跑出，將最新消息挨家挨戶傳開。他們自由自在地跑進我的房間，而其他任何人也是如此——奴隸與小姐、比城裡女人健康的圓臉貝都因女孩，以及需要吃藥的老先生或老太婆。對於每位訪客，我一視同仁地友善接待：最骯髒的可以坐在地毯上，把地毯當手帕用，或三不五時掀起地毯一角，把痰小心地吐在底下的地板上。這是中世紀古堡生活鉅細靡遺的重現。這樣的生活一切公共、公開，以致隱私與乾淨幾乎是求之不得的奢侈品。而在另一方面，聖潔不但是可能的，經常還是必要的。

當我躺在床上時，所有的事情都會發生。年老的「達拉勒」（dallal，小販）會來兜售手鐲，他們的商品綁在一條手巾裡，裡頭滿是珊瑚、琥珀、銀製腰帶與刺繡。他們會在谷裡一座城市沿著一座城市叫賣，也爲我們帶來流言八卦。

從底下的村子來了一位美女阿緹雅（'Atiya），她新婚不久的夫婿剛離開她去索馬利蘭。她身上痛得厲害，幾乎站立不住，想來取藥。但當時我在睡覺，門房馬哈穆德把她帶到樓上房間，在那裡用燒紅的鐵烙炙她的腳後跟。等我醒來，她下樓來找我，神情愉快，很顯然已經完全康復。她羞赧地唱著「卡西達」，祝他先生早日安然無恙歸來。歌詞是她先生的姑媽撰寫的，這位新嫁娘以輕快甜美的聲音唱出，既天眞無邪又感人肺腑——五個短音，一個長音，一個短音——這樣連唱三遍，接下來是五個短音以及一個長音來收尾，尾音下沉，音高降爲牽腸掛肚的低吟。

「歸來吧。你表妹夜幕低垂時獨守空閨。」

小女生們坐成一圈笑開來。阿緹雅伸出她髒兮兮的小手，羞紅了帶著柔和眼神的一張臉。

「這有什麼不對嗎？」她說：「難道他不是我夫婿嗎？我不應該希望他早日歸來嗎？」

「他這一去要待多久呢？」

「啊，誰知道呢？也許十年吧。這全看上帝的旨意了。」

他們都嘆了口氣，因爲這就是這些谷地怨婦的悲哀。而無疑的，所有怨婦都想著她們的夫君在遙遠天邊另結新歡了。「女人在這個世界的生活可不好過。」努兒說。

她們迫不及待地要在我的頸背試試燒紅的烙鐵，她們說這是治療痲疹的良方。我躲掉了，但當我碰上像個女巫的老太婆時，可就沒有這麼幸運了。有一天，從哈賈拉因來了個老太婆，身上穿著那個北方地區常見的黑色長袍，全身上下裝飾著五顏六色的小方塊，老邁的馬臉依然染成黃色。她擺出一副聖潔的模樣。她的先生休掉了她（這是非常明智之舉），她現在年華已逝、容貌不再，人們也不再善待她，她只能一心歸向上帝。當她看到我無助地躺著時，猛然衝過來，口中唸著咒語，並把靛青色手指和細瘦手臂像風車般在我頭部四周打轉。每唸一句咒語，她就綁起又解開披肩上的一個結（這種巫術是可蘭經上斥責的），接著突然間彎下腰來在我面前吐口水。這麼做是一番好意。

我們在城堡內也是禍起蕭牆。甘妮雅的兒子拿細兒有一天哭哭啼啼地走進來，哽咽地告訴我說，他站在巷子時一段木頭掉下來並砸到他的手臂。這條窄巷上方住了一戶人家，他們跟這戶人家因爲一場離婚事件而結下樑子。足足一天時間，每個人甚至連老祖母也不例外，都靠在我房間各個不同窗口哭泣；然而，女眷們還是像往常那樣繼續禮貌性拜訪，肇事的木頭則被解釋爲意外掉落（也許眞是場意外）。不過，這個小男生孤坐了數小時之久，幽幽啜泣，心中忿忿不平。這樣的積怨宿怨在東方家庭中是永誌不忘的：他們足不出戶，幽居在重重圍牆間，日後的印象沒有一件能抹煞掉兒時記憶。即使是在這裡，我們也可以很清楚看到，這些在大媽二媽三媽等多位母親手中成長的小孩，長大後一旦取得權勢和良機，當年後宮間的爭端嫌隙也許就會惡化成流血衝突。

這種陰影便不時在每天的說長道短中明滅閃爍。有一天，我們聽說他們有個親戚在阿比西尼亞過世了，他是隔壁村的一位年輕商人，也是當地的一位地方領袖。甘妮雅告訴我這個消息時，正一步步努力培養哀傷情緒，好讓哀慟達到適合去致哀弔唁的強度。弔唁的意思是在舉哀服喪之家公開痛哭流涕長達四十八小時。她打起精神從我房間的衣櫃裡取出一件緞布套裝。在悲泣的空檔，她還不忘深深嘆息。不過，沒多久她就忘了要哀戚流淚，因爲她很喜歡那件上好禮服，很高興能穿出來讓大家欣賞。她把胸前的銀藍色布塊撕掉，轉而縫上紫金色布，她解釋道這樣更適合在哀家穿著。努兒和我看著她蓋上黑色蒙面巾，只在細縫中露出一雙眼睛，接著走下城堡的台階。城堡俯視著底下村莊的平坦屋頂；村裡有位老邁的吟遊詩人，正一邊敲打著像手鼓的樂器，一邊在村民的門檻上唱著幽長的「卡西達」。努兒告訴我說，他來自葉門，而他們叫他做阿布·阿旺（Abu Alwān），意思是曲調之父。谷地以及谷底的棕櫚樹平靜地躺臥在壁立的懸崖峭壁間。

「你們有人曾爬上這些峭壁，居高臨下俯視約耳高原嗎？」我問努兒。

「從來沒有。」她說。

對多安的女眷而言，這些堡壘以外的世界一模一樣、模糊不清、廣大無際，也不可知；她們的夫婿消失在這個世界的深處，而從這個世界不時闖入一些印度小販，帶來機器製造的絲綢與天鵝絨，這些女眷們便以當地古老的方式將這些外來布料縫製成衣服。

當甘妮雅回來時，一樁大麻煩等著她。她的黑女奴罷工。這黑奴是「在家裡孩子還小時」以八百塔勒（六十英鎊）的代價買回來的，而現在沒人知道什麼事讓她老大不高興。她既不聽話也不回話：但她捎了個口信說她希望到樓上和她的女主人說話，所以每個人便客客氣氣地去聽她說話。

甘妮雅下樓來時滿心不悅並宣告勸說失敗，她告訴我說，穆罕默德做爲一家之主必須去和女奴說清楚，並且問她是否想被賣掉。假如真是如此，甘妮雅說，一名哈達拉毛來的「達拉勒」能辦妥這件事。不過她認為事情還不至於演變到那個地步。問題是這個可憐女人有個小女兒，這女孩五歲大時被以三百塔勒（二十二英鎊）的代價賣給了蓋頓（距離這裡一天路程）的一戶人家，而母親渴望再次看看她的女兒。

第二天早上穆罕默德和她談話，並且承諾很快就派人接她女兒過來住幾天。這位女奴再次出現在我們家庭圈裡，骨瘦臉頰上的小眼睛像過去一樣笑咪咪的。

「母女被拆散真是苦了做娘的。」兩兄弟走上來時，我跟他們說。

「的確是，」他們說：「苦了做娘的。這是阿拉的安排。」

在西方，我們以搖擺不定又顫抖不停的手，嘗試去除造成苦難的原因：但是這也不過是晚近的事，而且從形式宗教式微後才開始。東方依然保存著牢不可破的形式宗教，並且鼓勵泛愛眾而親仁，而這方式處理的是果不是因。因為一旦你深入細究並企圖改變事情根源時，你就不再是一位慈善家，而是一位革命家了。而你公正無私的行動有可能會讓整棟大樓塌陷下來，因此，自古以來人類的導師便要求維持原狀，不去改變最基本的東西。所以東方人接受奴隸制度，以善良減輕它造成的痛苦，他們認為這種身體上的奴役其實沒什麼，正如我們看待心靈的奴役一樣，即使心靈被更加喜怒無常的主子每天寫下的話任意擺弄。

我人現在比較舒服，燒也開始退去。我能在房間裡四處走動，並且成功地堅持要人拿熱水進來讓我洗澡。我的主人基於好意有一個禮拜時間拒絕送熱水過來。四十天不洗澡被視做對痲疹患者的必要要求，而我後來舊疾復發則被認爲是太早使用肥皂和水的緣故。在此期間，我覺得自己的力氣漸漸恢復了。我之所以知道自己正在康復中，是因爲發現我對食物重新又有了來者不拒的胃口。我現在能以生病時不可能有的內心平靜，看著馬哈穆德用破破爛爛的瓜皮帽爲我們帶來當天份的糖，或是女奴拿起她從別人腰帶抽出的短刀，擦拭掉刀上的油膩後拿來切割我們的午餐。人們告訴我說，在特里姆有一位醫生，而且那地方歐洲生活的舒適設備一應俱全。在此同時我咳嗽得讓我身心俱疲，我擔心這也許會轉變成肺炎；從我隨身攜帶的一本小書中，我知道肺炎經常是痲疹的最後結局。我心裡一沉，萬一我人在多安時演變成肺炎的話，我小命休矣。在特里姆和哈達拉毛乾谷有車可以叫，而救兵會盡可能大老遠趕來跟我在哈賈拉因碰頭：從這裡到哈賈拉因只有兩天的路程。我們寫信去求救，過了幾天，我們聽說好客的卡夫·薩伊德家族派了一部車過來。帶著一車的禮物和大家的善意，我揮別了多安的朋友們。

他們告訴我說從邁斯納阿往上走半個小時，在峭壁的一道裂口中有許多古代遺留下來的水槽。我透過我的雙筒望遠鏡看到一個小房間，以及一扇往外開敞的低矮長方形窗戶，就位在壁面正中間、我住所以北的地方，那地方現在用一般方法到不了，肯定未來也會一直保持可望不可即的狀態。在葉門，懸崖上墓穴也是處在類似地理環境中。通往墓穴的門已經被拉特詹斯（Carl Rathjens）和馮・維斯曼（H. Von Wissmann）發現了，但這山寨看起來像燕巢般築在崖壁外頭。據我所知，來到多安的遊客沒有人注意到這座小小山寨，或造訪過蓄水槽。我人太虛弱無法一探究竟，於是把這古蹟推薦給皇家空軍，請他們下一次飛行時注意。

巴・蘇拉也向我提及庫勒（Khulle）乾谷胡賴拜村外有個以鐵門深鎖的房間，同樣因爲無路可通而無人造訪。匯流到埃薩爾的阿可蘭（Aqrun）乾谷——它的谷口我在約耳高原時一定曾路過——裡有個洞穴，有人在洞裡發現一口箱子，裡頭滿是被大火燒過像臘般一團漆黑的東西，旁邊的牆上有一隻枯手和一些用紅字寫成的文件。范・登・穆稜與馮・維斯曼在蒂喀（Thique）乾谷與曼威乾谷交叉口的地方，發現了古蹟遺址與示巴手稿，就在通往馬卡拉的路旁不遠處。而這就是到目前爲止，在多安附近一帶被人發現的全部古蹟。正如其他證據引導我們相信的，這個遺址在示巴時代也許位在通衢大道旁，而隨著馬卡拉的成長，以及由迦拿路經阿姆德乾谷的古路的沒落，其重要性與日俱減，而這也解釋了何以截至目前爲止發現的遺跡寥寥無幾。

我因爲無法前去一探古蹟的究竟而感到十分遺憾，但我身上的力氣已經所剩無幾。他們給了我幾頭新驢子和貝都因僕人。我生病期間每天都來看我的士兵，現在以全副武裝再度出現，不過頭上多了頂白色羊毛滑雪帽，這在熱帶的乾谷顯得格格不入。我們在下午時分緩緩出發上路。

很快的，乾谷轉向西北方，而且寬度變寬了些。谷地裡綿延的棕櫚樹之河到這裡已經枯竭，取而代之的是有刺酸棗樹，它們樹枝向外開展，樹上結滿漿果。谷地兩邊的小鎮越來越少，有時只看到一座有許多小窗戶的金字塔狀塔樓。綿延不絕的懸崖峭壁聳立在我們左右。

我們的旅程很短；走了一個半到兩個小時就到了馬土魯（Matruh）。在這裡一位熱情好客的商人邀請我到他家過夜，他的新家坐落在村莊與峭壁之間，白牆上有一層層灰泥刷成的網狀圖案。這是棟漂亮的房子，房間仿他故鄉爪哇當地風格漆上炫麗耀眼的色彩，讓人覺得彷彿置身糖果盒中。前門上精雕細琢的雕飾，花了他五十英鎊。家裡上上下下都很乾淨，他自己和他兒子在整理家務。他們在紅色天鵝絨床墊上爲我鋪上緞布棉被，然後，他們爲桌子鋪上白色桌布並擺上裝牛奶的錫杯準備喝茶。他是個有錢人，然而他告訴我說，他寧可住在這寸草不生的乾谷也不願意留在爪哇五光十色的城市中。不過，他在爪哇出生的兒子看法與他不同，我發現從國外來的年輕一代與老一輩之間通常存在這樣的代溝。

第二天早上我帶著些許不安的心（因爲我咳嗽得幾乎說不出話來）在六點五十分時離開，踏上前往錫夫與哈賈拉因的漫漫長路。

【注釋】

❶《亞瑟之死》（*Morte d'Arthur*）：英國作家馬洛禮（*Sir Thomas Malory, -1470*）所著的亞瑟王傳奇，一四八五年出版，共分二十一冊。

❷塔維尼爾：指Jean Baptiste Tavernier，一六〇五～一六八九，法國旅行家，也是和印度展開貿易的先驅。

第十四章　騎驢入哈賈拉因

「此地堡壘圍有城牆，因細故動輒刀光血影，
此地部落必須擁地自重，人人必須頭腦清楚，
披星戴月的旅人靠近村落時天色已晚，
只見村門守衛火柴點點猩紅火光。」

——阿弗瑞德．萊亞爾爵士❶

我們已經把多安最窄的部分拋到身後，而它的棕櫚樹在公園似林中空地上已經不見蹤影了。山坡在陽光中閃閃發光，它們的輪廓線在早晨天空的蒼白中顯得模糊不清。雖然山壁現在比較寬，但感覺起來就像牢籠的牆壁。坡頂被剷平的山坡，猶如一根根支撐山壁的巨大石柱，靠在山谷被風吹得光滑的陡峭谷壁上。谷壁上刻著一道道水平溝痕，峭壁頂一樣呈台地狀。

伊本．穆賈威爾的書上說，在先知胡德（Hud）毀了這一切之前，貝尼阿德（Beni 'Ad）人就住在這片土地上。他們爲自已築了這些高台來抵禦螞蟻雄兵，又在四處建造壁爐，以防止螞蟻雄兵攻頂進犯。何以這傳說要將微不足道的小昆蟲，誇張到力足以攻擊伊斯蘭帝國的先祖，我無法想像。（根據雅古特的說法，此地的螞蟻力大到足以把騎士拉下馬來。）至於這些高台，我覺得早期的地理學家就跟我一樣，對於這些乾谷的特異建築感到印象深刻，而

把它們歸因於人類愚公移山、持之以恆的努力，而非造化的渾然天成。特別是我有幾回碰上這裡的人，他們從未讀過伊本・穆賈威爾的書，卻還是指著這些線條勻稱山壁上的某些特殊景觀，說肯定只有貝尼阿德人才能創造出這樣碩大無朋的建築。至於我，在如此嚴酷的地理環境中抱病騎驢趕路，我想像這恰如地表一道裂縫的乾谷彷彿但丁神曲中煉獄裡的一環，又幻想漆成藍色的貝都因人，長髮隨風飄蕩，身披披肩，手持鐵叉，在頭頂上約耳高原的邊緣手舞足蹈。

乾谷越來越寬，谷底淺層的土地被開墾成梯田，以防止洪水來襲。有刺酸棗樹隨處可見，像孵蛋的母雞般低頭望著自己的樹影。下陷的小路在夏天時想必是一條條滾滾溪流。我們騎驢走在乾燥土堤上。如果迎面碰上對面走來的人，其中有一方就得沿著堤岸爬下土堤讓路。我們有一回和一名趕驢的人爲了誰該讓路而爭吵起來。他的驢子在一口大銅鍋覆蓋下幾乎不見身影，要趕牠走下土堤實非易事。我大可讓路了事，但我的黑奴不允許我這麼做，政府的尊嚴也不允許我這麼做。

小城就在谷壁兩邊遙遙相望，藏身在累累岩石中間。它們倒過來狀似蕾絲花邊的城垛，以及小而斑駁的窗戶，只是讓它們在周遭自然環境中顯得更加頹圮荒涼。在這片地理景觀中隨處可見身材苗條的牧羊女，她們身上纏裹的布塊隨風飄逸，身旁擺著盛放酸棗樹漿果的小圓籃子，每個人手裡還拿著一把斧頭或一根長竹竿，藉此將飼料從樹上敲打下來。

「在高聳的懸崖峭壁下，
修剪樹的人迎著徐徐微風呈現出白茫茫一片。」

看到她們纏裹著布條、臉龐遮蓋在黑色面紗下，卻依然如此活躍，不禁讓人莞爾一笑。有時候山羊喜歡自己覓食而自行爬上樹。牠們色澤光滑，黑白相間，短毛，腳踝秀麗一如法國婦人的腳踝。牠們會靈巧熟練地將短鼻向前推進，以擷取橢圓形小葉；這種葉子藏身在有刺酸棗樹的刺中，正面有三條縱貫白線。

平原仍然光禿禿一片，等候取代雨水的「賽勒」（sail，洪水）的到來。地表覆蓋著一層堅硬土塊，所有顏色都被太陽曬成一片蒼白。灰撲撲的農夫以輕而尖銳的鋤頭，將土塊翻開來到將近兩呎的深度；等洪水淹來後，他們將播種小米。拜德哈（Beidha'）這座小鎮的規模和胡賴拜差不多大，土黃色金字塔狀房子一層高過一層地爬向西側谷壁。當我們來到拜德哈下頭時，突然發現自己又置身於棕櫚樹叢間了。這是新開墾的肥沃農地，上頭栽種了一叢又一叢小樹，底下是草地與樹蔭，一大早顯得十分清新可人。腳下是柔軟、靜謐、塵埃飛揚的小路。這裡有繁多的花卉——風輪菜、一簇簇黃色雛菊、白色三色堇、有蜂蜜香味的黃色洋槐花球——鳥兒唱著由六連音組成、圓滑如水的歌曲，一如溪水般沁人心脾。這裡挖了許多乾溝渠，以三到四道水閘連接到大路，以便洪水來時可以分洪，將洪水平均非配給每株棕櫚樹，因爲每株棕櫚樹的樹根都挖有一道溝渠以便灌溉。而當我們離開這些令人心曠神怡的墾地，又再度走到地勢空曠的乾谷時，我們看到了小麥田。大部分的小麥桿都長得乾癟細長，一副可憐兮兮的模樣，但是周遭不乏一塊塊綠油油麥田躲在有刺酸棗樹的樹蔭下。當我騎驢經過看到這幅田家景象時，不禁認爲這世間找不到比麥田上一塊柔軟綠蔭更怡人愜意、更能消除疲勞、更生意盎然的東西了，所謂「芳草之輕柔柔於睡眠」呀。

在我們騎驢經過的這道包夾在兩片峭壁間的地塹裡，唯一另一個令人感到清涼有勁的景象就是，不時有一群鴿子在天空盤旋後朝牠們築在岩壁上的鴿巢飛去。在牠們灰色翎羽的襯托下，周遭這一切顯得如此不毛、乾燥與赭紅。我們的士兵很高興終於能出發上路了。他把槍掛在肩上，扭著臀部，昂首闊步地走在我驢子的頭旁，身上藍紫兩色的遮羞布才剛洗過。他足尖踢起的灰塵，讓你想像不到一雙腳竟有這等本事揚起這麼大的灰塵，而我們只能全呑下肚，這更增加了這片自然景觀乾旱缺水的感覺。

今天我們整段旅程是要經過巴．蘇拉控制下的地區，而零星戰火在右手邊乾谷時起時滅。總督熱心地想盡其所能讓我舒服地旅行，於是抓住一位恰巧經過邁斯納阿的年輕薩伊德族人，叫他和我們結伴而行，以保一路安全。薩伊德族人全是第一支定居在哈達拉毛的伊斯蘭教傳教團的後裔。這部族的人在手無寸鐵下能毫不畏懼地四處旅行，雖然一種日益興盛的現代化及世俗化運動（主要從哈達拉毛人的海外殖民地傳回來）現在喧賓奪主地侵蝕了他們的影響力。不過，與我們結伴而行的人被視爲平安無事的保證。他年紀很輕，朝天鼻，頭上裹著藍色羊毛頭巾。他很沉默，直到我們一起用飯，並討論起各個「伊瑪目」❷的族譜時，他才變得平易近人，也才開始走在我身旁，不像之前和我們保持出淤泥而不染的距離似一個人走在前頭，身上長袍被風吹得撲撲響。

我們橫越谷地來到乾谷左側後，這道乾谷就在矗立岩塊上的蓋倫（Qarn）城牆下轉向東行。我們走過一段荒無人煙的路，來到與埃薩爾乾谷匯流處。這裡有一塊寬廣開闊的空地，想必是滾滾洪水奔流處，因爲這裡的地表都凝結成一條條裂痕與溝渠。右手邊的谷壁退後到遠方，留下一種自由自在、無拘無束的感覺。埃薩爾乾谷本是一個繁榮富庶的大乾谷，從馬卡拉到北約耳高原，有一半的水流經這裡排出，正如我們沿著它的源頭一路走來時所看到的。我們將它拋到身後，然後轉向北走，穿過現在已是可憐兮兮土堆的最後一座村莊，並橫越西邊洪水留下的乾河床。

我問在我身旁快步行進的貝都因人關於戰爭的事，以及敵人安營處。

「就在那裡。」他說，手指著一處叫做廓卡（Koka）的房屋群。我們距離居民有一段距離，但看得見他們在牆邊彎腰幹活。「那是他們的一座村子，不過我們不是在這裡打仗。我們在埃薩爾的丘陵打仗。」

我們繼續騎驢前進，乾谷顯得越來越空曠，日上三竿的酷熱烤炙著我們。在一個轉角處，我們遇上一棵花開得十分美麗的數，他們把這種樹叫做「阿德哈布」（'adhab），並以它的樹皮來煎煮藥茶。它的花是黃白兩色，形大而芬芳撲鼻，正如前面綠油油麥田一樣具異國風味又令人心曠神怡。我得到一個結論，這兩種東西可愛的秘密在於，在這片風沙滾滾的土地上，它們卻能不惹一點塵埃。

從馬土魯出發走上三小時又一刻鐘，我們看到錫夫隆起的房子，擠在西側山壁向內凹入的山凹，山壁上是一座泥土塔樓，雅法伊族便是在這裡守衛他們的城市。有一座白色拜月樓；一處飽受風吹日曬的岩砌圓形廣場，彷彿小城背後的峭壁擠滿了面目已模糊不清的巨大雕像。這是一個三窮四絕的地方，房子建得像碉堡。在城市的外緣，巴・蘇拉的代理人住在簡陋房舍裡，他友善又帶著幾分緊張地歡迎我們，這是因為他被這城的駐軍欺負，又被城裡的人懷疑是間諜。錫夫是一個古老又死抱著傳統不放的地方，與接待我們的主人和他妻子格格不入。他在吉達（Jidda）做汽車買賣，去過麥加與開羅。他們小小客廳的牆上掛著他們穿著法朗磯人服裝的照片，相片底下是一幅畫著汽輪的壁畫，筆法粗糙拙劣，但這種筆法卻在現代藝術家口中被冠上冠冕堂皇的名號。所有該畫的都畫到了，兩道漏斗形煙囪吐著白煙，船長靠在船舷上的臉蛋像一輪滿月，天空中還有飛機。

然而，這裡卻看不到富裕的景象，沒有邁斯納阿的雕梁畫棟以及貴族的氣派。代理人自己也沒有權力。他焦慮不安地不讓鄰居靠近，對於底下的騷動火冒三丈，並要求見我，談話中說及他們爲他造成的麻煩。雅法伊族的族長逕自走了進來，大呼小叫，一把搶走我適才送給主人治療眼疾的藥。這個人趕也趕不走，袒胸露背，頂會仗勢欺人，對待這矮小總督既是鄙夷又是狎玩，好比禁衛軍教頭在欺負懦弱無能的羅馬皇帝。接下來大費了一番周章尋覓新的驢子，因爲我的貝都因隨從已經走到了他們旅程的終點了。時間一小時一小時過去了，群眾大聲嚷嚷著，婦女偷偷溜進來看我，而我只渴望睡個覺和靜一靜。不過，到了兩點半，驢子備妥了。我下樓走入群眾，場面已經失控，屋裡鼓漲著興奮之情。一旦我眞的出現，他們卻又顯得友善。殷格蘭夫婦在錫夫駐足停留，打破了該地對外地人不友善的紀錄。因爲就在這裡馮·瑞德遭到洗劫，而本特夫婦幾乎被迫走回頭路，另外，四年前荷蘭特使在這裡度過了一個頗不愉快的晚上。然而，我和友善的瓦拉（w'Allah）卻在此出發上路。我騎的驢子身材如此瘦小，在鞍袋覆蓋下幾乎看不見身影。有三名雅法伊族人掙脫他們的同伴，前來充當護衛。我們向北走，走過在陽光中閃閃發亮的白色洪水河床。

從多安向北走，安全感會逐漸遞減。雖然政府威信行於此地，通訊線路保持暢通，但想在乾谷地勢低平又寂寥的地區通訊，可能得費一番工夫才成。錫夫和哈賈拉因之間的懇地寥寥無幾，而我心中永遠無法判斷，這些荒涼不毛的土地究竟是無政府狀態的成因還是後果。整體而言，我認爲先是經常性時局不穩毀了這裡的農作物，接著就任憑大自然蹂躪這裡的土地。在下午的陽光中，我們的確行經了荒蕪破敗之地。走過亂石累累的乾河床，蓋頓出現在西方數哩外的乾谷樹叢裡。蒂勒的曼薩伯的祖父阿哈馬德・伊本・以薩（Ahmad ibn 'isa）的祠堂就在這裡，我若不是身體覺得十分不適，肯定會停下腳步前去參訪。在乾谷逐漸開展的地理環境中，這祠堂看起來友善而開放。但是我們轉向東行，騎驢走在一處乾燥荒蕪的土地上，這是冷卻凝結後地球的一塊表皮，由石灰岩或砂岩構成。就在凝結的當刻，地殼塌陷成十呎深小峽谷，此處乃成了狙擊手絕佳的藏身處。有刺酸棗樹與洋槐樹十分少見。不見水的蹤影，每隔一段距離就會看到「西卡雅」（siqaya，飲水槽）的白色小圓頂，這是某位過世的旅人敬神愛人的作品。在這荒涼的洪水河床中央，橫亙著一條由白色巨石連綿而成的石河，紅色表層已經被洪水沖刷掉了。隨處可見蓋得四四方方的觀察哨所，一間土房上疊床架屋地疊著另一間土房，每面牆壁都有一個射擊孔。除了在谷壁向內凹進去的山凹兩邊有民家之外，看不到有房子。這些可憐兮兮的民家蝟聚在大自然龐大的峭壁下，幾乎隱身不見，一簇簇民宅彼此相距頗遠。除了一位裹著黑衣的婦女三步併兩步快步離去之外，我們看不到有人跡。

三名雅法伊族人心情快活地走在這片土地上，無憂無慮。他們是面貌英俊、沒心眼的男人，身材高挑苗條，走起路來大搖大擺：「依我們的看法，要在遊俠騎士與土匪強盜之間劃一條線區分彼此，可不是件容易的事。」他們把槍掛在肩膀上，搖晃著槍枝的同時，也露出後背與雙腿膚色暗沉的肌肉。其中有一位年輕小夥子，鷹鉤鼻，英俊瀟灑，另兩名則上了年紀。這兩人幾乎衣不蔽體，只在腰際圍了一條遮羞布和一條彈帶，讓人看了覺得不好意思。他們滿臉皺紋，一臉德高望重模樣，頭髮用絲帶紮起，小指戴了枚戒指，這會兒跟在我們落隊的驢子後頭，蹦蹦跳跳地在峽谷裡走著。他們告訴我說，每隔兩年他們就會回到位在亞丁東北丘陵地區山村的老家。

「你兩次回家間隔的時間難道不會太長嗎？」我問。

「是長啊。」老傭兵說。他走在我驢子的後頭，試著用槍戳刺驢子小而隱形的後半身，好讓牠走上正確的路。他神情憂傷地微笑。「所有的人，」他說：「都愛自己的家鄉。異地他鄉讓人心情沉重。」頃刻間，當日頭落到我們身後，他把披肩平鋪在白色石頭上，開始下午的祈禱，而他的同袍繼續和我們的士兵前進，他們因為有個眞正的官派士兵可以聊天而興奮得完全把我忘了。

我需要幫助，因為我的驢子是如此瘦小，以致不斷失足跌倒。有四次連人帶驢一起摔倒在地，但所幸牠身軀太小，在我們落地前，我一抬腳就跨過牠的耳朵站起來。雅法伊族人因為錫夫人提供這樣弱不禁風的動物而感到大為光火。很明顯，為了這件事大家鬧得很不愉快，還惹出了麻煩。有好長一段時間趕驢人都沒有出現，而我們大家都束手無策了；不過，薩伊德是個例外，他可以用驢子能明白的語言和驢子溝通，且技巧上得心應手地令人驚訝。最後，驢子的眞正主人終於追上我們了。他是個長相漂亮、一頭捲髮的年輕貝都因人，顯然因爲被總督臨時抓公差而一肚子怒火。我向他問候平安，他也不願意回答。他接過他的牲口來，口中發出一些幾經思慮卻無人能懂的聲音，把牠們從受喜歡爬高的本性驅使而爬上的山脊趕回正確路徑。趕驢人在生我們大家的悶氣：當我們路過一處西卡雅時，他走到我們前頭，把手伸進泥製格子欄杆裡，找著水瓢就喝將起來。若不是我央求他分我一瓢水喝，並且和他稱兄道弟的話，他大概會把水瓢放回去，完全沒有想到我們也要喝水。喝了水令人通體舒暢，當天剩餘的時光大家都相安無事。這樣倒好，因爲在長日將盡時，所有人都已累得人仰馬翻了。

我們走的乾谷向北行進，當日頭落在谷壁背後時，我們遠遠看到前頭出現哈賈拉因的岩塊。岩塊也是平頂的，但比一般峭壁高出一個台階，所以從每個方向看去都是當地醒目的地標。在這裡耕地又出現了，有一畦畦小麥和小米，以及一、兩座富庶繁榮的村落。在我們右邊有一條蜿蜒曲折的山路，我的士兵說，沿著山路爬上谷壁，從那裡人們可以在五天內走到馬卡拉。從馬卡拉經多安乾谷往上走到哈達拉毛的確是一條最長的路線，人們只有在安全考量下才會選擇這條路，而在地理上它沒有理由成爲通往內陸的要道。

現在夜色籠罩著我們。一輪非常皎潔明亮的月彎，沿著塵土飛揚、深若壕溝又彷彿沒有盡頭的路徑照亮著我們。我們兩邊包夾著土堤，也就是說，我們走在溝渠裡。我已經疲倦不堪，我的驢子還是每隔一陣子就把我摔在柔軟深厚的塵土裡。年輕的薩伊德在後頭踏著輕快步伐走著，還發出噪音驅策驢子向前趕路，又不時停下來在黑暗中從光腳丫裡拔出小刺。每株有刺酸棗樹下牧羊女折斷樹枝處都有許多刺。我漸漸因爲疲倦而痲木不仁，算算我們已經在路上走了七個小時，而我身體本來就十分虛弱。昏暗夜色中，四頭駱駝朝著我們走過來，背上馱著一袋袋蘆葦。我們必須爬到高岸的土堤上，上頭有另一條路。他們如同鬼魅般從底下的塵土中經過，一個呈坐姿的黑影在蘆葦包上晃呀晃呀。他們和我們打招呼，滿臉疑神疑鬼，想來是因爲我們帶著四把槍，襯上夜晚天際線的背景後，看起來一定是來者不善的模樣。

不過，現在我們終於能從高岸路徑開始往下看，眼前出現許多注滿月光的盆地，裡頭有昏暗樹葉窸窣作響的花園。一團漆黑的哈賈拉因在一座小丘上亮起一盞燈。我們在它城牆下經過，一群蜂窩狀屋頂圈著城裡的水井；四下都是籠罩在昏黃月色中的平地。城牆下有許多被磨得光溜平滑的鵝卵石路面往上蜿蜒爬行；許多老舊椽木從城牆上凸出來，沿著椽木流下污黑的涓滴細流。我們爬到岩頂來到一扇鑲嵌飾釘的大門，門檻很高，我們敲敲門，裡頭傳來一響高聲喊叫。他們一直在恭候我們大駕光臨，可是我們來遲了。他們開了門領我們到馬卡拉代表所在處；他是一名奴隸，站在清眞寺旁歡迎我們，黝黑臉龐隱藏在頭巾與夜色的黑影中。這間清眞寺也有一口蜂窩頂水井；它的拜月樓先是四方形，接著圓形，再接著在塔頂又是四方形，塔型則是哈達拉毛地區所能找到最古老的型式。它閃爍著幽幽微光，天上的仙后座照亮著它；然而這座城鎮則一片漆黑。他們帶領我們走到一面空牆，牆上有一扇門，這是一名薩伊德的住家。我們先在門口等候，他們則去找接待我們的主人，因為裡頭雖然有人，但在主人來到前，他們不會開門讓我們進去。在天黑後抵達東方城市是個錯誤。最後雕花門終於向後敞開，我們被請到一處像衛兵室的房間，牆壁髒兮兮的，沒有任何家具。雅法伊族傭兵閒散地走進來，把他們的來福槍掛在牆上。我心裡頭悶悶不樂地想著，難道這就是我今晚要打尖過夜的地方，因為這些黑奴對於阿拉伯貴族的待客之道一竅不通，無法應付突如其來的訪客，而似乎沒有任何人注意到我們的政府代表。

然而，過了一會兒，那名薩伊德出現並帶我到他女眷住的內室。有人在竊竊私語，有人在打掃整理，也有人在提出抗議，顯示今晚我就要睡在女眷自己睡的房間。他們匆匆忙忙地在一堆女人雜物中鋪上床單；我則欣賞著刻有浮雕的牆與門，並且試著全神貫注在它們上頭，至於其他東西就視而不見。城裡有頭有臉的望族過來和我喝茶，他們告訴我說，過去兩天他們一直在等候我大駕光臨。等他們離去，我推開窗板，將視線透過雕花窗櫺沿著這中古世紀的乾谷遠遠掃去，竟然看到一輛靜止車輛的前燈。

【注釋】

❶阿弗瑞德・萊亞爾爵士（Sir Alfred Lyall）：一八三五～一九一一，英裔印度公僕和作家，作品對印度生活和人民有很深入的觀察。

❷伊瑪目（Imam）：(1)遜尼派伊斯蘭教徒的宗教領袖和教師，負責領導教徒在清眞寺做禮拜。(2)什葉派伊斯蘭教徒有神授超凡能力的領袖。

第十五章　麥什德的曼薩伯

「我們在少年人眼中看見如炬目光，
卻在老年人眸子中看到智慧之光。」
——雨果❶

沒有人絲毫在意哈賈拉因這位奴隸總督的存在。他窩在一個角落裡猶豫不決，並且和我們的奴隸士兵稱兄道弟。他被視若無睹的程度，猶如宗親大會中一位蘇格蘭低地稅吏般。在部族社會裡，把權力交託給一個無足輕重的人是沒有用的，他正是個活生生的例子。如果我恰巧提到他時，說到他欽差大臣的頭銜，總有人不屑地補充一句：「你知道的，他不過就是個奴隸罷了。」

另一方面，薩伊德家族圍著我坐下來，當麥什德的曼薩伯兼族長阿哈馬德·阿塔斯（Ahmad al-'Attas）走進來時，大家立刻站起來，紛紛向他致敬。他統治著哈賈拉因底下的谷地，這裡是馬卡拉鞭長莫及、管轄不到的地方。他定期過來巡視，身披厚重的綠色天鵝絨長袍，頭上裹著黃色頭巾。他手裡握著一根有銀製杖頭的枴杖，枴杖總是先他而行。他威嚴穩重，慈祥仁愛，活力充沛，寬闊的臉龐圍著一圈灰白捲曲鬢毛和鬍子。一條紅綠兩色天鵝絨綬帶披掛在一邊的肩膀上。他舉手投足間顯得十分輕快俐落，具有呼風喚雨、大權在握的輕鬆容易，以及身為父執的慈愛態度。他以明亮閃爍、寧靜祥和的眼睛望著我，一邊啜飲著茶水。一位來自爪哇的年輕人急切地想炫燿他對歐洲文明也略知一二，厚著臉皮硬要我拿出我根本就沒有的畢業證書。

「畢業證書，」他說：「凡是唸過書的法朗磯人都有——你不是唸歷史的嗎？」

「畢業證書不是護身符，」我說道：「我們不需要一直帶在身上四處走。它們只是證明你在大學裡待過的文件而已。」

「我唸過英文，」年輕人說：「唸過六個禮拜；我從來沒有聽說過大學這個詞。」很顯然他懷疑大學的存在。但是麥什德的曼薩伯看到我已經筋疲力竭，便站起身帶著他的跟班回房就寢。

第二天早上我打開房門時，一位五官完美的少女站在門前，身上是整套哈賈拉因少女所能穿到的最華麗衣服，臉上打扮也不遑多讓。她的眉毛已經拔光，上面畫了一道殷紅細線，就像她臉上黃色亮光釉上的一道漆。她的鼻孔也是殷紅的，而一個像是阿拉伯數字七的綠色圖案穿過她左邊眉毛，一路沿著鼻子畫下來。她的唇形精雕細琢，上唇有一條刺青的藍線，藍線下有一個由點和橫線構成的圖案。

***

她的衣著比多安的仕女來得華麗，前擺遮到膝蓋，後擺拖地。由亮片貼成的長條從肩膀垂下，背部的中央也以亮片貼了一顆星星。她搖擺得恰到好處的蓮步，正好用最佳角度展現出星星在全身上下突出的地位。用銀匣子裝妥的護身符像皇冠般戴在她頭上，上頭還有一頂用珊瑚串成的帽子：在許多髮辮下的兩片耳朵，各自沉沉地吊掛著七只耳環。她兩手各托了一只木製大淺盤，盤上放了雞蛋和泡油麵餅，給我當早餐。她穿著這身繁華縟麗的打扮，拿著一雙年輕友善的眼睛笑吟吟地望著我，解釋道這光鮮亮麗的打扮是爲了尊重當天來哈賈拉因迎娶新娘的一名擁有學歷證書的年輕人。他已經坐車過來，但他的駱駝還在路上，等他們抵達時，他和他的朋友就會把新娘子迎娶到她距這裡開車要一天的新家。

就這樣，我們開啓了關於服飾的話匣子，持續談到吃完早餐，這時其他少女也前來一展華服。有些長袍是用從印度進口的印花棉布做成，但是一般的衣服，我認爲是哈賈拉因的傳統服飾，則青一色黑色，沒有五顏六色，只在上頭以銀線鏽上圖案。他們說傳說中的英雄阿布·札伊德（Abu Zaid）爲了幫他哥哥報仇，向哈達拉毛的勇士開戰；而他們訂下的城下之盟是，此地所有水井都要封口堵死，婦女則必須黔首黑面並穿著黑袍，前擺還得高於膝蓋。長期來被迫聽命行事後，他們索性把這屈辱當做一種流行，一直沿襲到今天。

我要求買一件長袍帶走，而這件事引發了我主人的貪念。他是一個皮膚粗糙、唯利是圖的老薩伊德族人，打算利用我客居異地的處境，獅子大開口猛敲一筆。他在我之前招待過英國皇家空軍，這經驗造成的結果經常令接下來的英國旅人感到沮喪——現在他以做生意的角度對待我們所有人。也許以小人之心來看待他不太公平，畢竟他太太就沒有被金錢所敗壞，反自願提供袍子當禮物。如果我們把別人的一番好意當做可以花錢購買，這不但侮辱了對方人格，更是敗壞對方的心，而當他們只是把我們當做掏腰包花錢的顧客來看待時，我們卻又把他們想得很卑劣。因爲沒有什麼事要比拒絕讓別人履行一項義務，來得更加污辱人卻又不露聲色了。當貝利雄❷先生在他女兒的眾多追求者中挑女婿時，他青睞的東床快婿不是救過他一命的救命恩人，而是處事夠圓融、願意讓貝利鍾先生去救他的人。我們很容易忘記這個人性中的基本事實。我自己頗有罪惡感，因爲我把女裝的價格哄抬得半天高，可苦了將來到哈賈拉因一遊的遊客。我很不喜歡那名老薩伊德，他滿腦子想的都是錢，而在得到所有他能要到的東西之後，他在我離去時甚至沒有露面爲我送行——眞是一個西風東漸、物慾橫流的可悲例子。

麥什德的曼薩伯可不然，他第二天早上再度出現，周圍洋溢著一股歡愉又可敬的氣氛。他抓住我的手，領我到屋頂，從那兒可遠眺乾谷匯流處以及腳下平鋪開展的原野。他從隱藏在他族長長袍折襉裡的一只口袋中，掏出了薄荷和丁香塞到我手上，並且把他的馬借我，讓我騎行過城裡好奇群眾爭相圍睹的街道。街道上擠滿了背著馱籃的驢子，根本無法施展任何馬術。他把馬借我騎，顯示出這位老族長具有獨立思考的精神，因爲以他神聖又德高望重的地位，他大可不必在公開場合禮遇我這階級次等的女性。

「他們不苟同我的做法，」他神色輕鬆說道：「那是他們心胸狹窄、目光短淺，我可不在乎。」他讓我繼續走到麥什德，還動手準備一場歡迎會，我則爬上城後一座小丘看遺跡。它們是無法辨識的一堆堆碎石，其中有些水槽。但是這些碎石顯示過去這座山丘上一定蓋有房子。達慕恩（Dammūn）過去是金達部族的首府，今天依然是哈賈拉因的一處郊區，曾在金達王子伊姆魯—蓋斯（Imru-l-Qais）的詩句中被提到一筆：

كأني لم ألهُ بدمّون مرةً ولم أشهد الغارات يوماً بعندل

「彷彿我從來不曾在達慕恩快意馳騁過，
從來不曾目睹過安達爾（'Andal）附近的打家劫舍。」

——海姆達尼，第八十五頁

安達爾是我後來才找到的小城，我在阿姆德（'Amd）乾谷時曾前去探訪過。

這些城市是伊斯蘭帝國早期富庶繁榮之地，它們不間斷的繁華也許繼承自更古老的年代。因爲我現在已經來到哈達拉毛遍地散布示巴古蹟的地區。他們告訴我在哈賈拉因岩石的最上頭有一個示巴蓄水池。我爬過一小段路來到岩石腳下。岩石好像一管煙囪似拔地而起，但身體虛弱的我根本爬不上去，只得離去。我跟著一小群失望的群眾回頭，頂著太陽坐下來，看著我在那裡尋獲的貝殼化石，這個時候一名留著捲鬍子的男人向我提了個問題。他曾經在肯亞待過，很驚訝我不帶僕人就出門遠行。

「維持和平要比許多僕人伺候來得好，」我說：「而兩者不可得兼。當我在約耳高原時，他們會和貝都因人吵架。」

「這倒是眞的，」他同意：「但是沒有法朗磯人會出門不帶著僕人跟班的。妳應該帶一個，然後妳住一間，他住另一間，任何時候你想叫他『小弟』妳就可以叫他『小弟』。」

他對於歐洲生活及其享樂的描述，讓大家莞爾一笑。我們隨便走走逛逛，或看看底下的小城，城裡正進行著各式各樣令人興奮不已的活動。現在新娘子在擊鼓聲中沿著牆下一條曲折蜿蜒小路往下走，後頭尾隨一群著黑衣、蒙面紗的婦人。小女孩們臉上沒有蒙面紗，身上穿著貼亮片的套裝，宛如款款而飛的蜻蜓在她們中間穿梭。新娘子的護花使者在平地上等候，駱駝大隊已經抵達，披掛著喜氣洋洋毛毯站在車子旁邊。我的車子昨天晚上到別的地方睡覺，現在又出現了，爲這假日隨處可見的熙熙攘攘憑添了幾許熱鬧氣氛。車子停靠在蜂巢狀蓄水池旁，一旦洪水來襲，大水便會被導入並積存在這些蓄水池裡。我看到從哈達拉毛乾谷前來的薩伊德特使，正從城牆底下朝著我攀爬過來。

等這位特使來到，眼前出現的是一個結實、熱心又精力充沛的年輕人。他來自麥加，身上完全一派歐洲人打扮，不管是衣著、襪子或短褲，自來水筆或腕錶，或頭上的小羊皮軟帽。他在巴格達住過，爲海珊國王打過仗，任務是派駐阿卡巴（'Akaba）爲阿拉伯軍隊開飛機。他的名字叫做哈桑（Hasan），由於伺候過最近幾次來訪的亞丁駐外公使以及殷格蘭夫婦，他對於歐洲人的品味與行事爲人瞭若指掌。

現在他以不像東方人的活力，忙不迭地將我和我的行李都弄上車。有一半以上的行李塞不進車子裡，我們不得不回過頭倚靠貝都因人。他們同意以八塔勒的代價，爲我運送大部分行李以及我那可憐的同行夥伴小薩伊德。我本以爲能勉強騰出空間來搭載薩伊德，但哈桑用文明人高人一等的鄙夷神情看了他一眼，他立刻消失無影蹤。不知從什麼地方冒出一些腳伕，將我的行李搬下山丘。從婚禮看熱鬧的人群中被吸引過來的一小撮群眾歡送我們離開，我在帆布遮陽車頂下往後一靠，心頭漾起了愉快的感覺。這下我們總算可以舒舒服服地旅行，不需自己張羅打點就能倒頭睡大覺了。

這段路也是景觀乏善可陳的地貌。我們持續在土層硬化的紅色小峽谷中蜿蜒而行，這裡的地表就如同我們前一天經過的乾谷谷底。如果算進新郎迎親的車子，我們的座車是第四部從南方遠行到哈賈拉因的汽車。眼前看不到任何像樣的馬路，但是我們的駕駛是位聰明的柏爾人❸，直覺知道在山坡開車可能會遇到什麼狀況。他迂迴而行，一語不發，並且自動停車讓我看一堆遺蹟，如果不是地面隆起以及陶器碎片散了一地，走馬看花的眼睛根本就認不出是遺蹟。

我們在酷熱的天氣中來到了麥什德，發現曼薩伯穿著也許一度是睡袍的衣服正在樓上一間白色房間裡休憩，身旁圍繞同樣在打盹的忠誠跟班，房裡八扇窗子全開，相當通風。他從狹窄僅能容身的樓梯連滾帶走地下樓，一臉愉快，滿心歡迎。他打發人去泡咖啡，並把所有人都請出去，好將整個房間讓給我一人；他又打發人去打水和弄些「殼貼卡」（Khoteqa）——當地一種植物，他們用來做肥皂，有點像香味撲鼻、顆粒細小的木屑——並以豐盛大餐招待我。

這是個可愛的房間，四根柱子支撐著以屋椽搭成的屋頂。雕花窗上有白色尖頂壁龕，門旁的石灰柱刻意做得像塗了灰泥般。一個角落裡有煮茶和泡咖啡的爐灶，牆壁上掛著幾把槍、幾支長矛和儀隊行進時用的軍旗桿，以及一個朝聖時所用、直徑一碼的淺薄手鼓。在朝聖的日子，谷地裡想必充滿不絕於耳的鼕鼕鼓聲。因爲麥什德是哈達拉毛的聖地之一，甚至有朝聖客遠從葉門的薩恩阿來參加在伊斯蘭曆三月（Rabi'al-Awwal）舉行的盛宴日。曼薩伯一視同仁、來者不拒地接待他們，將他們安頓在自己的客房裡。客房前方就是他祖父的墳墓，曼薩伯會在他自己塗了石灰的房間誦讀可蘭經給他們聽，然後點燃四尊小加農砲中的一座，這是他特別引以爲傲的部分。

他告訴我這個地方的歷史，這裡開闊、空曠又不毛，還保有最初開發建基時的特性。這裡曾是一個三不管的無人地帶，是部族間戰爭的戰場；農耕和運輸皆不可行。除了此地古城遺留下來、長期埋沒地底的石頭與陶器破片之外，寬廣低淺的乾谷了無人煙。曼薩伯的祖父就在這裡定居下來，他是一個聖潔的人，名叫薩伊德·阿里·哈桑·阿塔斯（Sayyid 'Ali Hasan al-'Attas）。藉著他在這片空曠低地手無寸鐵卻依然聖潔無瑕疵的生活，以及他對村人慷慨的照料，他為這荒野帶來了和平，也在約耳高原一帶的貝都因人當中贏得無與倫比的影響力。供應他生活所需的既非來自土地抑非來自耕作，而是虔誠善男信女自動自發的奉獻。三座白色圓頂下躺著他雕花銅墓和其他三座墳塚，在他們旁邊有兩座塗了石灰的較小墳塋。祠堂的門檻上安放了一塊刻有希米亞里特文字的石碑。

往外望，這片無天然險阻、裸露於外的開闊地平靜、祥和。刻有蜂巢圖案的圓頂，它們的白色因為風沙吹拂而呈現柔和的粉紅色。在它們前面聳立著一座拱門和一扇雕花門，前頭又有一個較小的圓頂。就在這些門外，搭了三座不高的平台當座椅，它們在陽光下閃閃發光，顏色則因時間的流逝變得黯淡。這裡有一、兩位婦人正在閒逛，還有幾名帶槍的貝都因人。這空地的對面蓋了一座小清真寺及拜月樓，顏色和沙漠一樣呈黃褐色；那裡還有兩座蓄水池，可以儲存十立方碼的水量，不過現在空空如也，壁上的石灰也因風沙的吹拂而呈現粉色。此外還有一座餵牲口喝水的大型飲水槽「西卡雅」，四周散布幾座像盒子的方形屋。沒有樹，幾乎看不到耕作，每隔一陣子只看到成群結隊的牲口走過去；一頭走失的驢子正四下流浪找水喝；一群群山羊在日落時分走回村子。這裡不像谷地的封建城鎮，既沒有設防也沒有築牆。至於乾谷本身，從這頭到另一頭遼闊地展開來，遠處谷壁像牢牆般聳立，並隨著日出日落變換顏色。

曼薩伯把馬借給我騎（馬匹似乎也鍍上一層此地普遍可見的粉紅色）。一大群人，幾乎包括麥什德的所有小孩，帶我去參觀蓋本（Ghebun）遺址，穿越洪水床的大石頭後走幾步就到了。這河床在洪水時節洪流滾滾，雖然馬匹和駱駝過得去，腿短的驢子便無法涉水過河了。我的馬是頭友善的牲口，習慣了傳教式踱步速度，對於四面八方伸出防止牠逃跑的手只感到些微不安——逃脫這種輕率之舉恐怕牠根本無能爲力達成。我們在教堂裡總被提醒切勿犯下出了教堂就想不起來的罪愆，也許這匹馬在宗教的氣氛下被養大，早習慣防範於未然的做法，但是牠明顯樂得終於能和我一人獨自開溜。我高坐馬背，從一座小山丘頂居高臨下眺望這座灰飛湮滅的古城。

范．登．穆稜先生在他的書中曾經仔細描繪過這個地方。這裡丘巒高低起伏、綿延不絕，面積廣大，到處有暗紅色或黑色陶器破片，以及一片片燧石與黑曜岩，在石頭與希米亞里特破片當中夾雜著紅玉髓珠子或雕有圖案的條紋大理石棚架破片。燧石、黑曜岩碎片與工具散落一地，數量之多令人難以置信，而它們的製作水準，根據好意爲我查看的卡頓．湯普遜❹小姐的說法，和在肯亞發現的石器年代相仿。有些尺寸較小，但是製作水準和在埃及發現公元二二〇〇年前的燧石不相上下。無論如何，這些遺跡古物所屬的年代，比截至目前爲止所認定南阿拉伯古物所屬年代來得久遠古老。幾座小山丘頂上有頹圮傾倒的城牆，城牆大略切割成方形石塊，沒有用灰漿便砌在一起。那裡也有一口水井，井壁也是用未塗灰漿的石塊砌到地下一個深度，接著便直接向下挖深。在更靠近麥什德的地方，頹圮廢牆所用的石塊比較小也比較粗糙，但以灰漿黏合。也許這古城在歷史上幾段時期持續有人居住，也許一直持續到阿拉伯時期。我傾向於同意本特夫婦的看法，黃沙在這些遺址附近流動，將它們越埋越深，而非如范・登・穆稜先生所說，這附近一切古蹟都被洪水沖刷走了。因爲在古代，先民總會選擇高地來建造重要的城市建築或墳墓，而這些現在裸露出來的城牆破片看起來不像靠近平地建造，這些小山丘也沒有被水流切穿的痕跡。對於任何一位考古學家而言，這個地點都很重要，因爲藉由它能判斷地表下找得到多少東西。在我第二天早上離開麥什德之前，曼薩伯送我一個在廢墟中找到的條紋大理石紙鎮，上頭有兩個希米葉爾印記，其中一個印記上刻有山羊頭，另一個印記刻有哈阿速姆（Ha'asum）這個名字。

麥什德也在慶祝結婚大喜，從曼薩伯夫人的房間突然傳出鼕鼕響鼓聲及婦人尖細嗓音。曼薩伯把我留在樓梯底端後離去，我爬上樓找到了她，她是個年輕貌美的女子，和英俊瀟灑的族長可說是郎才女貌的天作之合。她身邊圍繞著麥什德所有的仕女，大夥兒擠在一個小房間內，眼前景象令人眼睛爲之一亮——她們的臉龐用油彩塗了各式各樣流行圖案，包括綠色的下巴、臉頰上的綠色圓點等；而前額的頭髮塗了髮油梳成波浪狀後蓋住一顆眼睛，頭上或下巴底下則有五顏六色的穗帶，以綁住「努克巴」（nuqba，面紗）以及沉重的銀項圈。新娘子身在她們當中，在婚禮這兩天她必須覆蓋頭紗文風不動坐著。她似乎全身軟綿綿的，被手鐲和巨大踝圈壓得喘不過氣來。她伸出黃色的手腳讓彩繪在上面的散沫花顏料圖案風乾，而鼕鼕鼓聲和朋友的手舞足蹈無疑是要讓她在這令人疲憊的婚禮過程中保持心情愉快。這場婚禮以她下嫁給一位素昧平生的陌生人收場。哈達拉毛的幾位仕女告訴我說，整體來說，她們要離過一、兩次婚之後才會找到眞正的幸福。

她們這裡的舞蹈就像馬卡拉的舞蹈，但因爲她們臉上奇形怪狀的圖案而顯得更加狂野奔放。她們伸出戴滿戒指後既僵硬又沉甸甸的雙手，一手在前一手在後，置於胸部下方，然後頭甩著豬尾巴狀辮子旋轉，面具似臉龐朝一側傾斜，看起來如同神像的臉般寂寂無動靜，而雙眼則因爲甩頭的僵硬動作而顯得呆滯無神。一種低沉嗡嗡聲伴隨單調鼕鼕鼓聲時起時落，不時會有些仕女發出抖動的顫音，並一邊抬起手謙虛得遮住嘴裡像響板上下鼓動的舌簧。

「妳喜歡嗎？」每隔一陣子曼薩伯的嬌妻便會這樣問我，殷勤、熱誠又滿心愉快，她原本留我下來直到午夜新郎前來迎娶而客人盡散的時候，但是我感到疲倦，便先行離開。我整個晚上都待在有梁柱的房間裡寫日記，伴我的是一盞他們所謂的「吹刻」（trik），也就是油燈。我「在涼風中納涼，舒服愜意無比，身邊是吃了一半的飯菜」。此地的建築風格是每面牆都闢了兩扇窗，這使得房裡每個角落都躲不過涼風的吹拂，以致住在阿拉伯房子裡的人，感冒和中暑的機會一樣大。

第二天早上七點半，我們在玫瑰紅晨光中出發上路。曼薩伯從口袋掏出丁香、薄荷與口香糖做爲臨別贈禮塞進我掌心，並祝福我一路順風；而與其說他是留我過一宿的主人，還不如說他更像笑容滿面、忙碌又能幹的慈母。沒有過客會被拒於門外，每位從多安向北旅行的遊子都會在這好客之家停留，吃頓晚餐、借宿一宿。他的收入要支付這些開銷並非沒有困難，因爲他不像飄洋過海做貿易的多數人那樣靠經商成了大富翁。假如永恆的無盡長河邊擺上了筵席，當麥什德的曼薩伯也踏上這人人必走的旅程時，一定會發現他的一席之地早已備妥。

【注釋】

❶雨果（V. Hugo）：一八〇二～一八八五，法國作家，法國浪漫主義文學運動領袖。

❷貝利雄（Monsieur Perrichon）：指馬汀（M. E. Martin）所傳劇作《貝利雄先生旅行記》（*Le Voyage De Monsieur Perrichon*）的主人翁。

❸柏柏爾人（Berber）：居住在北非山區的高加索人。

❹卡頓．湯普遜（Gertrude Caton-Thompson）：一八八九～一九八五，英國考古學家，專精上埃及埃爾法揚（Al-Fayyum）低地的兩個史前文化。

第十六章　進入哈達拉毛乾谷

「啊！何時人類全體之福祉
才能成爲人類的通則，而天下太平
也能像道道金光普照大地呀。」

——〈流金歲月〉（The Golden Year），丁尼生❶

我們已經走完了所有狹窄的峽谷，現在正快速接近阿姆德乾谷與多安乾谷（現在稱做卡斯兒（Kasr））交會處。乾谷一路綿延，與其說像一處洪水床，還不如說更像一片平原，最後匯聚於同樣開闊的哈達拉毛乾谷。

在這裡，硬化沙地讓我們旅行來輕鬆容易，而前方沒有馬路把景觀一分爲二也讓人心情開朗。坐在車裡，一旦車子駛離公路，便有一種獨立蒼茫的感覺。在我們兩邊是一堆堆古城廢墟，或是埋在地裡的花園，現在只看到地表微微隆起。每座小山丘丘頂都能見到古城鬆散的石塊，彷彿小孩玩耍時堆上去的。除了旁邊有口水井的一座白色西卡雅，以及乾谷右邊、躲在陰暗樹叢後的某座難以辨識的土黃色村落之外，廢墟是這片風景中唯一的人文景觀。光影的互動是當天的美景。阿姆德乾谷在我們的左手邊，中間是排成羅紋狀的沙丘，顯示沙漠正在飄移。現在我們來到沙地的邊緣，來到兩棟設防的房子迪阿爾布克里（Dhiar al-Buqri），它們獨個兒矗立在這片景致中央。

不管從阿姆德或多安乾谷上行哈達拉毛或從哈達拉毛往下走，所有旅人一定會路過迪阿爾布克里。屋頂上幾個人影向我們打招呼。他們是好客熱情的民族，來自爪哇的有錢客棧老闆。在巴塔維亞你也許會看到他們，父子與子姪輩成功地料理財務上種種繁瑣事項，經營著有電梯和自來水龍頭的旅館。但在這裡，他們卻和兩哩外斷壁下的鄰村進行一場百年戰爭。

外人也被捲進這場蒙塔古與凱普萊特兩家族❷的宿仇中。此地以北同樣地處斷壁下的小城，站在布克里（Buqri）家族這一邊，還不時騷擾它南邊的鄰居。布克里家族一邊從自家屋頂上解釋作戰地理形勢，一邊指著斷崖邊的一座白塔。這是他們的一處前哨站，他們聲稱從這處前哨站能直接朝底下的城市開槍射擊。命中目標的機率大概百分之五十。布克里家兩邊都有沙丘步步逼近，雖說完全與外界隔絕，敵人若沒有火砲進攻不易。它是由兩棟像塔樓的建築物所構成，一棟供男丁居住，另一棟蓋給家族中的女眷，兩棟房子周圍則環繞一堵只有一扇門的平滑泥牆。幾年前整座乾谷還是一座遍植棕櫚樹的花園，但底下的那座「城市」卻和約耳高原的貝都因人結為盟友，於是他們夜裡摸黑過來將石蠟傾倒在樹根上，造成棕櫚樹無一倖免地全部枯亡（再次證明戰爭造成哈達拉毛乾燥不毛的說法不假）。現在只有少數幾畦小米田塡補了這些空白，可望在洪水來襲時得到澆灌滋潤而形成盎然綠意。我下結論說，人們儘管殺得你死我活，但連樹木也不放過，就太不應該了。很明顯我道出的扼腕痛惜之情，讓聚集在場的一家人心有戚戚焉：他們一直認為這種做法實在有失君子之爭的風度。

當馬卡拉的蘇丹前來視察他轄下的希巴姆之地時，布克里和南邊敵對城市議定了爲期六個月的停火協定，好讓蘇丹舒服愜意地路過此地。由於停火協定還有兩個月有效期，所以目前仍天下太平。當我們來到此地時，這家的一家之主正站在他的防禦工事外，環視著在太陽底下晾曬的泥磚，在此同時一名男人坐在從胸牆垂懸下來的小平台上，正用灰泥爲女眷廂房的牆壁塗上裝飾性圖案。他們告訴我，即使停火協定終止，大白天多多少少比較安靜無事，因爲他們選擇晚上夜襲，而整個白晝的時間裡，一般的來往交通仍然持續進行。

他們以和藹可親又平易近人的態度接待我們，好比我們身在英國窮鄉僻壤的民宿中。有關哈賈拉因及城裡大小事，我們知無不言，他們則告訴我們過去幾天南來北往經過這乾谷的有哪些人。他們帶領我們爬上屋頂，好將這一帶風景盡收眼底。一樓沒有窗子，屋內的樓梯一直通到六樓；樓梯容易攀登，牆壁的壁緣飾帶以光滑的哈達拉毛石灰塗成波浪狀圖案，並磨光得像蛋彩畫般。在每處樓梯平台都刻有一句祝禱文，頌揚並祈求阿拉眞主的保佑。屋頂有個露台，露台的斜面挖有射擊孔，提供更爲實質的防禦。他們說從這裡他們可以「用毛瑟槍」射擊城市。我們看著城裡有稜有角、輪廓清楚的房子，宛如太陽底下的方盒子。

「他們從來沒有四面包圍過你們嗎？」我問道。

「有時候。但是我們備有四副雙眼高倍望遠鏡，老遠就能看到他們過來。」他們認爲這就是充分的防守了。而在南阿拉伯，的確不曾發生滴水不露、插翅難飛的圍城。

根據史料記載，十八世紀時在葉門的烏姆賴爾（Umm al-Lail）發生過長達七年的圍城。敵人用鏟子而非武器，一鏟一鏟破壞埋在泥牆底下、原是城裡下水道出口的防禦工事。在葉門也是雖有戰事，一般的來往交通還是照常進行。史料又記載，攻打葉門西部重鎮札比德（Zabid）的攻城人之一就站在城門外頭，好讓他城裡的朋友為他送出食物來。這種通敵事件顯然不被當做什麼稀奇怪事，雖然在這個特例中，這頓友誼之餐正巧被人動手腳下了毒。停火協定的有效期可以持續到敵我雙方均分了農作物收成之後。發動這些古代戰爭的最佳前提是，今天的敵人可能就是明天的朋友。

當布克里家族離開了有著叮鈴叮鈴作響電車的巴塔維亞後，心平氣和地回歸他們中古世紀的生活步調。雖然這家的一家之主告訴我說，他認爲新加坡更適合歸隱。但他這麼講的時候，語氣中絲毫沒有渴望在文明臂彎休憩的憧憬之情，而范・登・穆稜先生在哈達拉毛發現這種憧憬與渴望普遍存在。說實在，我在任何地方都找不到渴望歸隱之情。我也沒有辦法一如范・登・穆稜先生似乎發現的那樣，發現這裡的居民嚮往荷蘭統治勝於英國管轄。我於是得到一個結論，人們很容易在別人的意見中找到和自己一廂情願想法印證的說法，但是癥結是大家都認爲客套的門面話要比據實以告來得重要。「心知肚明又實話實說固然好，但仍比不上心知肚明卻顧左右而言棕櫚樹來得好。」

我納悶鼓吹和平的人士對於布克里家族的行徑會做何感想，或是對任何一名賺了一輩子錢、到晚年該退休時卻又在自己的谷地打起游擊仗的哈達拉毛商人，又有何種觀感。這就像十八世紀一名自治市的市民，臨老卻在蘇格蘭高地大肆活躍以度餘生一樣。假如人類眞的迫切渴望風平浪靜的生活，那麼這裡的人肯定有點不對勁。

就我看來，我不相信風平浪靜的生活是大多數人所熱切渴求的。我可以想像對衝勁十足的年輕人而言，活在一個戰爭較少但鬥爭較多的世界裡是件愉快的事，正如我可以想像一頭活力充沛又年輕力壯的狐狸樂得被人追捕獵殺一樣。如果你熟悉這片土地又跑得跟狐狸一樣快的話，你也會樂在其中的。

我們難道不是全被這件事或那樁麻煩窮追不捨嗎？

「我似乎聽見就在我背後
時光插翅馬車步步逼近：
在我們前方四下橫亙著
廣大永恆又無邊際的沙漠。」❸

只要我們肌肉結實、勇氣過人，我們總「喜歡」和宇宙力量來個硬碰硬。讓我們意志消沉的不是戰爭：如果你認爲現代武器的恐怖會令我們裹足不前，那你就太小看一般人的英雄氣概了。我們現在深以爲苦的是，我們通常會被硬塞一些見不得人的動機，然後要我們爲此奮鬥。爲盲目的出人頭地而奮鬥再也不能滿足我們的靈性需求。我們覺得自己在紅塵俗世中已經進化到一個更加有意識要創造發明的地步；我們變得更不樂意終其一生只爲了牟利生財而汲汲營營，不論財富穿上何種冠冕堂皇的外衣。但是爲了一個要犧牲小我的遠大目標，爲了在人類茫然不可知的未來打造出某種願景，人們卻願意不計後果捨生取義，一如有史以來前仆後繼、殺生成仁的智士仁人。人們也會鬼迷心竅、誤入歧途，受到江湖術士、新聞記者及專權獨夫的蠱惑。且讓愛好和平的人去譴責並提防這些人吧，且讓人類戰爭的工具動機純潔而鋒芒畢露吧，只有在他靈魂眞正有需要時才派上用場。

不過，哈達拉毛的人們尙未勞神費心思索這普世皆然的問題，他們只是不疑有他地爲自己的城鎭或部族挺身而戰。他們從戎赴沙場的義無反顧、迫不及待，以及他們原可躲在遠方安居樂業卻寧願返鄉奔赴戰場的事實，顯示出我前面所說的：獵狐不是那麼不道德，以及假若人類有比石油更能滿足靈魂需要的遠大目標，人類會樂得捨命一戰、奮力一搏。

懷著這些想法，我們離開了布克里這好客之家，當初我們原是爲了透過雙眼高倍望遠鏡來窺視敵人才上前拜訪。接下來，柏柏爾人阿里風馳電掣地載著我們穿梭於沙丘當中，朝哈達拉毛乾谷前進。他開車技術高明，蜻蜓點水般快速駛過羅紋形黃沙地，以免陷入沙中動彈不得。坐在車中感覺好像置身園遊會裡的俄羅斯鐵軌上。遇到角度最小的轉彎處，他總得用一隻手重新調整黃色頭巾。

他這人沉默寡言，下唇突出，五官細小，眼白的面積在黝黑臉孔中顯得頗大。他會像塊木頭似面無表情地聆聽我們說話，然後突然間以正確無誤又有用的資訊打斷哈桑語焉不詳的談話，或是提供我有關我最渴望一探究竟地區的事實。哈達拉毛乾谷的汽車都是以化整爲零的方式從約耳高原用駱駝運抵此地，阿里乃乾谷中將汽車拼裝起來的第一人；現在乾谷有八十部汽車，而他正考慮嘗試走陸路到葉門。從那裡運載商品過來的貝都因人說沿路上只有一片斷崖，又可以繞道而行，而汽車走的公路不但一路暢通到薩恩阿，更通到麥加。薩恩阿目前有十二段路程之遙，汽車公路開通後將大開朝聖之旅的方便之門，現在朝聖則必須走海路繞過亞丁。十世紀時，偉大的「柴德派宰相」❹胡笙·伊本·薩拉馬（Husain ibn Salāma）在哈達拉毛往麥加大道沿線建造清眞寺與拜月樓、水井與里程碑，每一段路都蓋了一座清眞寺，而一段路據說是相當於二十四天路程的距離。

穿過我們走的乾谷東側開口，我們經過了十世紀時海姆達尼曾提及的小城阿杰拉尼亞（Ajlania）。小城目前僅存十五到二十間民房，圍繞著一座搖搖欲墜的斜塔，底下的平原種了些有刺酸棗樹。小孩跑過來送我們一些他們叫做「湅」（dom）的漿果，它們嚐起來粉粉的，果皮與果核之間幾乎沒有什麼果肉。貝都因人將它們研磨成粉，當他們深入北境打家劫舍時，只帶這種乾糧上路。

隨著我們抵達阿杰拉尼亞，我們也離開三不管的無人地帶進入了示巴地區，這地方同樣隸屬馬卡拉管轄。根據當地語焉不詳、交代不清的傳統說法，四百年前此地的雅法伊族首度從西邊的山丘進入平地，並且逐一東征西討，打下了目前凱埃提朝代的天下。我們經過了斷壁下的埃爾福爾特（El Furt），這是他們首次擁兵自重、鞏固勢力的地方，在山丘的亂石堆前聳立著像杜勒❺所畫的碉堡。

我們現在置身浩大的哈達拉毛乾谷中，這是阿拉伯境內除了魯馬（Rumma）乾谷以外最長的一條乾谷，最寬處寬達七哩。由於它連接我們方才開車經過、現在在我們身後的卡斯兒乾谷開口的緣故，谷地顯得更加寬廣開闊。希爾緒在一八九三年首度進入這條乾谷。在遠遠的西邊，沿著葉門大道橫亙綿延著像堡壘守護著谷地的谷壁，消失在日正當中塵埃飛揚的藍色塵靄中。這讓人起了錯覺，誤以爲地平線上是淨空的，給人開放自由、無拘無束的感覺，就像一條鬆開來的橡皮圈。至於其他三個方向，視線內可見斷壁環繞，遠遠望去，看得出斷崖些微高低起伏，有隆起處也有下陷處。環抱斷崖的風神在上頭嬉耍，輕柔地撫弄吹拂。我想約耳高原的地平線甚至稍微傾向一邊，但這也許只是錯覺。這讓我明瞭在這片土地還是死寂的階段，在它形成的過程中沒有波浪起伏的動作，了無動靜，全無感受，只有時間的巨輪嘎然滾過圈住這片谷地的崖壁，而這是怎樣一幅沉悶的景象啊！動態的感覺賦予山脈生命力，不亞於動態賦予搖曳樹木與潺潺流水的生命力，而哈達拉毛斷崖這般無止無盡的單調無聊，一模一樣的谷壁一片接著一片，給人一種死寂不動的感覺。

這乾谷的寬度因為前來匯聚的谷地與凹進崖壁的山坳而大不相同。谷底如此平坦光滑，乃至飛機可以在此起降。現在地表呈現黃棕色，有一簇簇雜草叢生的草塊，草色黃綠而粗獷。不過，在洪水來襲的年分，人們可栽種玉米與小米，而一大片青蔥翠綠的玉米和小米田想必是一幅欣欣向榮又可愛怡人的景象。它的開闊難以形諸於筆墨，也平坦得不像谷地，但又包夾在斷崖間所以算不上是平原，而地勢封閉也稱不上是島嶼，因為人們望不到斷崖以外的景觀。橫亙谷地的是一條不及一呎寬的水道，水道稍稍隆起。水道邊緣沿線長了一簇簇雜草，或種植了一些洋蔥。我們循著水道往南行進，看到左邊遠處出現海寧（Henin）村的一座座屋頂，就裸露在從西邊飄移過來的沙丘頂上。當我們進入凱埃提王朝統治的安全地帶，荒涼的景象因為村民勞動其間而露出一絲生氣。婦女四處走動，頭上頂著像巫婆戴的那種尖頂草帽，臉上蒙著布，身上穿著希巴姆的鈷藍長袍，前擺只到膝蓋，後擺則垂地。當她們為躲避我們而四散驚逃時，這身打扮倒滿適合跑路的；許多婦女長袍底下穿著白色或藍色褲子，褲管不寬，腳踝地方縐褶成折襇。

我們又看見了棕櫚樹，此地房子彼此的間隔也比碉堡谷地的房子來得寬。在這平坦的地面，每次有駱駝或牛群來飲水時，水井便發出咯吱咯吱的響聲，因為此地的地下水距地表不遠（在蓋特恩〔al-Qatn〕距地表只有四碼深）。三頭肩並肩的駱駝沿著一條為它們的扁平足設計的坡道牽引著繩子汲水，有時這拉繩汲水的工作是由農夫中最窮困的人、蒙面婦女以及幾乎一絲不掛的男人負責。吊掛著將皮桶從井底拉上來的轆轤的三角形支架，在坦蕩蕩的平地上，看起來就像荷蘭風車般醒目顯眼。

沒多久我們來到了稠密、在風中窸窸窣窣作響的綠油油玉米田，其中有幾塊田已播種四個半月，開始由綠轉黃，準備讓人們來收割了。而斷崖下的平地上，環繞清眞寺與宮殿的石灰土牆後，有一棟黃棕色建築。就這樣我們來到了蓋特恩，這是馬卡拉蘇丹的表兄弟，阿里・伊本・薩拉・凱埃提蘇丹的家。

這地方感覺有點像獨立的蘇丹領地。家臣僕從懶洋洋地坐在厚重宮門下的台階上。他們領我們走一條便利樓梯，穿過裡頭迷宮似走道，來到頂樓蘇丹等候接見我的地方。蘇丹青春年少，清瘦高挑，在一頂紅色塔布什帽底下留著黑溜溜的直髮，臉上帶著小男生羞赧、害臊卻討人喜歡的神情。他帶領我走進一間鋪有地毯的房間。房裡以油漆和歐洲窗板裝飾，一張小桌子和四把椅子像孤島般矗立其中。我們一邊品茗喝茶、吃鳳梨和小餅乾，一邊談論哈達拉毛的歷史與通往沙巴瓦的道路。

在這裡，就像在邁斯納阿和巴・蘇拉相處一樣，你會再度感受到蘇丹號令既出、風行草偃的權威。蓋特恩的蘇丹舉止溫柔、風度翩翩，有一雙神情柔和的褐色眼睛，帶著有點瞧不起人的微笑；但在他統轄的領地內，他的話就是法律，而對於西邊難纏的貝都因人，沒有人比他更有辦法、更有影響力了。一直到兩年前，他都是他馬卡拉表兄弟派駐在希巴姆的總督；但他已經離開這個職位（這對當地政府的令譽美名當然是一大不幸），現在住在他父王蓋的宮殿中——一八九三年時本特夫婦曾在這裡住過。他對馬卡拉及海外情況所知不多，只是住在這裡照顧他的百姓。當他發現我對此地歷史興致盎然，便開始較隨意地與我交談，並告訴我貿易古路的阿拉伯傳統，因爲他有一屋子伊斯蘭作家的著作，對於這些事他博學多聞的程度乃是我此行所僅見。

他告訴我，在蓋特恩發現了許多示巴古文物與碑文；他已經把一尊從斷崖底下出土、狀極美觀的銅獅，給了前一年住在他這裡的巴斯卡文（Boscawen）上校。「早知道妳要來的話，我就把銅獅留下來送妳。」他這話說得讓我滿心惋惜。在蓋特恩停留了一陣子的本特夫婦，走進從南方綿延過來的本阿里（Bin Ali）乾谷，在那裡他們發現了希米亞里特石材與地基（在小溝谷中也發現了香料），以及一條登上斷崖「旅人絡繹不絕且明顯年代久遠」的古道。從海岸通往希巴姆的本阿里大道比多安大道來得短，而且幾乎可確定是古道中的一條。另一條古道必然是經由阿德默（'Adm）乾谷到希赫爾。哈達拉毛乾谷本身以及延續下去叫做馬錫拉（Masīla）乾谷的路線，是介於哈達拉毛與佐法爾之間一段尚未被人發現的古路的開端。蘇丹認爲這條古道也許遵循哈達拉毛乾谷到它在賽侯特的谷口，今天攜帶著鯊魚乾的駱駝商隊依然從這谷口由海邊向內陸旅行。在我踏上旅途的前幾個月，殷格蘭夫婦首度探索這條路線，而他們告訴我說他們沒有在乾谷下半段找到廢墟遺址的蛛絲馬跡。然而他們知道有個古老河堰就在卡巴爾胡德（Qabr Hud）底下，並且被標注在飛行中隊隊長利卡德斯（Rickards）的航空圖中。這整個地區大多被淤泥掩埋住了。據說河堰遭到摧毀，破壞了周遭一帶的土地，以致許多古蹟遺址也遭到掩埋，從此湮沒無聞。探勘這條路線在地理學上的價值不凡，所以進一步的搜尋依然是值回票價的。關於哈達拉毛貿易路線這個乏人問津的冷僻題材，我所能蒐集到的些微證據，將放在書後另立一附錄陳述。

詳細討論過佐法爾大道之後，蓋特恩蘇丹接著告訴我說，他曾經和陪聖強．費爾畢❻先生橫越魯布哈利沙漠❼的一位貝都因人談論過。我問他對於瓦巴（Wabar）❽這個難以一探究竟的題目的看法。瓦巴是一座人去樓空的空城；當阿德人（'Ad）與塔木德人（Thamud）被消滅之後，精靈便鳩佔鵲巢地把這城市據爲己有了。「若有人越雷池一步，」海姆達尼說：「他們就在他的臉上灑灰塵（也許就是指沙風暴），如果他還執迷不悟的話，他們就讓他發瘋。」此地住的是尼斯納人（Nisna），他們是低等動物，只有一條腿、一隻手臂和一隻眼睛；從他們那裡衍生出在某種派對上會被人引用的一句諺語：「納斯人（Nas，眞人）都跑光了，只剩下尼斯納人。」著名的邁赫拉駱駝據說也是瓦巴精靈的駱駝的後代子孫。

關於這座傳說中城市的正確位置，眾說紛紜、莫衷一是。這使得這個話題顯得太過唐突，我不敢貿然一提。但是對環繞這城市的重重困難一無所知的蘇丹，卻心平氣和、十足把握地告訴我說，哈達拉毛的每個人都把它的位置定在哈達拉毛與阿曼之間。然而，地理學家卻無法這麼肯定。雅古特說：「神秘之城瓦巴在葉門。」雅古特引用埃爾—萊斯（El-Laith）的話說，它位於雅布林（Yabrin）的沙漠與葉門之間。曾經提及尼斯納人的伊本・以夏克（Ibn Ishaq），將它的位置定在雅古特與海姆達尼聞所未聞的沙布泊（Sabub）與哈達拉毛之間。言論非常值得信賴的海姆達尼則將它定在奈季蘭、哈達拉毛、希赫爾與邁赫拉之間。雅古特料想是引用海姆達尼的說法，把它定在希赫爾邊陲與薩恩阿之間，接著又根據阿布・蒙地爾（Husain Abu Mundhir）權威的說法，把它定在畢沙德（B.Sa'd，靠近雅布林處）、希赫爾與邁赫拉之間。阿布・蒙地爾則將它定在哈達拉毛與奈季蘭之間。由於眾說紛紜、證據各異，卜耳全・湯姆士[9]先生和聖強・費爾畢先生分別在阿拉伯南轅北轍的兩個角落裡發現了瓦巴城，也就不足爲奇了。

至於前往我心中渴望一見的沙巴瓦，蓋特恩蘇丹要我放寬心，應該是一帆風順。漢志（Hijaz）國王與葉門的宗教領袖現在已經言歸於好，而重修舊好的成果就是再度開放沿著國境的三條東方路線。多年來駱駝商隊首次得以使用經由阿布爾（Abr）通到奈季蘭的路線。另外，經由沙巴瓦及馬里布進入葉門的香料之路，以及行經沙漠、過去叫做塞哈德（Saihad）的路線，現在都已經一路平安無事地開通了。

「要注意塞哈德沙漠是一片荒涼不毛的沙漠，強風從四面八方吹進這個不毛之地，在此地稱雄的乃是烏鴉。」關於風這部分，我信之不疑，因爲在蘇伊士以東的任何地方，風就是這樣從四面八方不斷灌吹進來，但是至於荒涼不毛的沙漠，蘇丹告訴我說到沙巴瓦只有三天的路程，而這之後大概再走個五天可以經由拜汗（Baihan）乾谷走到馬里布。他自己承諾幫我物色一位稱職的貝都因人，因爲沙巴瓦的居民生性不歡迎異鄉人來訪；當巴斯卡文上校企圖闖關時，他們從牆上槍眼放冷槍，結果擊中他的一名手下，這名手下後來不治死亡。這麼看起來，他們並不喜歡他的貝都因嚮導。

「也許，」我說：「他們射擊的是貝都因人而非上校本人？」

「喔，非也非也；開槍射擊的是酋長，他企圖一槍撂倒上校，後來當幾架英國飛機碰巧飛過沙漠上空時，他們全慌忙逃出城找掩蔽，深怕遭到英國報復。但是妳現在什麼都不用怕了。」

一個禮拜大概有兩回，攜帶著沙巴瓦岩鹽的駱駝商隊會經由蓋特恩前往希巴姆。這整個地區以及往南到馬卡拉都尊鹽爲貴，許多古書中也提到鹽；一位來自拜汗的人告訴我說，他們把當地的北風叫做「米樂希」（milhi），就是鹽風的意思，因爲風是從沙巴瓦地區吹來的。如果我前幾天預先通知蓋特恩蘇丹的話，他會從路過此地的貝都因人中挑選幾名老實可靠的漢子、爲我先打點張羅一切，並等待我平安歸來。

他眞是大善人行大善事。不僅是沙巴瓦而已，還有許多足跡未至的新地點，哈達拉毛的幾個死谷，卡塔班尼亞人與格巴尼塔人首府泰姆納，還有遠在西北隅的焦夫（Jauf，據說長頸鹿依然出沒其間，卻很可能只是謠傳，根據阿列維的說法，此地「比任何其他阿拉伯地區埋藏著更豐富的古跡」）——所有這一切的一切都在我眼前逐一展開。我由衷感激地謝謝蘇丹拔刀相助，因爲我旅程中艱困難行的部分——在馬卡拉時已有人說我根本辦不到——現在卻在我面前舒坦平順地展開了。我目前要做的不過是恢復體力，然後上路。

在此同時，我感覺病厭厭且全身疲倦，我先行告退準備就寢。房間地上鋪了張床墊，我就在夜涼如水中獨守空室地休息。我瞧著這愜意舒適的房間，它的石柱，它的窗子，淡綠與天藍的油漆，以及牆上擺放油燈的壁龕。房裡有幾面鏡子，而地毯反面朝上鋪蓋，以求長期保存。透過窗子我能看到這個圍有城牆的城市的廣場，不過廣場以因年久失修而呈不規則形。一頭走路一瘸一拐的駱駝在城角蹣跚而行。每間房子各自獨立，像一顆顆糖錐，圍繞著它們的傾斜土黃色牆上有灰泥塗成的裝飾。窗戶不再是本特夫婦當初所看到的那樣漆成紅色，蘇丹也並非穿著一襲有淺藍色襯裡的金黃色外套。對面清眞寺是一個開放庭院，後頭有三排石柱，每一邊各有一排石柱，正面並無石柱。格萊澤表示這是示巴廟宇的格局，代代相傳，大同小異。它的拜月樓掩映在棕櫚樹枝椏間，閃耀著明亮的白色，繪有細格子的塔尖形狀和婦女帽頂一模一樣。

當午餐在地板上擺開來時，我們的桌布看起來同樣鮮豔明亮。白色襯底上滿滿印著藍色刀叉杯盞圖案，各色各樣，不一而足。波斯燴肉飯、印度薄煎餅、阿拉伯湯和燙羊肉在桌布上堆得高高一疊。蘇丹、我的朋友哈桑和我三人踞坐在一角，而柏柏爾人阿里及小薩伊德則坐在另一個角落。早上我曾看到薩伊德，在空曠寬廣的乾谷中他只是一個在我們駱駝前晃動的小黑點，儘管哈桑看起來一臉不愉快，我還是堅持把他拉上我們的座車，和我們擠一擠。哈桑不喜歡貧窮落後的人，但是前一天他四次從失足的驢子背上摔下，卻沒有人扶他起來，所以他不像我有特殊理由可以心存感激。

在我離開之前，蓋特恩蘇丹送我登上後宮陰暗破舊的樓梯，來到宮殿屋頂一處通風良好房間。女眷們坐在此處眺望底下像地圖般展開的乾谷。他的夫人也在場，蛾眉描黑連成一線，穿著一襲印度刺繡長袍，腕上戴著獅形手鐲。她五個小孩全得了痲疹，圍著她坐成一圈，狀似黑碟子的眼睛塗了一圈厚厚的藥用眼圈粉。他們緊挨過來，我不免暗自慶幸我已經對痲疹免疫了。蘇丹夫人因爲生平從沒見過任何法朗磯人，一開始羞答答的，在我給她臉頰通紅的小兒子消炎片後，才逐漸化解了羞赧之情。我們像姊妹般談論嬰兒疾病。最後他們帶我回去，穿過其他狹窄走道——走道陰暗處擠滿了出來看熱鬧、穿著藍色長袍的女傭——來到宮殿外車子停著等我的地方。我將搭車前往現在只剩下十二哩之遙的希巴姆了。

【注釋】

❶丁尼生（Alfred Tennyson）：一八〇九～一八九二，英國詩人，重視詩的形式完美，音韻和諧，詞藻華麗，一八五〇年被封爲桂冠詩人。

❷蒙塔古（Montagu）與凱普萊特（Capulet）兩家族：莎翁劇作《羅密歐與茱麗葉》中不共戴天之仇的兩個家族。

❸出自英國詩人馬爾維爾（Andrew Marvell, 1621-78）的名詩〈致吾拘謹情婦詩〉（To his Coy Mistress）。

❹原文爲Ziadite Wazir，Ziadite這個字可能誤拼，可能是Ziadic或Zaidic，乃什葉派的一個支係Zaidy的形容詞，中譯爲「柴德派」。Wazir則爲「大臣」、「宰相」之意。

❺杜勒（Durer）：一四七一～一五二八，德國畫家暨版畫家。

❻聖強・費爾畢（H. St. John Philby）：一八八五～一九六〇，英國探險家暨阿拉伯學者，乃第一位從東到西橫越阿拉伯「空白之地」的歐洲人。

❼魯布哈利沙漠（Rub' al-khāli）：位於沙烏地阿拉伯東南部，乃全球最大的砂質沙漠，即使游牧民族亦難生存，又喚做「空白之地」。

❽瓦巴（Wabar）：烏巴（Ubar）的另一種拼法，乃傳說中的「沙中失落之城」，這城注定要毀滅，因爲它的人民「不但背負舊有的罪，還衍繁新罪」。相關探索請參考馬可孛羅出版《尋找烏巴》。

❾卜耳全・湯瑪士（Bertram Thomas）：一九二〇年代後期接受聘任，成爲馬斯喀特蘇丹及阿曼蘇丹的財物大臣，乃首位橫越「空白之地」的探險家，著有《快樂的阿拉伯》（*Arabia Felix*）一書。

第十七章　希巴姆

「巨人親手爲古時
英武如神的君王打造。」

——古羅馬樂府詩

蓋特恩城門大敞，好讓我們通行。我們開車進入炎熱的午後以及開闊空曠的谷地，現在幾乎連綿不斷的棕櫚樹在谷地南緣連成一線。我們不時會看見白色的西卡雅，間或有一、兩頭脖子像壺嘴、眼簾半掩的駱駝低頭踽踽獨行。駱駝是一種其貌不揚的動物，但就像某些相貌平凡的女子，牠們有雙可愛又柔和的黃棕色眸子，外加長長的睫毛。在這片被太陽烤炙得剛硬的世界中，牠們的眼睛通常是我們觸目所見唯一柔和的東西；不過，人們很少注意到這種美，因爲我們通常把心愛的人比做瞪羚，誰曾聽聞有人說，伊人有雙駱駝眼呢？我們經過水井與兀自獨立的民宅式碉堡，若爲古老碉堡則有四個角樓，不然則環繞樸素無華、裸露在外的圍牆。斷崖突出曝曬在大太陽下，斷崖間向內凹進的窪地在騰騰熱氣中靜靜躺著。我們穿過的一處皇家空軍起降地和一片平滑谷地融成一體，幾乎無從分辨。

現在看起來彷彿有一座低矮斷崖脫隊遊蕩到谷地中央。等到我們驅車靠近，發現它遍布皺紋又滿是蜂窩狀坑坑洞洞，中間垂直裂開成兩半像谷壁，斷壁頂上則像被一把巨大油漆刷濺潑過，灑得白點斑斑。一座用構成這附近丘陵的泥土就地取材所築成的城市，既老舊又滿布皺紋，蓋在一座土丘上，土丘裡無疑埋藏了該城市過去的祖先。這裡是希巴姆，屬於阿德人的子孫所有。這城市在中世紀時「豢養著國王的駿馬」，建築在「哈達拉毛的中央地帶」。此處五條乾谷像無花果葉的葉脈般分岔開來，讓坐落在谷地間的城市可以幻想擁有一片開闊天空。

當我們驅車靠得更近時，城市漸漸和周遭的斷崖區分開來。坑坑洞洞是窗戶，高高在上又小巧玲瓏，裂縫則是做下水道用的長豎坑，讓房子看起來更加高聳，還有就是永遠暗無天日的小巷。房屋向上收束，層越高樓越窄，直到收束成塗上灰泥的屋頂。房屋躲在一排稀疏的棕櫚樹後頭，爬升到七樓，在樹影的掩映中可以看到細緻的白色拜月樓群聚在一起。希巴姆小丘幾乎算不上是一座丘陵：它實際上是幾乎察覺不出來的地表隆起。在這個地方，城市就像浴火重生的鳳凰，無疑已經重建過許多次了。據說在北方部族壓迫下的人民從沙巴瓦撤離後就在這裡落地生根、重新開始。在我們開車過來的西側有一處窪地，那是當地的墳場，墳場荒涼不毛，面積比五百棟住著活人的陽宅還廣大，更加深了時間長河逝者如斯與恆久不變的感覺。

目前尚無汽車走的馬路可通到希巴姆。雖然一邊是水道，另一邊是墳場，中間是陡峭堤岸，但我們的座車都毫不顧慮地勇往直前。我們沿著牆邊開車，說牆壁其實不然，它們只不過是碉堡型房屋空無一物的地板——這些房屋沒有窗戶，但到處是小門。我們從南邊出來，來到一處沙地，這裡有駱駝帳棚，一身靛青的染工正埋頭製做手工藝品，穿著拖地藍色長袍的婦女則抱著羊皮袋子從井邊打水回來。城門矗立在上方鵝卵石累累的高地上，一群馱負木材的駱駝正舉步維艱地抬起腳跨過門檻。就在我們等待的同時，眼前人群來來往往，有貝都因人、士兵、包著頭巾的市民，以及頭上頂著垃圾桶的婦女。（在整個哈達拉毛地區，賣水和收垃圾這類市政工作似乎由女人一手包辦。）

我們等待時，我察覺到我們的侍衛和我身後的哈桑爭執不休，訴苦的聲音已經嗡嗡作響好一陣子了。他覺得自己在哈桑面前面子掃地、榮譽盡失，因爲哈桑的文明標準非他所能企及。除此之外，哈桑對馬卡拉政府也了無敬意，因爲他隸屬哈達拉毛東部蘇丹卡提里政權管轄，他們的國界正好與希巴姆接壤。雖然這兩個國家在六年前重歸舊好，但嫌隙仍深。

我們的侍衛正在解釋，他們必得讓我在希巴姆過夜，而馬卡拉代表必得招待我。他們必不能讓我路過此地卻不得借宿一宿。其實他內心深處左思右想的是，如何在這群無動於衷的觀眾前來個公開告辭，好向我催討他掛在心上好久的那一大筆薪餉。而這就是他日復一日走在我前面時，縈繞在他簡單腦袋裡的心事。他不具創造力的心靈，從不曾須臾想過，他也應該把我自己想在哪裡過夜的想法考慮進去才是。事實上哈桑也沒特別想過這件事。他除了會好鬥爭勝地翹起那肥胖下巴之外，萬事不關心。他弄來一部車載我，也會把我拐到卡提里的領土內：他以單音節字這麼說著，心知肚明他穩操勝券。從他胸前口袋冒出頭來的自來水筆顯示他屬於進步的西方；而他的小羊皮軟帽以及頂在粗圓頸子上的頭顱，又顯示他不是長臉形、具貴族氣息的哈達拉毛當地人。他是海珊國王在麥加的空軍退伍上校，他在那裡的土耳其軍事學校受訓，空戰時曾被土耳其人所傷。現在他是伊本・沙特的逐客流臣，對乾谷有躊躇滿志的現代化計畫，也已經爲泰里姆訓練了一批童子軍。的確，他比我文明得多。我的侍衛覺得自慚形穢，他的自言自語變得比過去更加急切了。這個時候，最後一頭駱駝從門口走出來，輪到我們顚簸走上這鵝卵石累累的斜坡，穿過希巴姆內門的小中庭。

我們身處擠滿優哉游哉一瘸一拐邁步的駱駝的廣場中；高聳的建築物向下俯視著我們，感覺自己彷彿置身狹長海峽中，頭頂上滔天巨浪呼嘯。對面一座拜月樓廁身於這些高聳建築物中，似乎和我們一樣矮小。此時此刻，在希巴姆我想到的不過是我的信件，以及從A.B.君的代理人那裡拿些錢，因爲我打算稍後人舒服點時再折返停留。我們匆匆忙忙來到一排房子前，頭頂上是高聳藍天，背後是聚攏過來的人群，而站在門口歡迎我們的正是代理人巴・歐拜德（Ba Obaid）本人。

他是個短小精幹的男人，身穿白色棉衣，像隻活蹦亂跳的蚱蜢般活力充沛。他帶領我們走上狹窄樓梯，每到一處平台總是面帶微笑地轉身詢問亞丁的朋友是否無恙。在辦公室裡，他的員工在燈心草墊上盤腿而坐。他們清出一個角落，又在我坐的地方鋪了條小毯子。他們帶來一袋子信件，我看到信上熟悉的郵戳，突然間周遭世界顯得遙遠而陌生。等我從往事回憶中回過神來，發現我們的侍衛依然在自言自語，只是現在對象換成了巴・歐拜德，後者帶著憂心忡忡的神情聽著。房間裡我們身邊則擠滿了一張張好奇張望的臉孔，而希巴姆的官方代表正魚貫走進來向我致意問安。

這些人後來都成了我的朋友，他們不憚其煩地好心幫助我。即使是現在，我們只是匆匆忙忙路過此地，我也注意到他們是如何禮貌周到又熱情歡迎。我未來的東道主，胡笙・阿將（Husain al-A'jam）和他的兄弟，張嘴微笑著，露出金光閃閃的假牙。這時老總督（他是馬卡拉蘇丹宮中的一名家奴）四平八穩地在地板上坐了下來，一腳膝蓋幾乎與下巴切齊，他開始研究起馬卡拉蘇丹的信件；他衣著講究，一副威風凜凜模樣，手裡握著有銀製杖頭的枴杖，染成金黃色的鬍子像一圈花邊似圈住他肉感的一張大臉。

他們在城外花園中爲我準備了一間平房，但我必須開車直接穿過此地，去更遠的敵對卡提里領土裡享受種種現代化的舒適。這事實讓我們大家同感痛苦難安，唯一例外是哈桑。他認爲這一切都是中世紀陋俗的最後一段插曲，巴不得這些老掉牙的過時客套禮俗趕快結束了事；而另一方面，我們的侍衛現在被逼到最後防線，因此突然爆發開來，公開宣稱我必須足不出戶。

「政府希望她大門不出、二門不邁。」他說，透露出他對自由意志與女權的心中感受，言語間流露的憤世忌俗讓我大感驚訝。我沒理會他，只解釋說我病得不輕，而假如找不到大夫，也必須找名藥劑師來；我說過幾天還會回來，來之前會先通知一聲。在許多東方國家，人們不過把這番話當做禮貌的客套話，有言無實；但在一些場合中我注意到，在哈達拉毛整個地區，英文字都被拿來做字面拘泥解釋，而這點得歸功在我之前造訪此地的所有旅人。

長日將盡，暮色漸濃，巴・歐拜德於是匆忙地從他休息的寢室中走出來，拿著一口棉布袋，數出一百枚銀塔勒，在地板上堆起一小落銀錢堆。總督和我未來的主人護送我穿過一條巷道來到停車的地方，而我們的侍衛這時方寸大亂，只在我們耳邊嘀咕著要討賞錢。我遞給他六枚塔勒，相當一個月薪資，但他一直夢想獲得金山、銀山，區區六枚塔勒算什麼玩意兒？他知道我手中的袋子裡還有九十四枚塔勒。我詢問我的新朋友們意下如何，他們央求我不要再多給他錢了。當時的場面眞的非常難堪，因爲他們觀念中以客爲尊的感受受到很大的衝擊——而我費了九牛二虎之力，才排開深不以爲然的眾人，又把兩枚塔勒塞進這唯利是圖的奴隸手中。雖然我對他並沒有太大的好感，還是很遺憾得這樣和他分手。他不是個聰明人，腦袋中一次只裝得下一個想法，而這絕無僅有的想法又通常是個傻念頭。人如果只有一種想法的話，當然得加倍努力才能發現他的想法是錯的。

當我們把這段插曲和希巴姆高聳如塔的建築物都拋在身後之後，我們便遵循乾谷北邊一條更爲乾燥不毛的路線而行。山丘上許多頹圮傾塌的遺跡，在在提醒過往行人這裡六年前曾發生凱埃提與卡提里蘇丹之間的戰爭。卡提里是哈達拉毛地區較古老的家族。根據希爾緒的說法，有一萬名卡提里人大約在一四九四年從靠近薩恩阿的地方遷移至此，並且先拿下海寧以東的內陸地區，接著從貝尼加桑人（Beni Ghassan）手中拿下沿海之地。當雅法伊部族和現在的馬卡拉王朝從山丘下來平地時，我們周遭所有土地都握在卡提里人手中。這兩個部族的人漸次把他們逼到現在的國界，就在希巴姆以東。

照例而言，在哈達拉毛乾谷，一如大部分地方，古城都建在丘陵的坡地上；但在這裡古城卻建在谷地邊，新城則蓋在平地上。除了希巴姆之外，就我所知，海姆達尼只提到一座城市泰利斯（Teris）是建造在乾谷的中心地帶。其他的城市都緊緊挨著較為易守難攻的谷邊建築，或像特里姆般沿著過去守護著它們的碉堡附近逐次往下搭建。

當我們沿著谷地北緣從希巴姆疾馳而行時，透過一叢叢雜草與新開墾的棕櫚樹墾地，我們幾乎能看見對面斷崖底下一處花園郊區。白色房舍掩映在棕櫚樹叢間，依稀可見，一如開羅的郊區。這些房子在最近平靜無事的幾年如雨後春筍般冒出來。西斜的太陽映照著它們，以寧靜光線照亮了斷崖間的窪地。至此我們不難理解爪哇富商何以渴望這片他們童年時的綠洲，他們橫越沙漠奔向這片綠洲，彷彿奔向專屬他們的一座圍著高牆的秘密島嶼。這島嶼絲毫不受外界汪洋大風大浪的影響，紅塵俗世的喧囂只像潟湖的波浪細細柔柔地打過來。

一名打赤腳的黑人奴兵，無聲無息地站在塵沙滾滾的車道上。他舉起手要搭便車。哈桑急切地要仿照西方規矩，只要任何人點個頭就義不容辭地下車，而我們也點頭同意幫助路上旅人。這名奴隸就坐在擋泥板上。我們橫越了上覆一層鹽的洪水河床，河床上地表太過堅硬、水滲透不下的地方形成一窪窪淺灘。每幾年就會爆發一次山洪，大水有時會挾帶整座棕櫚樹花園沖刷過來，就像六年前希巴姆附近所發生的情形；狹窄乾谷裡的滔滔洪水還會迎頭趕上並且淹沒整支駱駝商隊。但在這裡，地勢開闊而淺盆，而遠方分岔谷地的大窪地的岸邊，掩映在小麥田與棕櫚樹間的就是昔旺城。

它的花園裡滿是飛鳥鳴禽。我們穿越該城，繞著它的城牆開車，路上遇見居民便停車詢問：該跟誰拿我下榻處「伊茲伊德丁」（'Izz-ed-Din，宗教榮光）的鑰匙。這地方乃蘇丹的別館，是他炎炎夏日的避暑勝地。我們找到了鑰匙，打開門後是一座繞有迴廊的白色庭院。拾級而上便來到上面的房子。房前挖有一方游泳池，有白色欄杆及碧綠流水；走過門廊後是一間起居室和一間臥室。整棟房子都塗上灰泥，樓高只有一層；棕櫚樹僵硬的樹枝摩擦著牆壁與窗戶。裡面的房間一例白色且昂貴豪華，有排成一圈的天鵝絨椅子、沙發和小茶几。臥室裡有一頂粉紅色蚊帳，以及滾著粉紅花邊的枕頭。

這裡是一處世外桃源。我剛換下風塵僕僕的衣服，穿上我發現在哈達拉毛地區能被接受的黃底黑點綢緞洋裝，蘇丹和他的兄弟便登門造訪，隨行的還有卡夫家族三位都叫薩伊德的兄弟，當初若非他們的一片善意，我今天絕走不到這麼遠。他們坐成半圓形，隨和好客地聊開來，而他們流露的好客之情絕不會讓人想到招待遠從歐洲來的不速之客是件勞師動眾的苦差事。他們面目和善，習於處理同胞繁雜棘手的事務；而當他們天南地北閒聊時，總會靜靜望著我。很快的，我就明白他們如何在東方的歐洲人當中發財致富，又如何在老家執政掌權。

等他們告退好讓我休息後，哈桑帶我去看一間小浴室；在這浴室裡，你能一腳走進水深及頸的溫水中，一種古羅馬人的奢侈享受。他們在門廊擺上桌子爲我上晚餐，桌上鋪了條桌布，一逕擺著加州罐裝珍饈美食，外加到目前爲止幾乎無法取得的牛奶，那是從花園中土厝裡一頭母牛身上擠來的。在我把頭枕在粉紅花邊枕頭前，我望著窗外，瞧見底下整理成一個個小方塊的百日菊，而不僅百日菊花床賞心悅目，一旁的紅蘿蔔和其他蔬菜同樣迷人。

第十八章　昔旺城

「我同意女人也能知書答禮，
但我絕不願她們不守本分，
孜孜矻矻，一心向學，以便博學多聞」

——《博學婦人》(*Les Femmes Savantes*)，莫里哀❶

昔旺城裡有位藥劑師。他清瘦、年輕、羞怯、輕聲細語，有著馬來人的五官，是那種哈達拉毛人與海外異族通婚混血後常見的五官。他的童年是在澳洲達爾文港（Port Darwin）度過的；而早晨哈桑把他帶到我的床邊時解釋道：「家人安排他回哈達拉毛，好讓他的宗教信仰不致遭到破壞。」

長得人高馬大的哈桑，現在不再硬塞在太小的短襯衫裡，而穿著一襲花格子棉布長衫，望之儼然像罩了防塵套的羅馬皇帝。他以五呎之尊居高臨下、慈眉善目地俯視著這位謙卑自抑的年輕人，這位皈依眞主而倖免於上刀山下油鍋的人。他在澳洲的童年似乎沒有白過，他給了我一些藥，在我的前臂打了一針，臨走時帶著一抹憂鬱笑容在門前台階遲疑了一會兒，說道如果上帝願意的話我會好起來的。無論如何，他的神學是正確無誤的。

稍晚我到他的醫務室找他，醫務室是一棟老房子，裡頭有兩間房子，有雕花窗櫺的窗子和塗了灰泥的裝潢。天平、顯微鏡與瓶瓶罐罐排成一排，在一個望之不似醫務室的地方，這一切小心翼翼地保持乾淨清潔；一篇醫學論文放在桌上。不過，他說他的醫務室門可羅雀，整體而言，昔旺城的人寧可用燒燙烙鐵在頸背上燒炙。他不需仰賴他們的鼻息，因爲他的薪水是卡夫家族的薩伊德所支付的，但也許是他眾人皆醉我獨醒的道德孤立感使得他如此謙卑自抑。當我讚美他把醫務室整理得如此井然有序時，他以溫柔眼神環顧四下並雲淡風輕地說：「遍布灰塵。」我離去時覺得，一如我經常會有的感覺，他如此單純無心機地相信現代文化，在落後地區推廣現代文化，在這不乾不淨、陋習不改、散漫苟且、因循舊習的城市裡，獨力維持一個「遍布灰塵」的醫務室出污泥而不染地乾淨整潔，這其中散發幾許英雄氣概又有幾分悲涼。

昔旺城事實上是諸城中最宜人的一座。我閒適悠哉地驅車穿梭在它零星散布的土黃與白色相間民宅之間，就算千遍也不厭倦。它們從傾斜的牆垣和樓上的格子窗，俯視底下塵埃滿布、未鋪石板的靜悄悄街道。孤寂的街道空無一人，偶爾看見一名婦人拖曳著長長的藍袍穿過雕花門，或貝都因人的駱駝馱著貨物擦過被磨粗的泥牆角。民宅富於各式各樣雕工精細的花邊，它們的胸牆從底下溫暖的陰影處一路向上拔起，直插天際，環繞著古城堡。時而會看見像槍砲孔的突出物，這設計原是用來將滾燙熱油傾倒在攻城的敵人身上，但在這裡有了比較和平的製作目的，那是爲了讓後宮女眷們俯視底下的花花世界而不至於拋頭露臉。後宮除了大門之外，通常也有一扇自己專用、挺不起眼的小前門。城中有許多陽光普照的靜謐小巷，巷弄中有一座白色清眞寺，或一座製作精美的西卡雅，其上有一、兩株遮涼的棕櫚樹。整個昔旺城裡的排水溝都加蓋，並通到外表平滑光亮的加蓋泥製水槽中，如此一來，人們可以放一百個心四處蹓躂而不必擔心衛生問題。這的確是個乾淨宜人的城市，有一座用七排石柱建成的古色古香清眞寺、一處市集、一座蘇丹宮殿，以及一座公墓；這一切都坐落在該城的正中央，正如一座中古封建城池的格局布置。遇到趕集的日子，夾在四個角牆間的宮殿白色主體，會浮現在黑壓壓一片的駱駝之海上，外加成群結隊的山羊、綿羊與驢子小販、編竹籃的小販、蹲坐在地上叫賣蔬菜的菜販、秤斤論兩賣鹽巴或魚乾或胡椒或一些七零八落像鐵釘、繩索與草鞋等小東西的小販，還有戴著高帽賣披肩的婦人。

在我停留此地的最後幾天，當我得以進城一遊時，得靠兩名奴隸擎著棕櫚樹枝，有時還得用來福槍槍托，才能排開群眾，掃出一條通路來。這些群眾幾乎從未見過法朗磯婦女，因爲殷格蘭夫婦路過昔旺城卻不稍停留。我此時也登上蘇丹宮殿的巍峨高樓，來探訪他的三千後宮。我發現她們爲人友善且性情快活，一身哈達拉毛式穿著打扮，但絲綢中閃爍一絲印度風絢爛光澤。長袍上刺繡著五顏六色的繽紛圖案，背後鏽著一顆星星，腳踝掛著踝扣。有些仕女穿著爪哇風味的服飾，一件直腰絲質外套，但論及優雅卻較拖地長袍大爲遜色。她們臉上脂粉不施，只有嘴唇塗唇膏。她們對我滿懷姊妹情深，各個帶著驚恐之情觀看我滿布雀斑的手臂，她們認爲這都是痲疹惹的禍。我站在她們高高在上的樓頂陽台上，俯視著昔旺城及其花園，看著城市躺在玉米田與棕櫚樹叢間，從峭壁底下一路傾斜向上的城牆將城市團團圍住。城門大開，城牆搖搖欲墜，在在顯示出今日的昇平景象。因爲蘇丹鐵腕統治，奴隸們都聽話順從，而貝都因人則對他敬愛有加。他是部族酋長，他告訴我他是海姆達尼的後代子孫，不論多大筆的金錢或花錢收買的效忠，都比不上他一脈相傳的血統更能贏得族人的尊敬。

我越來越喜歡阿里・伊本・曼蘇爾蘇丹了。他年近不惑，頭髮依然捲曲烏黑如昔，編成一條條小捲。頭顱是圓滿的圓形，通常以層層疊疊、寬寬鬆鬆的頭巾包住。他一身寬鬆褶曲密密麻麻的衣服，喜歡穿著北方的長袍馬褂。他像一件行李般坐在沙發的一角，一雙小眼睛明察秋毫，在不矯揉造作的圓臉上掛著的鏡片後閃爍著笑看世間的光芒。在我離去之前，我們說動他穿上他最出色的戎裝，一件厚重的藍布嗶嘰制服，黃金勳章密密麻麻點綴其間——這讓我想起一位美國小女生對蘇格蘭禁衛軍所說的話：「我的天哪，你怎麼全身上下掛著這麼多可愛的小玩意兒呀！」的確，對拍照留念來說，勳章的確光彩奪目，但穿在身上就熱極了。他也是這麼想，所以正如任何頭腦清楚的人會做的，他寧可穿著長袍馬褂，但他倒也不抗議西方的標準。正因爲如此，我感覺他把我遠道來訪視爲新時代的一種現象，雖然勞師動眾卻無法抗拒。他和他身旁的兄弟（一位清瘦沉默的人）在第一天晚上坐著幾乎不說話，而卡夫家族的薩伊德們卻高談闊論現代化的東西，像馬路、汽車、飛機等等。而只有在我坦承說我更喜歡寧靜與舊東西時，這位蘇丹才露出微笑，也開始看出我們也許能臭味相投。因爲他本身也喜歡老式生活，而即使最先進的人也喜歡聽別人誇獎他們本身的不足劣勢，不論他們良心如何再三叮嚀他們要崇尚新事、唯新是從。我總認爲我們常對東方表現出的禮讚稱許品味堪疑，因爲我們只稱讚他們向西方抄襲模仿的東西。

阿里蘇丹是一位讓人感到舒服、嫻於社交又和藹可親的人。他的兩位夫人，一位「下到城裡」、一位「在山上花園別館」也的的確確這麼想。他愛他的花園，也喜歡坐下來和朋友在棕櫚樹下品茗，一邊觀看一畦畦方正的紫花苜蓿苗圃，以及玉米、大白菜、紅蘿蔔、洋蔥、白花草、西葫蘆和一種他們叫做「巴塔塔」（batata）的旋花科植物，以上這一切都隨意蔓生在年幼蔥鬱的棕櫚樹叢中。放眼望去看不到什麼，因爲一道泥土高牆將城市團團圍住，只能望見遠方的峭壁頂端。築牆的原因是：後宮佳麗們在夏天時遷移到夏宮「宗教榮光」時，如果外人可以由外窺視宮裡生活起居的話，這成何體統呢？在這花園別館自成一個世界的靜謐與凌亂格局內，散發著一種寧靜祥和的氣氛。花園一角有一口水井，像麥什德的古井般，井牆是不用灰泥的乾砌牆，旁邊有一座乳白色西卡雅，牆上鑿孔在洪發時能讓大水流過。我們看到一名村婦和她的女兒穿著藍色長袍在樹叢間忙著農事，以及鳥兒、蟋蟀和蜥蜴。我試著爲促進動物學的緣故蒐集這些蟲鳥標本，但後來還是決定不去干犯牠們，因爲我發現把一隻活蹦亂跳的蚱蜢泡在酒精裡活活淹死，是多麼令人由衷憎惡的事啊！

阿里蘇丹早上通常會過來，而在樹蔭下坐定前，他會召我前去，和我說說阿拉伯的歷史，或閱讀我帶來的海姆達尼的書。任何人看了這本書都會爲之深深著迷，因爲書裡滿是哈達拉毛行之有年的古老傳統。至於他，由於我臥床養病時身邊沒有東西可讀，他於是借我一本阿拉伯異教徒的歷史；我眞希望我能再找到這本書。這書開宗明義第一章就是談論女性，因爲阿拉伯人喜歡女人。在女人的諸多優點當中，有一點是她們理當要「遇善人時沒齒難忘，遇人不淑時又能逆來順受」；諸如此類的警世勸言不一而足，不幸的是我都忘得一乾二淨了。

我在花園別館的靜謐中待了幾天後，開始覺得恢復了健康。我走出來到門廊上用餐，哈桑站在一旁，一邊在我頭頂上搧風驅趕蒼蠅，一邊談論著教育。

我們談話的內容有關一名送我三根甜菜根的薩伊德鄰人。「他，」哈桑告訴我說：「寫了一本關於語言的著作，而大家都說這是有史以來寫得最好的一本書。在他之前沒有人能就這個主題寫出六百章以上的篇幅，惟獨他一寫就是一千章。」

「能夠像他那樣創紀錄是非常現代化的一件事，」我向哈桑說道：「每個人都用汽車來創紀錄，何不試著也用寫作來創紀錄?」

哈桑看起來心中很是受用。「我們這裡現在越來越現代化了。」他坦承。

他告訴我說，讓我遲遲無法成眠的噪音，一種奇特的哼哼嘰嘰的聲音，就是他們設法在蘇丹宮殿和我們之間裝設的電話。他們兩頭都安裝好電線了，但一直拉不直，所以它晃來晃去像風琴般唱著歌，讓這古老的乾谷回響著二十世紀的聲音。

「在泰里姆，」哈桑說：「家家戶戶都有電話，但是城鎮與城鎮之間則沒有電話可通，因爲一旦電話線出了牆，就會被貝都因人剪斷。」哈桑不喜歡貝都因人，因爲他們不現代化。假如他看到我和他們交談，看到他們輕鬆容易就自抬身價，認爲自己可以和別人平起平坐時，他就會翹起下巴，兩眼直視正前方，正眼看都不看他們一眼。這時我只好找個適當時機來個金蟬脫殼計結束談話，然後高高在上又優雅高貴地爬上我的座車。

過了一陣子，我們開車出城，沿著洪水沖刷出來且遍布石礫的乾河床而行，一路上看到許多長著灰色葉子的灌木叢。當地人將這種灌木稱做「雅布兒」（ya'būr），紮成一捆捆用來支撐泥土屋頂，而這是蘇丹的獨賣專營事業，是大宗收入來源。它們會綻放一種紅色花朵，像一朵朵烈焰火舌。

再下去就是薩伊德・阿布・貝可・卡夫（Sayyid Abu Bekr al-Kaf）的新居及花園，我們一有空就立刻去探訪。新居還在興建當中。他的花園是哈達拉毛第一座仿歐庭園，邊緣以石頭砌成的圓形花床目前還一片空蕩蕩，只在每圈花床中央種了一株樹，花床邊由修剪整齊的散沫花叢圍成籬笆，花園中央有一座噴泉。這座新居是昔旺城第一棟以混凝土蓋成的房子，「如此一來，房間就不需要有柱子撐了」。哈達拉毛舊日的木工以及鉛鑄卯釘已經廢棄不用了，將來安裝的門窗都是仿歐式樣，所費不皆又精雕細琢。這裡每件東西都造價昂貴，即使廁所也不例外。若是傳統廁所則地板下陷又到處積水，不過卻另有一番情趣。廁所天花板正中央鍍金，而正廳將像新加坡的旅館般裝上玻璃天花板。作品呈現維多利亞中葉風格的裝飾家，他們的心已經因觀想天堂之美而得到淨化，如果他們從永恆的胸牆居高臨下俯視，一定會看到自己的作品竟然像癌細胞般蔓延擴散在這未受污染的世界中，你能想像有什麼懲罰比這更殘酷的呢？

人類因爲吃了知識樹的禁果而付出如此高昂的代價，如果還不能利用知識來分辨他喜歡什麼，不喜歡的又是什麼的話，那麼人類腦袋究竟哪根筋出了問題？使我們無法知道自己喜歡什麼的不是無知，而是四體不勤與懦弱膽怯。無知無識的人如果任其自由發揮的話，依然可以創造出人見人愛的東西。但是當我們開始認爲我們應當推崇這個而鄙視那個的時候，魔鬼就會開始在內地製造商的心中興風作浪，而他們批發出來的貨品，我們就照單全收，正如東方照單全收西方一樣。我們照著別人的想法來思考，卻太怠惰又太恐懼去發掘自己的思想。這位親愛的老薩伊德每次看著石雕門就愛不釋手，而在他古老的家鄉中他找到了快樂，這座舊城是我所見過唯一一座雍容華貴又美輪美奐的城市，找不到任何嘎然刺耳、荒腔走板處，可是他卻認爲自己有義務引進我們西方的醜陋，好永遠破壞這片美景。

我試著說出我的看法，但婦道人家的話又算什麼？不過是一陣耳際聒噪，中聽或不中聽還得看當時的時間與地點而定。當我把我的感覺向他解釋時，薩伊德・阿布・貝可一笑置之，認爲我不過是對哈達拉毛建築之美客套一番罷了。難道這些東西不是我們製造而且還居住其中的嗎？如果我們不喜歡它們的話，那爲什麼要這麼做呢？他帶我到一棟塔式建築裡，在這裡他的家人依然遵循古法生活。

他的夫人身穿紅色絲質長袍站立在層層台階的頂端，手指塗抹散沫花金黃色汁液，還戴著美觀大方的戒指。更往前走，穿過一條條走廊，我們遇見他年輕的媳婦，這天是她產後第四十天，一身穿戴得美麗動人。有人正以褐色「虎大耳」染料爲她的手腳畫上繁華縟麗的花邊，等到大功告成，看起來會艷光四射，彷彿戴上連指手套般。再過幾天，她就要到泰里姆參加一場婚禮，而我也在應邀之列。她們都是標緻佳麗，我後來又再度造訪她們，很喜歡和她們同處一室。她們在昔旺城的時間還不算太長，薩伊德・阿布・貝可是在泰里姆的奴隸揭竿而起而局勢難以收拾後遷來此地，他帶了其中一房家人同來，希冀寄情園林院囿，在花草樹木中安享晚年。佳麗們都殷殷期盼新居落成，新居是一樓平房，坐落於一處封閉場地的中央，她們可以在其中漫步蹓躂，這點從女眷愜意舒適的觀點來看是值得記上一筆的。

當我們坐在那裡時，昔旺城中一位飽學的寡婦捎來口信，邀請我去看她。一位綠色罩袍拖地的女傭領著我穿過地面鋪沙子的棕櫚樹花園，登上其他塗有灰泥的台階，來到一間舒適宜人、有柱子、鋪有地毯的房間。房間裡大約有二十位仕女，圍著她們的精神領袖坐成方形一圈，手臂上圈著琥珀臂鐲，身穿棉布印花長袍，像極了莫里哀喜劇中的飽學仕女。寡婦年紀尚輕，體態豐盈，眼眸明亮，臉龐兩邊各有一條美麗的小髮捲。當她看到我走過來時，正匆匆忙忙埋首於置於前方地板書架上的一本博哈里❷。她以專家那種無抑揚頓挫的平板嗡嗡聲頌唸著書中章節，全神貫注，專心一致，並沒有注意到我人在場，而她的女弟子們則蠢蠢欲動、坐立不安。她們一方面習於乖乖順服地聽講，一方面又滿心好奇地想一睹我廬山眞面目，內心正天人交戰中。

我走上前去，和席地而坐的女士們擦身而過。我彎下腰，向屋子的女主人伸出手給她親吻，她以和藹親切的歡迎詞歡迎我加入她們這支紅粉學習團隊。她並沒有逐步起身接住我的手，卻像彈拍什麼似一把攫住我的手，然後一手握住我，並以眼角餘光瞥視我，另一手則示意女弟子們注意她。她每唸到句點處，就以塗抹著散沫花汁液的美麗細小手指強調一番，口中還一邊引經據典，引用先知穆罕默德、可蘭經及歷代詩人的詩節——因爲她本身是舞文弄墨的騷人墨客，參加過公開的賦詩比賽，還贏得一整組茶具做爲獎品。她說，每天這些女士都會在這裡齊聚一堂，聆聽她讀這五本書中的一本，有可蘭經、博哈里和穆斯林❸，另外兩本傳統讀物我倒是忘了。我正巧讀過一點博哈里，便講了半句關於他的話；話還沒說完，她沒有一秒鐘的遲疑，便渾然忘我地縱身於哲學及宗教的至善至美領域中。「妳爲什麼不在這裡住下來呢？」她說。「我們每天就可以以文會友，一起默想沉思。」

我當時的確是在默想沉思，因爲輪不到我開口說話。她的女弟子們有此榮幸，得以天天親炙這位女薩伊德的教導，但親眼看見歐洲女性的機會可是少之又少，於是她們開始出現以下犯上的跡象。最後她們差遣一名著綠袍的女傭穿過房間捎來口信，問我是否介意摘下帽子：她們就算聽不到我說話，也要看看我的廬山眞面目。我摘下帽子，笑容可掬望著她們：有些人張開嘴，但沒有人膽敢冒犯打斷女薩伊德的話，舌燦蓮花的她已經隨著天馬行空的想像力馳騁優遊在詩的世界中。上課結束前，我起身告辭，因爲長日將盡，日頭漸低：我離開女薩伊德時，心中對她懷抱著友好親善的感覺，因爲她的滿腹詩書汩汩泉湧，信手拈來，毫不費力，在乾燥不毛的神學草原中，正像穿梭於岩石間的一道山溪。她告訴我說，在昔旺城中還有其他幾名飽學的女夫子，因爲該城和泰里姆都是宗教氣息濃厚且人文薈萃的城市，但她們都「非常偏執」。她卻非如此，她張開雙臂歡迎歐洲的聽眾，而她的友善乃眞情流露。我回程經過昔旺城時，她前來看我。她的先生已經過世了，她兒女成群，住在自己的房子裡。我能想像她是哈達拉毛最幸福的女性之一，因爲她做她樂在其中的事，既品德高尚又舉足輕重，而且人們總是在她面前這麼說。

翌日早晨，二月十六日，哈桑和我離開了「宗教榮光」，踏上了泰里姆三日遊的旅途。

【注釋】

❶莫里哀（Moliére）：波奎林（Jean-Baptiste Poquelin, 1622-1673）的筆名，法國著名劇作家、演員、劇團經理，首創法國現實主義喜劇和喜劇的新風格。

❷博哈理（Bokhari）：一部「聖訓集」的簡稱，其編撰者的名字以「博哈里」著稱。

❸穆斯林（Muslim）：一部「聖訓集」的簡稱，其編撰者的名字以「穆斯林」著稱。

第十九章　哈達拉毛，有幸相會！

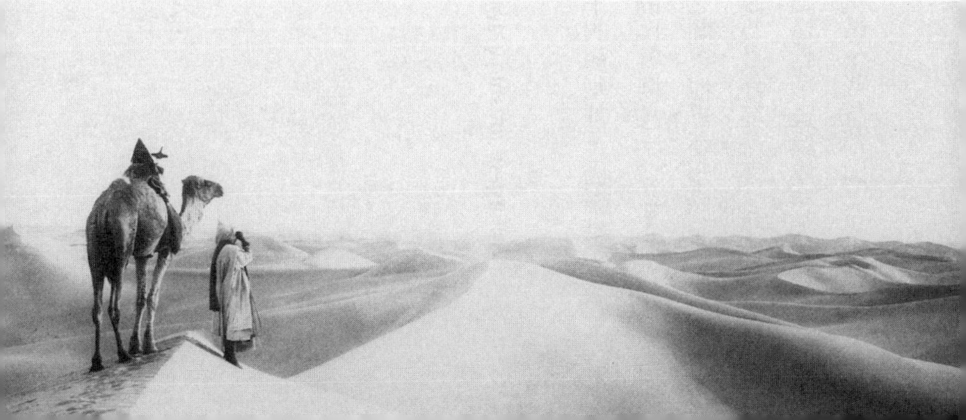

(قال يزيد بن مقسم الصدفي)

يا حضرموت هنيئاً ما حصلت به　　من الحكومة بين العجم والعرب

في الجاهلية والإسلام يعرفه　　أهل الرواية والتفتيش والطلب

「祝福好，哈德拉毛！

你盛開著傳統與學術研究的似錦繁花，

番邦蠻族與阿拉伯都認定你，

在無知不文與伊斯蘭的年代中獨領風騷。」

——葉季德・伊本・馬格薩姆・薩達費（Yazid ibn Maqsam as-Sadafi）

第二天早晨我下樓來到中庭時，發現即將帶我們前往泰里姆的車子的前座裡，已經坐了一位風塵僕僕、身塗藍色染料、正在保養槍枝的貝都因人。他是我們的「賽阿拉」（saiara，鏢師），是阿瓦米爾（'Awāmir）族人，他們的土地就介在這兩座城市之間。他裹在一條看起來像屬於他母親的披肩裡，我正打算爲他拍張相片時，哈桑壓低嗓門說我最好等一等。想到我們需要一名保鏢護送這事實，就讓人心裡好生難過，而沒有人想強調這點，雖說沒有人認爲這是什麼大不了的困擾。卡夫家族的薩伊德們解決這問題的辦法是給一些貝都因人終生俸，請他們護送任何來往通行的車輛。

我們這位阿瓦米爾族保鑣是位友善、沉默寡言的人，有著貝都因人那種討喜的單純、直接又知足常樂的心靈。他待我禮貌有加，因爲我剛剛無意中聽到哈桑解釋我是何許人時，把我說成是「英國的一名蘇丹」。當我讓他透過我的相機來看風景時，他開懷一笑。「相機把東西都變小了。」他好生失望地做下結論。

我注意到他並沒有像塞班峰的貝都因人那樣，在槍托上覆蓋一層野生山羊皮或瞪羚皮。

「我們不時興這麼做。」他說。

「那麼當你殺掉一頭野生山羊時，你做何處置呢？」我問。

「我們把牠的角製成號角。牠的頭則用來跳舞時掛在頭上，然後邊跳邊叫，我們管這舞叫做「紮迷兒」（zàmil）。」

「每個人都有自己的稱呼，」哈桑說：「薩伊德族人把舞喚做「雪兒」（sherh）；婦女的甩髮舞在這裡叫做「紮芬」（zafin），在馬卡拉則稱爲「那兒許」（narsh）。」

「但是你們現在天下太平，」我說，又扯回野生山羊的話題：「你們好一陣子用不上軍號了。」

「當他們缺錢用的時候，」哈桑議論說：「他們就會在路上埋伏偷襲。這時，大夥兒就得沿棧道爬上又爬下，走北邊那條路跋涉過約耳高原到泰里姆去。這條路是七年前薩伊德族人被部族中斷買賣時打通的。」

阿瓦米爾族的保鑣又再度莞爾一笑，彷彿我們指桑罵槐地說他年少輕狂，雖說已是陳年往事，但他並沒有多大悔意。

我們離開昔旺城郊區花園來到乾谷南側，由於洪水在北側沖刷出稍微深一些的水道，使得南側乾燥不毛。

我們經過馬里亞馬（Mariama），突出的懸崖基座以西是座現代化城鎮，以東則是老城。人們說懸崖頂的岩石堆中有座蓄水池，而范·登·穆稜提到有條古道可以通到南方。灌溉哈達拉毛的方式顯然就是將乾谷狹窄的部分攔起來成為蓄水壩，在古代許多地方想必都這麼做，一如葉門。我很懷疑昔日這一帶比今日肥沃膏腴；通商貿易的有利可圖，使得人們認為值得注意一般行路安全，一旦行路安全，接下來維持水利灌溉與農業發展也都能水到渠成，而人人都知道這難得有水滋潤的土地需要哪種持續不斷的照顧才能保住這片生機。在美索不達尼亞，短短幾年間運河河堤的破壞，使得巴比倫的肥沃帶淪為一片像土耳其高原的沙漠。傳說南阿拉伯的貧窮肇因於馬里布水壩的毀壞。實情也許是貿易逐漸式微，以及隨之而來的漫不經心，不勤於守護水利灌溉以及修護水壩與蓄水池，乾谷水壩就是個活生生例子。巴克里（Bakri）曾記載道：「昔時曾阡陌縱橫，但在伊斯蘭時代之前不久便乾涸，遭棄置任其荒蕪。」從哈達拉毛前往葉門的駱駝商隊，沿路經過的盡是沃土膏壤之地，我倒不相信，歷史上曾經出現過這樣的時代。艾留斯·加盧斯❶領導的羅馬遠征軍兵臨馬里布城，卻不得不在飢渴交迫的威脅下轉進折返，而這事發生在水壩被毀之前許久（水壩毀於六世紀）；當時，根據阿拉伯人的奇思幻想，「人們得以在連綿不斷的樹蔭底下旅行達兩個月之久，一路走到馬里布之地」。假如此地以任何非阿拉伯的標準來看，果眞有那麼一點差強人意的肥沃的話，他大可在這裡休息，讓軍隊恢復疲勞、養精蓄銳。

最早的伊斯蘭地理學家提到馬里布與哈達拉毛之間的這塊地時說：「通向沙巴瓦危機四伏的沙漠，哈達拉毛的第一座城鎭」（巴克里），或是「塞哈德沙漠，這裡只有烏鴉稱霸王」。後來巴格諾德（Bagnold）上尉描述的駱駝商隊來來往往的利比亞販奴商路，在上個世紀整整百年中走上一百五十哩仍無滴水可喝，在在顯示出爲了有利可圖的通商貿易，旅人得克服何等迢迢遠路、重重危險與不適難受。古老的香料之路也許正如今日的葉門駱駝商隊那樣，沿著有水處而行，並穿過當時的肥沃膏腴之地，也許其沃腴程度與涵蓋面積還遠超過今日所見。

在南阿拉伯帝國統治下的東南葉門，其人口無論如何都比現在來得多，此事實或許可從塞爾瓦赫（Sirwah）珍貴的希米亞里特碑文中的一些數字裡推論出來：兩萬六千人被殺，另有六萬五千人被俘，顯示大約從奈季蘭以南到海邊的這片土地上，想必當時的人口繁茂過今日。而另一方面，計算出二十萬頭牛隻，指出有相當多逐水草而居的牧人住在未有農耕的大草原之地，正如今日情形。

任何人沿著乾谷一路駕車往前行，都會忍不住深思這些問題，因爲你可能不經意就和希米亞里特❷古城巧然而遇。在塔爾巴（Tarba）之前的一座孤島形岩石上有古城遺跡；塔爾巴再過去，在稱做蓋里亞特薩內（Qariat Sané）或薩納希耶（Sanahīye）的地方，懸崖下有一座傾圮的城市；而在阿德默乾谷斷開處，在通到希赫爾與大海的現代公路上，也許有條古路暗藏其間。因爲范．登．穆稜在那裡發現了蘇內（Sūne）遺址，並且描摹下碑文與浮雕，就是後來我在泰里姆薩伊德．阿布．貝可的花園中所看到的摹本，而他還一片善意地將其中兩本送給我❸。

當我們沿著乾谷南側驅車前行時，除了這些事情之外，我們還有其他許多東西可以解悶消遣。

我們行經一處埋葬女聖徒舍赫蘇塔娜（Shaikha Sultana）的地方，現在不但有信女來此朝聖，善男也接踵而至。更往前行是伊斯蘭教使徒薩伊德．阿哈馬德．伊本．以薩．穆哈吉爾（Sayyid Ahmad ibn 'Isa al-Muhajir）的陵寢，他乃是此地所有薩伊德族人的先祖。他來自巴斯拉，先在哈賈拉因落腳，接著才來到此地，最後在懸崖亂石破片中一頂白圓頂下長眠安息。他讓哈達拉毛之地皈依改宗伊斯蘭教。本地居民可分成四大階層，而自他繁衍出來的薩伊德族人正是其中一個階層；這四支是：薩伊德族人；卡比利族人（qabīli），他們雖然定居在平地城鎮，卻衍生於山區部族；梅斯巾族人（meskīn），也就是勞工階層；還有就是最低下的迪阿伊夫（農夫）階級。薩伊德族人不帶槍械，不興兵戎，人人敬重有加，但近年來有所改觀，在移居海外的哈達拉毛人當中所展開的現代化運動已經開始侵蝕他們的權威了。

我們行經這些聖地之後，經過坐落在一處分支乾谷裡的塔爾巴。該城是阿瓦米爾族的首府，而根據哈桑的說法，不是什麼地靈人傑的好地方。然而在旭日朝陽的金光下，望著城裡青壯棕櫚樹園鬱鬱蔥蔥的景致，我們很難想出有什麼風景比這更加渾然天成、更令人陶然忘機了。谷寬稍微收束，但出了塔爾巴城不遠處，谷地在南方又開展成地勢低窪、黃沙遍地、通向希赫爾和大海的阿德默乾谷。綿延成一線的駱駝隊伍正在那裡緩緩移動，自從交通開通以來，這景象想必從未間斷過。我看到了我們的駱駝腳伕，就是他把我的行李從哈賈拉因運上來；他側坐在有塊紅腫的駱駝背上搖啊搖，一臉笑容可掬，彷彿他鄉遇故知。

穿越阿德默乾谷長滿濕潤茂盛植物與蘆葦的洪水河床後，我們這條做爲交通要道的哈達拉毛乾谷折向北方，谷寬窄縮，名稱也改做馬錫拉乾谷。我們也橫越過馬錫拉的洪水河床，河床裡有一汪汪尚未被土壤吸收的積水，水塘邊垂懸著「依特勒」（ithl），也就是檉柳。當我們挨著乾谷邊緣前行時，一座有四個圓柱形角樓的堡壘在左手邊俯視著我們。在這兒多沙的土壤中，經常能看到檉柳樹；它們的綠蔭撒在地勢隆起處的一口水井旁，三男一女正在井旁拉著皮製吊桶。他們先是邁開大步向上爬行，接著手握吊繩沿著傾斜光滑的泥坡向後跑。人們告訴我說，這樣的動作他們一做就四個小時。

我閒晃向前觀看他們。「不要，別照相。」他們一看到我就這麼大叫道。

「主賜平安。在你勞動時，願主賜給你們力氣。」我說。

皮製吊桶升起，重見青天白日，而當它頹然墜下時，便撲通一聲濺起閃閃發光的水花。他們很機巧聰明地在桶底牽了一根線方便拉扯，一旦吊桶上升的高度足夠，只要一扯桶身便能自己傾斜，水也就傾洩而出了。這三男一女解釋說，打死他們也不願意幹這粗活狀甚狼籍時被人拍照留影。在東方，人們依然覺得「伐木工和汲水夫」是賤役，丟人現眼見不得人的。

這會兒，我的貝都因僕人閒散地漫步過來，既不大聲張揚也不解釋，就在樹蔭下坐將下來，準備哈一口他們的水菸袋。一大叢攀藤黃花爬上水井上方的竹竿，使得竿上開花的竹竿在藍天白雲的襯景下顯得美麗動人。底下橫亙著乾谷，谷裡零星點綴檉柳的小沙丘顯得寂然孤零又寧靜祥和。偶爾的例外是輪胎被刺破一個洞，這時哈桑和駕駛就得和汽車機械搏鬥一番。等破洞補好，他們以雖熱昏頭卻深以自己技術高明為榮的神情喚我們過去。我們走出陰涼閒散的一方小地，很快就驅車來到泰里姆的古城門，這城市在陽光中白淨得像奶油。城門前，一群黑白山羊正低頭嚼草，脖子上掛著護身符，乳房整整齊齊地以印花棉布袋子套住。

泰里姆是座歷史悠久的古城。舍赫阿里（Shaikh 'Ali）清眞寺的台階上嵌了一塊古示巴石板，上面刻著A. L. M. D. 這幾個字母。他們也在城北郊發現一座古墳，還帶殷格蘭夫婦去看。這裡是巴努・阿姆爾・伊本・穆阿維雅（Bani 'Amr ibn Mu'awiya）諸王的家，其中一名國王造訪過霍斯羅（Chosroes）❹的宮廷。而在先知逝世後叛教棄信的年代裡，泰里姆據說是哈達拉毛唯一堅守伊斯蘭教信仰不渝的城鎮。大多數叛教棄信的人都隸屬金達這個部族，而這部族今天依然生息於阿德默乾谷中。兩派人狹路相逢，他們便和伊斯蘭教徒在一個叫做邁赫杰爾祖爾康（Mahjar az-Zurqan）的地方打起仗來。伊斯蘭教徒的領袖是來自薩恩阿的穆哈吉爾・阿比・烏邁亞（al-Muhajir ibn Abi Umaiya），以及伊克里馬・伊本・阿比・賈勒（'Ikrima ibn Abi Jahl），後者在擊退阿曼的叛教徒後，行軍穿越邁赫拉來到艾卜揚（'Abyan，就在亞丁以東）。可想而知他們是沿著海岸線行軍，因爲內陸地區已落入叛教徒手中。記載中提到有些希赫爾城居民跟隨他。無論如何，他從艾卜揚前往馬里布，在那裡與伊斯蘭教主子會師，接著他們跋涉過「介於馬里布與哈達拉毛之間的荒地」塞哈德，走的是沙巴瓦之路。邁赫杰爾祖爾康必定就在這路線上某處。叛軍在那裡被擊潰後，將自己鎖在城堡內閉門不出，最後終於投降交出努賈伊爾（Nujair）城堡。我後來輾轉從哈達拉毛的朋友那裡聽說，這座古堡至今仍殘存於泰里姆與埃納特（' Enat）之間，靠近米示塔（Mishta）一處叫做胡賈伊勒（Hujail）的地方。

泰里姆人對於古時該城堅定不移的信仰相當引以爲豪。今天它在一個被視做伊斯蘭教信仰堡壘的國度裡，依然是足爲楷模的宗教之城。據說泰里姆城內有三百六十座清眞寺，其中一座乃穆札法爾建於十四世紀，他是從葉門來征服佐法爾的蘇丹。至今還做禮拜用途的清眞寺有六十座，然而這只是臆測推想罷了，因爲歐洲訪客罕有機會和泰里姆的宗教人士會談。卡夫家族的薩伊德們心胸寬大、熱中革新這事實，以及他們以客爲尊的高貴傳統，自然而然吸引歐洲人前來拜訪，也就讓歐洲人看不清他們在城裡得應付的宗教團體，他們勢力龐大，既心胸狹隘又絲毫不肯讓步。他們自動認定任何一名歐洲人都和當地革新派現代政黨是一丘之貉，這使得我們要和他們接觸難上加難。路上不時與我錯肩而過的陌生薩伊德族人，側過頭去以避免四目交接；假如狹路相逢，他們便小心翼翼地將白袍下襬撩起翻轉向一邊，免得和我們的衣服有所接觸而蒙塵遭汙。我急切地要參訪羅巴特（Robāt）學校，人們告訴我說，這所學校地位之崇高、宗教教育之聲名卓著，足可媲美開羅的愛資哈爾。我說，假如他們讓我親眼目睹的話，我很樂意仗義執言，駁斥赫爾弗里茲先生在他最近出版的德文著作中對該校所寫的諸多荒誕且不當的詆毀。但即使是這樣，也不能說服他們讓我這次等性別的婦道人家逾越分寸地跨過學術殿堂的門檻。我只好停留在泰里姆城現代化的這一邊，在薩伊德·阿布·貝可的屋子裡，在有繁複雕工的客房裡，享受文明的諸多奢侈。我的客房有四扇門、八扇彩繪玻璃窗，我隨著心情的不同變化，時而把這房間想像成布萊頓的涼亭，時而想像成一座教堂。

泰里姆的藥劑師馬哈穆德（Mahmud）來這裡看我，他後來救了我一命。他是阿富汗裔亞丁公民，是一位誠實無欺、光明磊落的漢子。他告訴我說，他的父親娶了一位亞丁姑娘，就在阿比西尼亞定居下來，做木工維生。他是第一位在阿迪斯阿貝巴（Adis Abeba）定居的外國人，還成了塔法里（Tafari）皇帝的朋友及師爺；而當維多利亞女王從印度送來榮袍做爲餽贈禮時，皇帝便派他前去購買及取貨。在服侍皇帝多年之後，塔法里授他土地，獎賞則由他自己選。

「我父親，」馬哈穆德說：「選擇當駐阿迪斯阿貝巴的英國領事」；皇帝同意，這事就這麼成了。我父親收到維多利亞女王的一封謝函，以及兩只有皇家瓶耳的花瓶。」那封謝函遺失了，父親過世了，母親於是帶著全家人回到亞丁。他們在阿比西尼亞還有土地，但被小姨強占了去，也就打起了官司。馬哈穆德後來告訴我說，他最遠大的雄心壯志就是透過自己的勞心勞力在哈達拉毛建立起英國領事館，因爲他覺得他自己(而他的確是）大英帝國的子民。當前幾天一名英國年輕人跟我說，我們大英帝國何不拋開煩惱放棄我們的屬地，不問世事地做個蕞爾小國，就在這時，我眼前突然浮現馬哈穆德圓圓的臉龐，以及他一雙凡事憑良心的眼睛，他站在遠在天邊的阿拉伯乾谷中向我推心置腹傾訴他的想法。我納悶，這名侈言拋開邦國像脫掉手套一樣容易的年輕人，該用什麼辦法才能把放棄英國屬地子民的事向馬哈穆德解釋得清楚滿意。

就在此時，馬哈穆德敲敲我的胸口，說危險已經過去了。我不過是身子骨太虛罷了。

「痲疹初癒後……」他說，「支氣管炎接踵而至，然後是支氣管肺炎，接著是……」但我打斷他的話；我們都同意阿拉目前救了我一命，而休息一陣子後，我前去拜訪泰里姆蘇丹。

泰里姆蘇丹和他的兄弟住在城邊一座有堡壘中庭的宮殿裡。城中那些不受爪哇風格影響的房舍，與昔旺城的屋子頗爲不同：它們一例無窗，底下的樓層畫上狀似波形鐵皮的水平圖案，前門就設在這片巨大的空白中。緊挨著牆壁的是一條不加蓋的排污水豎井，往下直通到一口加蓋蓄水槽，豎井連同它長長的黑影望之像半扇吊門。較之昔旺城的街道，這裡相貌慘澹的古屋多了幾分土黃，卻少了幾許灰白。泰里姆的殷實戶大多住在城外的花園洋房裡，那些新式建築刻意裝潢得像賭場般。新舊的差異奪走了泰里姆城一氣呵成的感覺，而這感覺正是昔旺城的魅力所在。泰里姆這一帶的乾谷谷寬較窄，圍繞城郊一帶較少鬆軟耕地。有錢有閒的年輕人開車出城，到兩片對峙懸崖間的窪地中享受陽光，周遭除了遍地石頭外一片空蕩蕩。然而，暗藏牆內的花園卻別有洞天，在這些怡人的地方，他們帶著毛毯、椅墊和茶杯聚首相會。

蘇丹的宮殿是舊式建築，蘇丹和他的兄弟在宮裡接見我。這對年輕人舉止雍容隨和卻慵懶閒散，一個人包著鬆垮的淡藍色頭巾，另一人則裹著緊密的白色頭巾，而由於兩兄弟臉蛋肖像，我們只好藉由頭上行頭來分誰是誰，還有你喜歡誰的頭飾。他們很快就留我獨處，一個人透過雕花格子窗觀賞聚集在樓下參加婚禮的人潮，他們自己則前往新娘子家中和達官貴人們大吃大喝去了。

這是一座大皇宮，從對面的空地走過來還有一小段路。全泰里姆城的人都傾巢而出，朝空地蜂擁而去。四處停放著汽車，成群結隊身穿泰里姆或黃或橘或綠色長袍的婦人，圍著汽車擠成一團，還有些婦人身著希巴姆的藍袍，頭上遮頭蓋臉地蒙上黑紗。搭載婦女的車子會加掛窗簾，裝飾著蝴蝶結與紙花，大部分的車前燈都以粉紅或印花棉布包紮起來。小女生拖曳著閃閃發亮的下襬，身上裝飾著珠子，束著腰帶，玩完這家換那家，四處嬉耍，尚未受禮儀規範的桎梏約束。路對面是一群群男人、奴隸或鎮上居民。他們蹲在地上，膝蓋和後肩緊緊纏裹著披肩，這種做法可以讓他們舒舒服服原地不動地坐上好幾個小時。有幾名攜槍的貝都因人，但爲數極少，因爲泰里姆不像昔旺城般是座貝都因人的城鎮。

很快的，新娘出閣的隊伍走了過來，其實更正確說，是新郎迎娶的隊伍。新郎頭戴白色頭巾緩緩而行，擎著一把頗爲女性化的洋傘，同時有人在他身邊搖扇搧風。走在前面開路的是三管笛子和三只稱做「阿克丹薩卡夫」（Akhdam as-Saqqaf）的薄鼓，還有鎮上的達官顯要。他們戴著各式各樣頭飾，包括：來自爪哇、帽頂以金線刺繡的白色瓜皮小帽；來自麥加、以五顏六色色條編織圖案的淺盆帽，其上再飾以小頭巾；來自伊拉克的「悉達拉」（sidara）；來自埃及或敘利亞的塔布什帽；以舊披肩做成的大頭巾；看起來像用鉤針編織成，實則不然的貼頭白帽。我從格子窗居高臨下望出去，琳瑯滿目、形形色色的帽子顯示出哈達拉毛人足跡遍及多少國家地方。哲學家戴著白帽四處走動，階級較高的人穿得纖塵不染；卡夫家族的穿著風格是不穿則已，一旦穿上歐洲款式的外套就金光閃閃，從第一顆鈕釦一路下來都是純金釦子，通常是沙弗林金幣❺。

我觀照著這一切，也因爲在窗旁露臉而爲婚禮憑添一陣騷動興奮，這時一個個頭嬌小的身影被她的貼身女奴帶到我身後。她就是蘇丹的十歲大女兒薩爾瑪（Salma），穿著一身紫紅色織錦，頸上圈了四條金珠鍊，胸前掛了一彎月牙胸牌。她站在那裡凝視著我，含羞怯生卻亮麗動人。她的小手以散沫花尖畫上蕾絲圖案，又以槐藍汁液畫上圓輪圖案；她頭上至少紮了七十五條髮辮，捲曲蓬鬆地流瀉在肩頭；頭頂上則用安全別針別了枚護身符。她緩緩轉過身來讓我看她，並喃喃說出自己的名字，接著就消失無影蹤，一隻小手還握在老僕膚色暗沉的手裡。

然後我下樓，發現哈桑站在門口，蘇丹也在，他坐在貼上一層黑豹皮的黃色轎車裡。讓我難過的是，哈桑把他請下車，然後開車送我回家。

到了晚上，我也登門拜訪新娘子的家。堆積如山的米飯，成群僕傭在樓下忙進忙出。薩伊德・阿布・貝可・泰里姆的太太在樓上客氣熱情地招待我，不多時便帶我到一間大房間，裡頭黑壓壓坐滿了泰里姆的名媛淑女，人聲鼎沸。但是她只讓我在裡頭停留了一分鐘，因爲一位衣服滾著直邊蕾絲的貴婦，看到我伸出手來時花容失色；於是我被推推拉拉地請回慈眉善目的老薩伊德和他女兒們坐的地方。他的女兒們青一色穿著大紅禮服，她們告訴我說，這喜氣的紅色是爲晚上的婚禮而穿的。

我疲憊得無法多作多留，喜宴和舞會還沒開始，而一旦開始就要一直鬧到午夜新郎被請到新娘身邊的時候。新郎新娘會在這裡待到破曉時分，接著在親朋好友的簇擁下回到新娘子的娘家。

我覺得沒有辦法坐到婚禮結束，於是在哈桑的陪同下，沿著灑滿月光的街道走路回家。在蘇丹宮殿背後投下的一池幽影中，我看見了新郎迎親娶媳的隊伍已經抵達。隊伍中的燈籠照得新郎全身通明；他穿著一身玫瑰色新郎喜袍，一截有穗邊的布條從頭巾裡露出來，垂懸在他左耳上方。他身旁的人還在爲他搖扇搧風，而他想來必定累壞了。我們站在暗處觀看著他們。夜裡，在這之後許久，在一群群人經過時，我聽到了鼓聲與歌聲，跳著他們稱做「沙巴瓦尼」（Shabwani）的舞蹈，這款舞式起源於早伊斯蘭時代許久的沙巴瓦時代。

【注釋】

❶艾流斯·加盧斯（Aelius Galius）：羅馬將領，約公元二十五年奉命率領軍隊遠征阿拉伯。

❷原注：我用希米亞里特或示巴這兩個字時都是泛稱；我相信沒有一個統稱可以涵蓋伊斯蘭帝國前南阿拉伯地區林林總總、大大小小的帝國。

❸原注：這摹本連同我在希巴姆購得的一尊據說出土自拜汗乾谷的小雕像，目前收藏於阿什業爾博物館（Ashmolean，譯注：牛津四大博物館之一，乃英國古代藝術、考古學與博物學的重鎮之一，一六七五年阿什業爾將所藏古物捐贈給牛津大學時建館）。

❹霍斯羅（Chosroes）：薩珊王朝國王Khosrow的希臘文拼法。

❺沙弗林金幣（sovereign）：英國舊時面值一英鎊的金幣。

第二十章　與君一別

يا ضيفنا لو زرتنا لوجدتنا نحن الضيوف وأنت ربّ المنزل

「客官哪，一旦您大駕光臨，您會發現我們是客，您才是一家之主呢。」——《穆斯塔特拉夫》

翌日早晨我被槍聲吵醒，鳴槍是宣布新娘正在新郎家中用早餐。

鳴槍後不久，哈桑出現了，他開著車領我穿梭過城裡的大街小巷，先經過搖搖欲墜的古碉堡遺跡，又穿過迅速成長的郊區——因爲現在泰里姆的營造業正蓬勃發展——然後一路來到通往玉米田的城東大門。城牆上有蘇丹的奴隸站哨駐守，上頭有一處小據點做爲囚房。牆上有一人由上往下喊出一些問題來查明我是何許人，結果我們發現原來是絕無僅有的一名囚犯，他正在上頭舒舒服服地曬太陽。在哈達拉毛，犯罪幾乎聞所未聞，諸如打家劫舍和殺人放火這類事也是照約定俗成的規矩來做，所以算起來應該歸到合法戰爭這條項目下。

即使是打家劫舍和殺人放火的勾當，不久前也銷聲匿跡了。卡夫家族的薩伊德們費了好大力氣又付出千斗黃金的代價，才讓這道乾谷維持天下太平。哈桑指出一處谷地給我看，谷裡有兩處郊區，隔著一條狹長地帶兩相對望。他們一直自顧自打著仗，直到一個月前薩伊德．阿布德．拉門（Sayyid 'Abd ar-Rahman）居中調停才化干戈爲玉帛。假如愛好和平的人保證就是上帝子民的話，那麼稱呼卡夫家族為「上帝子民」實在一點也不為過。哈桑告訴我說，這個家族在泰里姆大約有四十個支派。他們全源出一個家庭，也都人丁興旺、樂善好施。他們既是歷代蘇丹人選，又都經營學校，掌管貿易，維持部隊。事實上，有得管的他們全部一手包辦了。他們家族中的年輕人騎著鐵馬在城裡到處兜風，和飽受驚嚇夫子的飄飄長袍擦身而過。他們鑄造一種小型硬幣，在當地是通行的貨幣。他們得和各式各樣的困難搏鬥，唯一不足慮的是貧窮；但他們本身的財富在貝都因人心目中分量又不夠重，不足以無後顧之憂地統治周遭部族。泰里姆的五百多名黑奴也是伺機而動的亂源。他們一年前揭竿而起，卡夫家族的族長們有一陣子隱退到昔旺城，任憑他們大搖大擺招搖過市；這群人頡驁難馴、衣不蔽體，像脫下制服的古羅馬禁衛軍。有時卡夫家族會策動貝都因人來對付黑奴以維持均勢。哈桑告訴我說，他一直嘗試訓練童子軍，並讓拿鋤頭的農夫成為執戟之士。

「但是沒有槍我們能做什麼呢？」他說。「這裡前不著村後不落店，活像世界的盡頭，我們一如困在捕鼠器的老鼠。在希巴姆，你不費分文就能買到任何東西，但貨物出了城門來到我們這裡就變貴了。」

說到這裡，接下來不免要談到亟待解決的燙手山芋問題——修築通向大海的道路；泰里姆的希望以及隨之而來它對英國人的普遍觀感，便繫之於這條大路上。這條路大半路段卡夫家族已自掏腰包修築完成，但通到希赫爾的最後一段路非得等馬卡拉點頭同意後才能動工，而馬卡拉因爲害怕失去它在內陸谷地的據點，遲遲不願做決定。馬卡拉假如夠理智的話，會自己修築一條路通到希巴姆，並確保未來通商貿易暢行無阻。馬卡拉的商人也希望這麼做，去年秋天蘇丹巡視這個地方之後，爲他們送來四千塔勒，計畫蓋一座拜月樓，並開始動工修路（據估計全部經費約需一萬塔勒）。但是，過了一、兩個月他卻開口討錢回去，他們不得不把錢匯到印度，哈達拉毛的歲入大多是被皇室家族在印度花用掉的。在此同時，泰里姆的百姓不諳熟憲法程序，還以爲只要我們一句話就可以搞定修路的問題。已經修好的路段是一段可憐兮兮的白色路面羊腸小徑，一路爬升到約耳高原，目前慘遭雨水一步步沖刷。現在，駱駝依然踩著沉重步伐，跋涉八天路程來到希赫爾，至於泰里姆的大宗海外貿易則由健步如飛的赤腳貝都因跑腿包辦，他們只消花四天工夫就到海邊了。

在清爽宜人的向晚時分，墓園的穹窿頂在粉彩畫般天空染上一抹粉紅彩妝時，我們就會開車出遊。路兩邊是累累石頭與一畦畦玉米田；田中村姑們拖著垂地裙襬，戴著尖頂帽子，以彈弓射出土塊嚇走偷食玉米的鳥兒。我們出遊的終點是薩伊德·歐馬（Sayyid ʼOmar）別館裡的彩繪游泳池旁，或某座盛開朵朵石榴花的花園裡的一塊地毯；我們圍成圈坐著，邊吃烤玉米穗軸，邊談論歷史或宗教，或哈達拉毛的古國界，或國際聯盟的政策。大夥談天說地的同時，一致感覺這些紛紛擾擾的世事距離我們的休憩處大約同樣遙遠。

我在這地方遇到許多可愛的人；在我停留此地的最後一天，我受邀前往沙巴布（Shabāb）

社團。薩伊德．歐馬是該會主席，我坐在紅絲絨沙發上，周圍是排成馬蹄形的椅子，椅子上坐滿了聽眾。我知道自己的阿拉伯文實在很破，只能盡最大能力回答有關婦女教育的種種問題。一位博學多聞、求知若渴、身材矮小的男人立刻站起來發表演說。他說得舌燦蓮花，彷彿從他口中流出的是滴滴蜜汁。從他豐富多采的辭藻中，他選擇得體適切的語辭來歡迎我，並恭維我是第一位孤身從歐洲來哈達拉毛旅遊的女性，而這一切只是出自對哈達拉毛學問的熱愛。對學問的熱愛果眞是一項愉快且普世皆然的牽繫，因爲學問與一個人的所爲有關，而非與一個人所擁有的財物有關。他這番話中仔細斟酌過的一片善意令我爲之動容，但我也被嚇得魂飛魄散，除了想到接下來就輪我發言之外，什麼也想不出來。這躲也躲不掉的時刻終於來到了，這位身材矮小的男子坐了下來。我站起來，盡可能長話短說地謀殺了阿拉伯文。發表完演說讓我明白痛苦的結束其實就是一種快樂的形式。

我和社團成員在薩伊德．歐馬屋子的涼台上拍照留念，大家都盡可能地堆滿笑容。他們用一部車載我回去，途中經過蘇丹的宮殿，宮前的加農砲有點像四呎長望遠鏡，現在正被人移開，爲下一場婚禮做準備。他們載我回到家門口，我住處的彩繪窗戶彷彿亙古以來就是如此塗著阿拉伯天空光亮的白色。

每一個來探訪我的人，特別是卡夫家族的小男孩，都帶著自己的跟班奴僕——因爲每個男孩出生後不久，就會得到一個年紀相仿、隨伺在旁的奴僕，而主僕兩人就這樣廝混著一起長大——他們每個人都告訴我說，我沒看到加農砲發砲眞是枉此一趟。不過，當天晚上這個遺憾就被彌補了，因爲一支卡夫家族邀請我去看他們的私人電影院，而就在那裡，加農砲爲某個正式場合發砲，砲口冒著陣陣白煙，觀眾則報以熱烈的歡呼聲。

我們在晚餐後驅車前去觀賞表演。我們深入泰里姆城中古世紀的巷弄，在月光指引下走上顚簸不平的路面，最後走入電燈的光線下，踏入哥林多式石柱下的現代世界，那是個裝潢得美輪美奐的大房間，人們四處蹲坐在椅墊上。

電影放映在房間一頭的一片白布上，內容是我們目睹多時的泰里姆城的生活。兩名蘇丹閒適安穩地走進來，步伐流露出一種膩煩的一國之君的神氣，無疑是無數次校閱的積習所造成。但是每個人都報以哄堂大笑，因爲我們剛剛才在電影的慢動作上看到他們表演一模一樣的動作，只不過電影裡是慢動作所以膩煩的神情更加明顯。他們自己也笑開來了，他們是哲人之君，垂拱而治，至於統治國家的艱難經國大業則留給卡夫家族去操心。他們和顏悅色地在我們身旁坐了下來，並加入我們對剛剛觀看的電影所進行的評論。

哈桑的弟弟就像英國的小學生是個天資聰穎、眉清目秀的小男孩，他也是國王伊本·沙特的無線電接線生。他剛從麥加過來這裡一遊，正和幾名卡夫家族的年輕人一同操作電影放映機。無論是來自爪哇的年輕人，或來自麥加的訪客，還是阿比西尼亞的奴隸，大家都融洽和諧地相處在一起，顯得其樂融融。我從不曾在哈達拉毛任何一場聚會中看到低潮情況。我們看著谷地的畫面，接著畫面轉到新加坡有英式草皮的花園和洋房，草皮上奔跑著穿著漿有褶邊的歐洲進口童裝的小孩。當燈光再次打開時，十歲大小薩爾瑪在父親的臂彎裡熟睡著，她穿得一身綠意，脖子上的五條項鍊則讓她顯得金光閃閃。我們驅車回到阿拉伯的世界，在我們住家外的黑暗中大叫「奴隸，奴隸啊」，呼喚他們來打開雕花大門。一陣雜沓紛亂的赤腳腳步聲，一幢幽暗人影提著煤油燈領我們走上一條條通道和樓梯，經過一處會客室（會客室的門檻零星散亂地擺了幾腳拖鞋），又經過吊在窗戶通風處蔭涼的一只裝滿水的羊皮袋，然後在月光照耀下走過一處開闊的高牆庭院而來到我的房間。

翌日早晨我忙得不可開交，因爲我得等沖洗的底片晾乾到足以打包時才能離開。我很幸運，能用游泳池以及用來保持飲用水涼快的保溫瓶，來沖洗我手上幾乎所有的底片。這時哈桑已經熟能生巧了，我除了要讀他手中的溫度計之外，其餘事都可以留給他代勞。

就在一小捲一小捲底片掛起來晾乾時，我匆匆去參訪一間學校，不是羅巴特那所宗教學校，而是給卡夫家小男生念的現代小學。學校爲他們製作了新板凳，而現在想必能物盡其用；但我依然看到他們排排坐在地板上，三名明達之士坐在前面檢查他們的功課。這樣的教學每個禮拜一次。當我詢問哈桑完整的教育學程，他告訴我說：「持續一輩子。」在這樣的環境下，教學缺乏重心乃情有可原，因爲興學前有好幾年空白必須填補起來。我認爲泰里姆城正努力成爲實至名歸的文風鼎盛之城。三名明達之士帶著頗不以爲然的神情看著我；這不以爲然之情，隨著他們發現我懂得「行動者」與「受行動所及者」之不同而逐漸消退，因爲這兩句的差別不管在生活上或文法上都同樣無比重要。但是我們參訪的時間很短暫。他們挑選了一名小苦主，他站了起來，被要求告訴我們文字從何而來。

「從我們的祖先亞當，」他說：「他把文字教授給子孫。」

「你認爲眞的是我們的祖先亞當嗎？」我問距離我最近的明達之士。「在我們國家有些人說大部分文字來自於人類之母夏娃。」

他的唇浮上一抹笑意，像個博學多聞的鬼魂。我很遺憾我得走了，因爲他很快就要還魂成人。當我們來到住處的庭院時，三部車子停在那裡，蓄勢待發而且整車塞得滿滿的。這是因爲薩伊德·阿布·貝可也要搬回他最愛的昔旺城，所以廚師僕奴一干人等，以及所有廚具，乃至繫在車後自用遮洋傘底下的一盆奇花異草，全加入了這浩浩蕩蕩的搬家行列。

廚師是一名印度人，好客的卡夫家族雇用他好讓英國旅人能吃到家鄉熟悉的菜餚而覺得賓至如歸。隨著我來到此地的消息散布開來，他們就帶他來到泰里姆。當我們讓鯷魚醬與樹薯粉布丁之類食品，隨著大英帝國的國威在世界各大洲一無羈束地傳播開來時，我才明瞭我們肩負多麼重大的責任。假如杜佩雷克斯獲勝，而克里弗失敗的話❶，那麼今天人們在非洲與亞洲吃到的東西就會是可口的煎蛋捲了。而假如傳教士傳的不只是禱告之善，反加上烹飪之美的話，長遠來看，對於普天下芸芸眾生的救贖將有更大助益。因爲任何一位爲人妻的都知道，丈夫經常因消化不良而意圖犯罪，卻鮮少有人因爲敬虔而獲得拯救。

當我們循原路回返昔旺城時，路上許多突起的水道造成汽車顛簸不已，屢屢打斷我心中的種種想法。乾谷再次在酷熱中閃閃發亮。當我們繞過轉彎處，越過通往希赫爾的車道時，谷地便開闊起來。我們行經泰里姆兩輛從婚禮返回的計程車中的一輛，它在溪谷中拋錨，音響正播放烏爾法之樂（Music of 'Urfa），車裡坐著四名女士和三只鼓。我們並未停下車來觀看古代遺址，因爲我想留點力氣來逛沙巴瓦城。我下了車，走入大熱天裡在西卡雅旁搭營的一些貝都因人當中，他們的行囊曝曬在太陽下，駱駝則低頭啃草，對任何人事物都滿不在乎。他們是卡提里人，是隸屬於阿里蘇丹的部族。哈桑在一旁帶著痛苦的神情看著，我拍了照之後，讓圍觀身旁的貝都因人透過我相機的觀景窗看看周遭風景。

一點鐘，我們又回到布滿塵埃的城牆以及陣陣飄香的玉米田。我們帶著返家的快樂，爬上了「宗教榮光」灑滿陽光、悄然無聲的白色台階。我可以明瞭薩伊德·阿布·貝可對昔旺城的熱愛。對他而言，拋開不安全感與坐擁財富的感覺，看著沒有任何外國勢力入侵的土黃與白色屋厝，以及一條條綺麗繁華的街道，想必是一大解脫。

很快的，蘇丹蹬著拖鞋踏著遲緩步伐走過來，走過來時引用著阿拉伯詩人談錢財乃身外之物的詩句。整個氣氛非常愉快愜意。

在向晚的涼意中，半朵映照著夕照的雲彩像一把從峭壁邊緣後方抽出的長劍，因爲從昔旺城看不見一整輪落日。我造訪阿布・貝可的後宮佳麗，她們正聽著烏爾法之樂，就是受困河床動彈不得的車上所播放的音樂。四名女樂伎帶著手鼓靠牆排成一排盤腿而坐，一人荳蔻年華，兩人徐娘半老，另一人則上了年紀。她們有著皮膚粗糙卻堅毅的臉孔，由於樂伎不是一種高尚好聽的職業，她們並不受人尊重。據說中古時期有一位葉門國君，看到敵人攻克城池後自己的妻妾被勝利者逼迫在城牆上當眾載歌載舞，便服毒自盡了。

音樂很狂野，有著緩慢沉穩的拍子，像一道瀑布；歌伎將歌曲分成幾部分來唱，一位唱完輪下一位唱，接力吟唱著故事。她們一邊敲擊著三面小手鼓，偶爾重重一擊最大的那面鼓。我聽得陶然忘我，如癡如醉，就像人們聽著拍岸的波濤聲。

大家傳遞著焚香爐，各人捧在自己胸前一會兒，將長袍和頭髮薰香。我們也將草蓆上的咖啡豆捧著傳遞，並且輪流聞嗅著。而當我們在那裡坐了一會兒後，有人捧進兩件美麗的長袍，有銀質腰帶，領口有片半月形珠寶，這是薩伊德夫人餽贈我的禮物，她知道我喜歡這些東西。

正當我們對著長袍嘖嘖讚賞時，那位博學多聞的寡婦也過來說再見。在走上門階前，她唇間早已引經據典而念念有詞了。她穿著一身綠袍，蒙著厚厚黑色面紗，垂在兩頰的捲髮一如往常般美麗動人，而她的食指也一如往常般咄咄逼人地指著你，即使是一小碎屑智慧也不讓它溜過指間。在她費了九牛二虎之力的影響下，我們姐妹淘間的閒言閒語變得漸漸無趣，然後就此打住。她立刻開始談論博學的諸多好處，並進一步談到可以分成水火氣三類的字母：「火類字母，」她說道：「可以保暖禦寒，如果正巧遭寒受凍的話。而這呢，」她大發議論說道：「正是學問。」我沒有時間可以表示同意，或問她哪些字母具有這麼有用的特性，因爲她已經滔滔不絕地告訴我們，三種指定必讀的學問是宗教、醫學與星相術。「語言亦然；世界上有兩千七百六十種語言。」她說她不能久留，因爲她那群女弟子正等她回去，她過來一下無非是出於姊妹之情來祝我一路順風。她又再度將自己裹起來，徒留我們滿心讚嘆卻無言以對。

當我回到「宗教榮光」時，另外三名打從蘇丹宮殿過來的女士正在那裡等候。我們在此的談話知識水準比較沒那樣高，因爲她們只顧著看我所有的東西，並且一小口一小口嘗試喝咳嗽藥水。不過，她們在我的肥皀盒前滿懷恐懼地住手了，因爲在哈達拉毛的老古板當中，沒有人會在罹患痲疹後的四十一天內用肥皀洗澡。

「這味道妳聞起來不覺得怪嗎？」她們問我。「我們是這樣子的，假如你有痲疹而你聞到任何味道的話，當天你就『味』到命除了。這味道衝到你的頭上，而由於空氣乾燥，它會擴散並爆開來。」

「這就是爲什麼我走近的時候，婦人會一把抱起小孩躲得遠遠的，然後大叫『有味道，有味道』的原因嗎？」

「的確是。」她們肯定回覆，雖說我認爲這行爲相當無禮。「我們通常會把小孩的鼻孔塞住，好避開這種危險。」

她們離我而去，宛若藍色蝴蝶沿著白色階梯翩然飛舞而去。

翌日早晨薩伊德・阿布・貝可、蘇丹，以及蘇丹的兄弟和姪子來爲我送行。我很遺憾要離他們而去。柏柏爾人阿里已經在雙人座汽車中坐穩妥，坐在後座的哈桑則顯得體積太大了點；哈桑的神情看起來比往常更加愉快，因爲他戴著一副太陽眼鏡，頭上還有一頂垂著穗邊的尖頂帽子，這帽子是我剛才從園丁太太那裡買來的，結果被他一把搶過去遮陽。此時正是早上九點鐘；我們路經南邊的小城鎮來到我們位於希巴姆的下榻處，第二天又從那裡搭車到阿姆德乾谷。這三天旅程當可測試出我在嘗試探索沙巴瓦之前還剩下多少體力。

【注釋】

❶杜佩雷克斯（Dupleix）：法國十八世紀的印度總督。克里弗（Clive）：十八世紀英國派駐印度的將軍。

第二十一章　進入阿姆德乾谷

「成群結隊疲憊的旅人遊子
在阿拉伯遍地黃沙中
留連於有佳蔭的處所。」

——華滋華斯❶

我在二月二十二日離開了昔旺城。隨著天氣轉暖，人們也開始感受到春天的氣息：正午時分在陰涼處的溫度是八十八度（約攝氏三十一度）。

玉米田裡已經灑滿一片片金黃，到處可見人們蹲坐在地上手持鐮刀忙著收割。鐮刀看起來是一種因陋就簡的工具，它是一把彎曲刀刃，中間部分有幾吋鋸齒邊。壯丁三、四人爲單位排成一排，蹲坐在地上工作，他們會留下幾吋殘梗，以備日後拔起風乾後和泥巴攪和在一起做磚頭。女人也下田播種洋蔥。她們看起來像一排排巫婆，帽尖以各種不同角度翹起。她們的臉蒙上黑色面紗，只留下小小的眼縫。一名男人正在田裡趕牛犁田，這是我此行所見僅有的牛隻，因爲犁田這工作大部分是人手的勞動。谷地南邊及其城鎮富饒且太平無事。農夫和馱負農產品的驢子邁著快步來來回回疾行。我們不時聞到玉米的芬芳。在滿布塵土的綠油油棕櫚樹叢中可以看見最近新蓋的房舍，一無遮蔽，向外敞開。因爲這些小城鎮，這些峭壁底下靜悄悄的要塞，到目前爲止已經享有五年的和平。薩伊德·阿布·貝可和昔旺城的蘇丹阿里，以七或八千塔勒的代價安撫民心後，獲得了這後花園郊區安適愜意的氣氛。人們現在可以在平原上的棕櫚樹叢間安全無虞地建造房舍了。

這些城鎮本身，像谷爾法（Ghurfa），依然顯露出戰火的痕跡。他們的房子二樓以上挖有射擊孔，射擊孔以下一無長物。每棟房子本身就是一座堡壘，房子中間開闢了一條有遮蔽的通路，路往下鑿進地面，有一長串拱廊遮蔽。藉由這條路，居民在敵人的烽火下仍能安全無恙地走到平原上的棕櫚樹叢。谷爾法東邊的敵人挖了一條壕溝直抵距民宅大約兩百碼處，並且築了一座小碉堡，裡頭可以駐紮十名士兵，以便不斷騷擾該城鎮。士兵白天被困在碉堡裡，但入夜後就能補充糧食軍需或交班；戰爭就在這種情況下持續了十年之久。

我們並未在谷爾法停留，反從它底下過而不停，然後轉向本阿里乾谷。在這裡烏克達（Uqda）的白色宮殿依傍峭壁而建，築在噴泉狀棕櫚樹梢之上。此時我正在閱讀《亞瑟之死》❷，竟發現這故事和乾谷的生活奇怪地融合成一片，包括故事中突兀的對比、城堡的輝煌、周遭普遍存在的不確定性，以及一種愉快的感覺，覺得任何事情都可能在任何地方發生，卻不令人訝異。哈達拉毛一般居民和馬洛禮筆下行軍至康瓦爾或威爾斯的騎士，有著大同小異的人生觀。樹下的一名陌生人身上有著同樣鮮活的可能性——一名拼鬥或大吃一頓的合適對象。而十五世紀英國臥床養病的觀念想必和今日的阿拉伯相去無幾，在這裡，人們期望你從病床上一躍而起因應萬變，正如屈氏川爵士❸臥病時仍被朋友百般騷擾，要他跳下床來和他們比武較量一番。

多虧了近五年來的太平無事，烏克達現在是一處繁花似錦的花園。青壯的棕櫚樹茂密繁盛，周遭不見圍牆。我們的車差點困在沙地裡動彈不得。最後，我們在一座宮殿的小拜月樓下停車，這宮殿是來自爪哇的一些富有旅館老闆集資興建成，顯得形單影隻，而且除了自身的泥土牆外並沒有遮蔽物。

居民列隊出來歡迎我們，邀請我們暫住下來。但是我一心想趕快趕到希巴姆，這城鎮現在已經出現在前方乾谷交匯處的開闊地了。我們第二天將去看蓋特恩宮殿中的沙巴瓦族貝都因人，而我知道我將會和希巴姆總督就此發生一些不愉快。

事實上，我們剛剛再次踏入該城鋪滿鵝卵石的城門口，在它房舍投射在地上形狀似塔的投影中佇足等候總督時，不愉快就開始了。一名個頭矮小、手腳俐落靈活像老鼠的貝都因人，原本躺在一堆堆駱駝載運的貨物當中，這時從躺臥處一躍而起。他一把抓住我的手猛握一番。

「三天了，」他說：「我已經在黃塵中等候你多時了。蓋特恩蘇丹派我過來。我們就是要帶你去沙巴瓦的人。」

總督在這個時刻走上前來，全身裹著一條條布匹，像一艘掛滿風帆的帆船，手中銀頭拐杖走在他威武莊重的身軀之前。他噓了一聲要小貝都因人走開。

「什麼都別擔心，」他和我說：「我們將派遣最能幹的人手跟著妳。妳不需要害怕。」

人潮洶湧的市集似乎不是最適合解開這團糾結的場所。我找回那名小貝都因人，他以茫然不解的眼神迅速逐一端詳我們這群人中的每個人，我要他來謁見蘇丹，並告訴他我第二天會去蓋特恩安排一些事情。哈桑因爲很不喜歡希巴姆及其居民，一臉鬥志高昂、摩拳擦掌狀，我們只能溫和地敦請他回到車上。我們也各就各位，但並沒有做出任何實際上有敵意的行動。接著我們一行人便前往城外的木造平房，這裡將是我的下榻處。

這是個迷人的地方，位於乾谷的開闊處，南邊聳立著懸崖峭壁。它孤立谷中，周圍環繞兩座築有圍牆、種植石榴與棕櫚樹的花園，旁邊有柱廊環抱的一池清水。池水旁有間餐廳，百葉窗向外敞開，棕櫚樹枝摩挲著百葉窗。我們魚貫爬上樓梯，來到一間大而通風、有七扇窗戶的房間。房間兩邊有露台，可供人早晨或夜裡取蔭納涼。建築的風格多多少少呈歐洲式，漆上清淡的顏色。又因爲塗了灰泥且曝曬於陽光下，顏色顯得更淡了。他們就是在這個處所熱情招待降落在希巴姆的英國皇家空軍。房間裡細心布置了綠絲絨座椅和許多菸灰缸。

等到我們在這裡找到了鑰匙，連同先前跟著鑰匙一起消失、纏著頭巾的僕人優斯林（Iuslim）後，我們全部進入房間坐了下來。我們這群人中包括：招待我的兩位主人，薩伊德與胡笙．阿將；總督，他的紅鬍子非常像一頂不慎滑落的光環；小巴．歐拜德；A.B.君的經紀人，他友善且急切地要討好每個人；以及來自阿姆德乾谷的兩名薩伊德家族人，阿魯威

（'Aluwi）和阿里，他們先前原要趕往昔旺城，但聽到我意欲前往他們的地區參訪，基於哈達拉毛慣有的好客之情，就當下當地改變全盤計畫，以便和我一起回去並沿路招待我。當我們安頓妥當，並經過一段得體的半推半就客套時間後，我們才聊到沙巴瓦這個敏感的話題。

總督擔心如果他讓我在蓋特恩蘇丹的庇蔭下旅行的話，他就會遭受馬卡拉方面的責備。他隸屬馬卡拉王室的一個奴隸家族，而根據許多著名高官都出身奴隸的南阿拉伯傳統，他在一年前蓋特恩蘇丹辭職時被任命爲總督。蓋特恩的蘇丹阿里依然是上哈達拉毛地區最有權有勢的人。哈桑告訴我說，他辭職的原因是因爲他的兩名士兵在希巴姆的大門遭到賈比爾（Jabir）族貝都因人的殺害，而他不能如他所願地帶部隊和槍枝去懲罰他們，反得依政府的意思拿錢去收買他們。賈比爾人是無法無天的部落，在我停留乾谷期間，他們殺了一個人並從沙巴瓦的駱駝商隊中搶走兩頭駱駝。蓋特恩蘇丹不僅在自己土地及國外受人敬重，同時也讓凱埃提的名號在希巴姆受到敬重，而鮮少有外人，不論其多麼優秀，能在保守部族中成功做到這點。就我而言，由於沒有任何名號走得出希巴姆國界又有權威分量的人支持我，我於是打定主意不要貿然闖入西部邊境。除此之外，我喜歡蘇丹並且已經向他做了承諾。我以必要的堅決態度解釋後面這兩點。

「那不重要，」一心急著充當和事佬的巴・歐拜德說：「我們會派一名信差到蘇丹那裡去解釋清楚，而當駱駝商隊來到時，總督就會從這裡打發妳上路了。」

「我很抱歉，」我說：「要這麼做以前就會這麼做，但是現在太遲了。我已經向蓋特恩蘇丹做下承諾，現在就算請出英國國王來我也不會改變心意。我該說的話都說完了。」

這些話引發的情緒讓大家陷入痛苦的沉默中。這一小圈人坐著，低頭看著地面，既不表示贊同也不表示反對。所有人都清楚知道單靠理性絕對無法處理女人的固執，於是總督吃力地站了起來，嘆了一口氣。他說他無法爲我負責了，他會寫封信給馬卡拉政府說明這個情形，他也要求我寫封信告訴他們說，我這麼做乃出於自己的意思且逆從他的忠告。

這似乎夠公平了。總督起身離開，這小小一圈人也散開來，不敢有任何表示。等到所有人都走了，門被推開，其中一人再度出現，臉上帶著極客氣的神情。

「你說的沒錯，」他說：「蘇丹是這附近一帶最好的人。他是我們的朋友。至於總督，可憐的傢伙，我們根本不聽他的，他對歷史一無所知。」

我覺得討回了一個公道，雖然這種方式出乎我意料之外。

翌日早上八點十五分，哈桑和柏柏爾人阿里以及我，連同後座的兩名薩伊德家族人，便往阿姆德乾谷的胡賴達出發。

這兩名薩伊德家族人可說是打著燈籠也找不到的迷人夥伴。他們兩人眞是令人發噱的一對活寶，坐在後座恰成對照。阿魯威福態、心地善良、誠實、友善，而且一眼看得出爲人可靠；而他的朋友黃色頭巾遮住一隻眼睛，有一張搭配鷹鉤鼻的阿拉伯臉孔，隨時笑話不斷，也不時做出冒險動作，充滿了吸引力卻又不負責任，正如他自己和我所說的「與其說是舍赫，還不如說是個貝都因人」。范．登．穆稜與馮．維斯曼到阿姆德乾谷旅遊時，這兩人也和他們結爲好友，到現在還念念不忘當時他們一起做的事。貝達維（Bedawi）族人阿里滿心當時的回憶，至於阿魯威則有其他回憶，那是他在英國停留八個月的往事。我們一邊開車前往西部的乾谷，一邊談論著英國帕丁頓與沃金❹的種種趣味。

我們經過蓋特恩，並且留話說我們會在回程停留，好安排探索沙巴瓦的事宜。一支從葉門薩恩阿來的駱駝商隊正在乾谷中逶迤前進，沒有負重的小驢子在慢吞吞行進的駱駝周圍蹦蹦跳跳。這裡的人個頭高大（不像約耳高原的貝都因人），蓄著鬍子，鷹鉤鼻，待人友善。他們語焉不詳地說他們來自禱告的方向，或是他們口中所謂的「七百里」（qibli），就是麥加所在的西北方；還朝著蔽日遮陽的地方將手指扳得喀喀作響。他們的商隊有一百頭左右的駱駝，馱負著一麻袋一麻袋的小米；這些牲畜這時在一旁等候，並緩緩抬起頭來，在陽光中眨眼睛。從逶迤連綿的駱駝商隊不難看出這條西邊通商大道沿線的太平無事。他們正趕路前往希巴姆，或哈桑所謂的哈達拉毛的「邊岸」。這群個頭高大的人互相通風報信並蒐集消息後，逗留原地望著我們離去——周遭盡是閒適的沙漠。

我們現在轉向南行進，沿著兩個星期前我們走過的寬廣路線——斷崖在我們前方陽光的迷霧中若隱若現。奴隸在迪阿爾布克里的山壁守望處閒晃，我們向他們揮手表示沒有時間停留，接著我們從多安路線向西轉進阿姆德乾谷。

經過一大片不毛之地後，我們再次遇到小村莊與綠洲，但這裡的沙漠比大乾谷的沙漠更加荒蕪乾燥；這裡種的是有刺酸棗樹而非棕櫚樹。這裡真的接近希臘歷史學家邁格利濟（Maqrizi）筆下所描寫地區的開端了：在這個地區，人們「看天」播種，「有許多有刺酸棗樹，一株由五匹駱駝馱負的樹木可賣十『迷思卡樂』（mithqal）的黃金；而假如缺乏雨水的話，樹木便乾枯，播的種也將無法存留……」。邁格利濟補充說道，這些人有將自己變身為狼的特異功能。事實上，哈達拉毛素來以魔力著稱，而「該地區有些人夜裡會從哈達拉毛飛到空中，然後變身為鳥形，像『拉客馬』（rakhma）和『忽大啊』（huda'a），直到飛到印度為止」；如此一來他們雲遊四海的本能便能代代相傳。邁格利濟筆下所描寫地區位於阿姆德的西北部，屬於塞阿爾（Se'ar）部族的地域。更遠處靠近阿卡夫（Ahqaf，在南部的沙漠地區）是「滴水皆無」的地區，但假如天降甘霖就會有大豐收：「然後，一個部族走入谷地……帶著駱駝和婦孺停留在那裡長達四個月，他們不需要水……靠喝牛奶就能過活。」

阿姆德乾谷與此大異其趣，谷裡遍布小村莊與耕地。但是沙漠就近在咫尺，地面有一種乾燥的潔淨與堅硬。這是一座貝都因人的山谷，隸屬納德和賈達兩個部族，在他們的城鎮胡賴達中受阿塔斯・薩伊德家族的管轄。在古時，這裡的人口想必比今日來得多，因為根據范・登・穆稜的說法，胡賴達以南的廢墟遺址是哈達拉毛地區已發現遺址最大的一處。而胡賴達對面，在我的羅盤上與薩伊德・阿魯威的房舍夾十八度角的地方，正是安達爾這座「哈達拉毛的第一座城鎮」。在上古及中古時代，通商往來要道想必路過此地，而阿姆德乾谷想來值得更加仔細的調查。除了范・登・穆稜、馮・維斯曼與赫爾弗里茲先生之外，我認爲並沒有歐洲人曾經探訪過此地（因爲馮・瑞德在他這部分遊記中的記載顯然並不眞實）。

我們在乾谷開口處層層沙丘中一株有刺酸棗樹下逗留。一旁有三名牧羊女，全部一身黑衣，腰繫銀色腰帶；當薩伊德・阿魯威叫喚她們時，她們走上前來，因爲我們現在正在阿塔斯地區，而她們認得他。她們都是年輕少婦，但也都是寡婦，丈夫在迪阿爾布克里與峭壁下城鎮作戰時喪命。薩伊德・阿魯威告訴我說，她們自己的城鎮是所有驍勇善戰小城當中最爲英勇者。城裡的居民現在正忙著挖壕溝，爲再過兩個月停戰協定終止時備戰。這三位年輕寡婦以長竹竿從有刺酸棗樹上扯下樹葉，並從圓籃子裡取出漿果請我們吃。她們看我看得入迷出神，卻顯得膽怯，因爲她們生平從未看過任何歐洲婦女。但是她們很快走上前來，坐在我旁邊，帶著滿心好奇以手指撥弄我衣服的質料。

「我們這裡是民主的。」薩伊德・阿魯威說，對於回家流露明顯的歡欣之情，儘管他剛經歷大乾谷的都會奢華。「在哈達拉毛乾谷你得付出五百塔勒聘金才能娶到老婆；但在阿姆德乾谷這裡，十二塔勒（十八先令）就是最多的了。」

日頭正在爬升，而我們希望在正午前抵達胡賴達。我們離開牧羊女繼續向西前進，車子走在峭壁底下的亂石殘堆中。峭壁在這裡像段豬鼻般突向谷地，鼻尖處有一口古井，叫做比爾古姆單（Bir Ghumdan），馮・維斯曼和我們的朋友薩伊德・貝達維曾經爬下古井探查過。他告訴我有關古井的事，直到路面顛簸得打斷我們的談話爲止。柏柏爾人阿里的駕車技術讓車子履險如夷。我們進入一條溪流的乾溪谷，坐在車上一如置身於波浪起伏的海上。在溪谷遠遠的另一邊，胡賴達城出現在谷地轉角處的峭壁邊，四周圍繞著亂石累累的開闊地。城市的公墓橫亙在前頭，其中有幾頂白色穹窿頂，還有一座白色雕花井亭。兩座白色拜月樓拔地而起，背後就是硬石山壁。土黃色城鎮躺臥在兩座拜月樓中間，在陽光中閃耀。裝飾屋頂的野生山羊角朝天空翹起，告訴我們，我們又再次回到古色古香的哈達拉毛，回到阿拉伯綿延不斷的傳統中了。

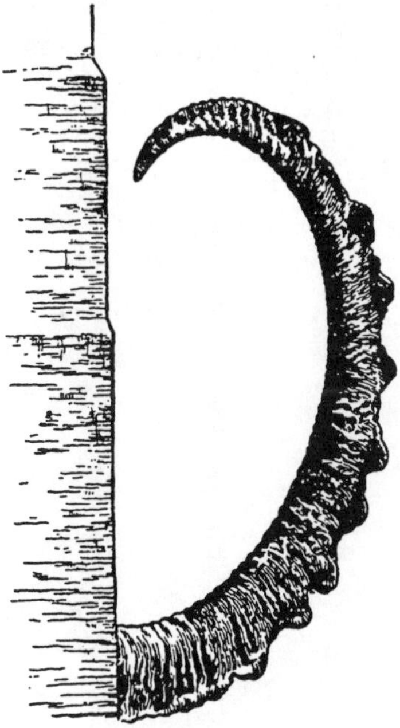

【注釋】

❶華滋華斯（William Wordsworth）：一七七〇～一八五〇，英國詩人，作品歌頌大自然，開創了浪漫主義新詩風，一八四三年受封桂冠詩人。

❷《亞瑟之死》（Morte d'Arthur）：英國作家馬洛禮（Sir Thomas Malory, ?-1471）所著的亞瑟王傳奇，一四八五年出版，共分二十一書。

❸屈氏川爵士（Sir Tristram）：亞瑟王傳奇故事中的一名騎士。他和愛爾蘭王后伊肅德（Isoud）之間的愛情乃是宮廷愛的濫觴。

❹帕丁頓（Paddington）：倫敦西郊的住宅區。沃金（Woking）；距倫敦約二十五分火車程的住宅區。

第二十二章　阿姆德的胡賴達

「守望者無法讓馬里布之君倖免於一死，他四周的要塞也無能爲力，
在夜裡初更時分，死亡將沿著一條捻得結實的亞麻繩梯爬來找他。」
——伊斯蘭教文明早期詩人阿爾卡馬

我們來到城邊薩伊德・阿魯威的家中，他的家人沒料到他會回來，大吃一驚。這會兒自然少不了一番大肆歡迎以及百般解釋，而他離家期間收起來的地毯，現在又再度攤開來了。他爲了讓我住得舒服煞費周章，心想著人們在帕丁頓區習慣的種種舒適，然後出於一片善心提供類似的方便。有大量的罐頭水果、牛奶、餅乾諸如此類的東西，因爲哈達拉毛想必是世界上主要罐頭食物消費地之一，而他們供應罐頭食物所展現的好客之情向來無止無盡。我滿心感激地接受了，看著薩伊德忙裡忙外、忙進忙出地大肆張羅，每隔一陣子還停下手邊工作向我解釋女人多麼無用，根本無法想像歐洲人會有哪類需求。

不過，賈蜜拉（Jamila）過來助他一臂之力。她被找來照顧我。她是一位中年婦人，一身貝都因黑袍，腰帶上繫了支鑰匙；她思想獨立，面容和善，風韻猶存，顯露出哈達拉毛型長臉、闊嘴、高顴骨的特徵，尚未受與爪哇血統混血的影響而改變。她在屋內四處走動，未蒙面紗且來去自由，與其說她是僕人還不如說是個朋友。她就像一面牆那樣是家中結構的一部分，她也用她自己的方式成爲家中一大支柱；因爲在這兒，我們又回到了封建地區，君臣

父子主奴各盡其本分。

多安的舊式建築在此又再度出現，梁柱以上的門雕了七條橫帶，厚重的門閂藉由一條鐵鍊拉上拉下。這條鐵鍊穿過一樓到另一樓，直達屋頂。房間裡貼著黑色壁板，還有哈達拉毛美輪美奐的舊式雕柱。薩伊德・阿魯威頻頻為手腳不俐落的女奴道歉，並且確定盤子和湯匙都洗乾淨了才放到我的面前，還找人以陶缽盛了一碗水來，上面灑了乳香來淨水。「在阿姆德乾谷我們是民主的。」他每隔一陣子就會這麼說，接著又補充一句：「這裡強過哈達拉毛的奢華。」因爲他很以他的谷地爲榮，當我告訴他我很喜歡這裡時，他聽了頗爲受用。他表達心中喜悅之情的方式，就是轉過身費力打開另一罐罐頭。

照理說我應該很高興他們對我的友善親和，但我現在開始感覺病體支離。賈蜜拉噓了一聲，要入內打擾的女士們迴避，好讓我一人休息休息。筆墨難以形容的乍然抽搐讓我全身顫抖。我拿出皇家地理學會所出版《遊子寶典》（*Hints to Travellers*）這本最有參考價值的書，一一瀏覽書中所描述的種種疾病，心想我得了什麼病。最後我歸論肯定是瘧疾。書中沒列上心室擴大的癥狀，而除了瘧疾之外，沒有其他疾病和我的感覺稍微沾上一點邊。這本小冊子上還說到，單純的瘧疾不會使人喪命。我希望我的瘧疾就是單純的那種。我看著外面阿姆德乾谷裡沐浴在陽光下的光滑石子，眺望這條向南伸展、通向大海的古老通商大道，第一次懷疑自己的身體是否強壯得能走出這片沙漠環抱的大地。房舍危然屹立；堡壘的石牆彷彿是堡壘後頭岩壁具體而微的仿製品。排水管突出牆壁，廢水排入底下的山坡。每扇窗戶底下都有一根排水管，如此一來我可以將洗澡水傾倒出去，省略掉打開百葉窗的麻煩。我們抵達胡賴達時是上午十一點，從希巴姆過來將近花了三個小時車程。底下的山谷在正午的陽光下顯得死氣沉沉，一無遮蔭且悄然無聲。我躺下來試著小憩，接著門緩緩打開來。一個小男孩的頭從門縫中探了進來。他偷偷摸摸地匍伏前進，躲過賈蜜拉的防線來看我，那遲疑不決的神態猶如站在動物園獅子籠敞開的門前般。最後，他看到我微微一笑，便進來蹲在我旁邊。

「他們是從哪裡把『妳』給弄過來的？」他問道，張開一雙小手，清清楚楚表示他把我想得多麼神。

他的名字叫做賈法爾（Ja'far），而他大約確定自己七歲大。他上學，用一片木板而非習字本學寫字。他一來，我所可能擁有的一丁點睡眠宣告粉碎，因爲賈蜜拉聽到房裡有聲音後，索幸放後宮妻妾進來串門子。

她們穿著繡有哈賈拉因圖案的可愛衣服，並且以一位印度小販帶來的黑色棉布頭巾纏裹頭部。貿易交通路線目前走的是阿姆德乾谷，因爲財貨物資現在到了比爾阿里不再會遭到掠劫，更何況比爾阿里的關稅比馬卡拉來得低。不過，上乾谷的行路安全還不是安全無虞，所以大部分貿易轉向東進，走多安路線接達希巴姆，而且是跋涉過約耳高原而非走谷地。這再次證明這個地區古老便捷的通商路線基本上依然如故，儘管暫時因爲安全考量導致路線有所更換。

後宮妻妾對這些事情不感興趣。她們一心想望的是獲准搭上一小段便車，在谷底上上下下兜風。過去曾有汽車來到胡賴達，她們也曾獲得承諾，但到最後都不了了之，所以她們生平沒搭過汽車。我被要求盡量順她們的意思，而當我向薩伊德提及此事時，他以一種縱容態度一笑置之。然而，第二天當我詢問及此事時，卻發現前一天承諾的便車之旅根本沒有獲得允許。「芝麻綠豆小事，」他說：「女人想到的都是這種事。」後宮妻妾和我面面相覷，好生惋惜，但是我們深知自己的地位，不敢再多說些什麼。

我病得太重，無法前去探查離城上方一哩多的那處馮・維斯曼造訪過的廢墟遺址。不過，我四處逛了逛胡賴達的街道，看了它的三座清眞寺和圖書館，以及塌陷得貼在峭壁上的土黃色房舍。年代最久遠的清眞寺在上面的高處，清眞寺的方形拜月樓一如哈賈拉因的式樣。在拜月樓底下，跨入門檻不遠處有兩塊刻有希米亞里特文字的石板：

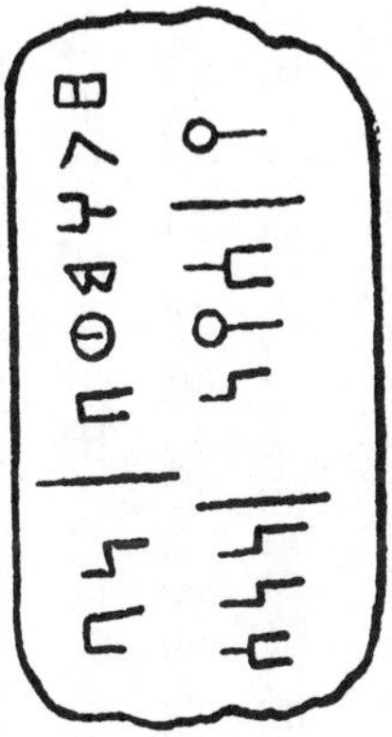

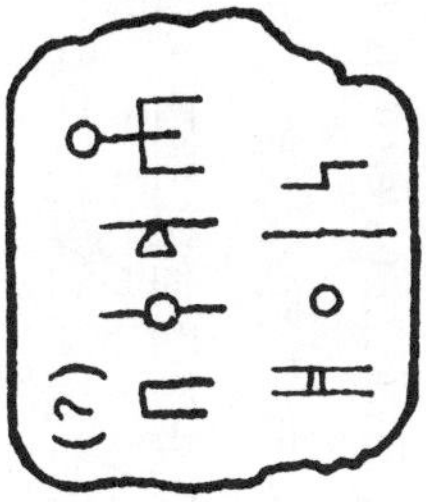

我們對這希米亞里特文字的認識是如此不足，只能望字興嘆了。這文字的祖先已不可考，儘管世界上的字母中，也就是我們認爲其爲字母的字母，最早的也許就是希米亞里特文字中的幾個字母。單就這麼重大的發明而言，南阿拉伯的歷史就値得好好研究調查了。但是人們使用希米亞里特文字的最後時間，以及它何時被阿拉伯文取而代之，則幾乎已無從得知。收錄在《學海新年鑑》（*Nova Acta Eruditorum*, 1773）的一篇二世紀碑文提到某位烏爾皮烏斯・卡斯托拉斯（Ulpius Castoras）先生是「Librarius Arabicus」（阿拉伯書記官）；而這篇碑文便能證明，早在公元二世紀，某種阿拉伯文獻就已經爲人所知。但是在十六世紀，海姆達尼依然提到各方各域仍有人說著希米亞里特文。孔德（Conder）在他的《阿拉伯》（*Arabia*）一書中說道，「當可蘭經以古阿拉伯文出現時，葉門的居民沒有人讀得懂」（四十二頁），只不過他並沒說出可靠的資料來源。

在伊斯蘭教時代開始之際，哈達拉毛地區仍有人讀得懂希米亞里特文字的事實，可以從蓋薩巴・伊本・庫爾圖姆（Qaisaba ibn Kulthum）的故事中獲得證明——他皈依爲伊斯蘭教徒，並參與了征服埃及的戰役。說故事的人是費賴捷・埃許－示達（Faraj ba'd esh-Shidda）（Partl., 一三〇頁），可靠的資料來源是伊本・卡勒比（Ibn al ibn Kalbi）。費賴捷詳細描述蓋薩巴在伊斯蘭教時代開始之前，在朝聖路途上如何遭巴努烏凱勒（Banu 'Uqail）族俘虜（地點也許在比什〔Bishe〕附近），並且有三年時間成了階下囚，還說他的族人相信精靈曾帶他溜走。但是他在一匹路過駱駝的鞍座上，用小刀以希米亞里特文字刻下留言，這段留言最後終於輾轉傳到哈達拉毛他族人的手中。靠著薩庫恩（Sakun）與金達兩個部族遠征前去搭救，他才得以重獲自由。

胡賴達的清眞寺以瑰麗炫目且匠心獨運的手工建造成，乃出自城裡現任宗教領袖曼薩伯的伯父之手。它龐大又令人歎爲觀止，打開水龍頭就有自來水，屋頂上還有一座收藏一萬冊圖書的圖書館。他們告訴我說，書就藏在白色穹窿頂下：只有漫長而仔細的調查才能分辨出，是否有任何未爲人知但有價值的書籍廁身於這些神學書冊中。在我們參訪圖書館時，胡賴達的小孩放學回家了，這會兒全跑到清眞寺外頭敲打著門；他們都是友善的，因爲我的小朋友賈法爾（他年紀雖小卻明顯頗具影響力）也是他們之中的一份子，而且想必已經告訴他們我是人不是神，但他們還是希望盡量多看我幾眼。和他們一起走上大街，就好像進入一處競技場，薩伊德·貝達維是手持棍棒的古羅馬鬥獸勇士，而我則扮演感覺幾近麻痺的基督教殉道者的角色。我們很高興能回到屋裡，其斜坡狀胸壁和野生山羊角在夕照中閃耀著光芒。

我在胡賴達犯了個錯誤，而我本來應該住在曼薩伯薩伊德·穆罕默德·伊本·沙林姆·阿塔斯家裡的。我們早先曾看到他位在下城的住家，那屋子正在重新裝潢，石匠就站在沿著屋子外牆架設的升降平台上，以細膩的鴿灰色爲底勾勒出環繞屋頂的小小槍眼——後宮妻妾們就是透過這些槍眼俯視底下的街道。然而沒有人告訴我這裡住的就是胡賴達的酋長，直到薩伊德・穆罕默德他自己和他兄弟登門拜訪時，我才知道。這件事還引來一點小小的不愉快，但不是針對我，而是針對招待我住宿的主人，因爲遠道而來的客人照理說應該住在酋長家裡。但是我已經疲憊到沒法搬動，只能留在原處過夜。這兩位兄弟坐下來談論了一會兒眾書群籍，他們很友善也很迷人，長相看起來很像范・戴克畫中人物，是五官纖細、長臉細手的貴族，是哈達拉毛的舊日貴冑王孫，是來自巴斯拉的薩伊德・阿哈馬德・伊本・以薩（我們在前往泰里姆的路上參拜過他的陵寢）的後代子孫。我承諾第二天同他們一起吃午餐，之後他們便離開，並派人送來一塊床墊，好讓我晚上睡得更舒服。

他們離去後，後宮妻妾再次下樓來，這回還跟著城裡其他許多仕女。她們帶了一面鼓來以樂悅賓，並要求我唱首法朗磯曲子。如果這就是我的命運的話，當晚我所願的就是馬上暴斃，而如果可能的話，最好獨自一人死去。但是我是她們生平僅見的第一位歐洲女性，她們大費周章來款待我，我必須有些表示才是。我就記憶所及唱了些兒歌，這些女士們在一旁騷動不安，還不時更換位子好從不同角度觀看我的五官。有個小女孩突然離開母親來到我身旁，並將嬌小身體依偎在我的大腿上。她穿著鮮豔亮麗的絲質粉紅上衣，一條爪哇風格的綠色裙子用一根安全別針固定。我們倚靠的語言不是文字，而和這惹人憐愛的小東西肢體接觸，也減輕了我的痛苦。一名老婦人也在那裡，頭髮染成澄黃色；她似乎年事已高得不像話，牙齒全掉光了。她一雙藍眼睛在這個地區很少見，而因爲垂垂老矣，藍色變淡且水汪汪的。當她抓住我的手盯著我瞧時，眼中充滿了本是一家親的親和善良；從她身上流露出的一股安慰之情也悄然襲上我心頭。因爲我病得如此沉重，還被人當做動物園的動物盯著瞧，不免讓我覺得無望得孤單。很快的，薩伊德·阿魯威下樓來，熱情好客的他一心急著想伺候我，於是他揚手一揮，噓走這些女士和她們的小鼓，好讓我能躺在這雕梁畫棟的房間一角，在曼薩伯的床墊上好好睡上一覺。

躺下來休息的確對我大有裨益，因爲第二天早上我醒來時恢復了勇氣，儘管身體還是直發抖。我也相信，假如我的確罹患了瘧疾，在下次發病前應該還有一、兩天喘息時間能回到希巴姆。我覺得這麼做比較謹愼小心，雖然我希望在胡賴達多停留幾天，也許這地方空氣清爽、四面岩石又陽光普照，我能恢復健康也說不定。「在這裡，」薩伊德·阿魯威說：「我們沒有疾病；我們若不是健康無恙就是一命嗚呼。」

他來時拿了一只平底寬口大杯子，裡面盛了發泡駱駝奶，我喝完後爬上屋頂用羅盤測量安達爾村的方位。後宮的每一位妻妾在這上頭都有自己的房間，房門以一把木製鑰匙鎖上，鑰匙就佩掛在她們的腰帶上。所有小木栓都要插進適合它們的鑰匙孔，而從一樓走到上面一樓得開一扇又一扇的門，必須折騰好一陣子才能走到頂樓塗灰泥的陽台。陽台上有一支彎曲野山羊角向外突出，俯視著底下的城鎮。

薩伊德·阿魯威穿著睡袍在這裡散步，沐浴在清晨的陽光中。底下乾谷的山羊排成黑白相間的一條線，步伐輕快地走出谷地來到草原；牠們嬌小玲瓏的尾巴可愛地捲成小捲貼在屁股上，腳踝秀麗的腳以嫻熟輕盈的步伐小心翼翼走著。再望過去乾谷伸展開來，地勢低平，呈土黃色。越往南走，薩伊德家族的勢力便逐漸式微：雖然他們在小鎮上的勢力依然強盛，但四周有貝都因人環伺，不可輕忽，而主張革新的反薩伊德家族的政黨——來自爪哇的伊爾沙德（Irshād）——也開始在部族間宣揚他們的政治理念。

正如泰里姆的大路，這是阿姆德乾谷的發燒話題。後來我們和曼薩伯及他的兄弟參訪完他們的學校後坐下來聊天時，我聽說了有關伊爾沙德的事情，他們也跟我說了自己家族的歷史。

他們的祖先是法其・穆卡達姆・穆罕默德・阿里（al-Faqih al-Muqaddam Muhammad 'Ali），就像所有哈達拉毛的薩伊德家族人，他同樣系出巴斯拉的使徒阿哈馬德・伊本・以薩。他也是制定法律規定薩伊德族人皆不可披掛上陣打仗的第一人。在他之後，大約三百年前，薩伊德・歐馬・阿巴德・拉哈門・阿塔斯（Sayyid 'Omar 'Abd-ar-Rahman al-'Attas）來到了胡賴達，在當地建立了第一座清眞寺（他總共建了十四座清眞寺）。他在和周遭部族達成十七項和平協定後，於伊斯蘭曆一〇七四年過世（公元一六六三年與一六六四年間）。他生了三個兒子，他們便是胡賴達阿塔斯家族的祖先。其中一人阿里・伊本・哈桑（'Ali ibn Hasan）在伊斯蘭曆一一七二年（公元一七五八年至一七五九年間）到麥什德落腳定居，這支家族至今依然保持緊密聯繫。另一人則在馬來半島當了國王。

這個家族在阿姆德乾谷長住下來，幾經谷地裡文明的變遷更迭，卻能凝聚不散，保持固有風俗。正是如此，在歐洲黑暗時期，知識的亮光雖說只是風中殘燭般的搖曳火光，仍得以薪傳不熄，而這星星之火甚至足以在文藝復興期間萬丈光芒普照大地並揭開現代世界序幕時，點燃起熊熊火燄。走過血流成河的歲月，還能保存這小小知識寶藏使其不致湮滅無存，這是需要多少沒沒無聞的無名英雄，需要多少不屈不撓的耐心與希望才能成就的春秋大業啊！心理學家告訴我們說性衝動是這世界背後最基本的推手，這種論調經常被拿來老調重彈，我們也許早就聽煩了。但是有兩種衝動強過性慾，深過男歡女愛，而且獨立其上，那就是人類對眞理與自由的渴望。爲了滿足這兩種慾望，人類做出的捨己要大於因愛某人而做出的犧牲；沒有任何東西能凌駕於它們之上，因爲即使是愛情和生命，在天平上和它們相較下，也是輕如鴻毛。而人類隨時有萬全準備可反駁實事求是的務實主義者及其統計數字，因爲人類確實能只爲了像智慧或自由這類抽象觀念，不惜犧牲一切所有。從任何計較圖利的度量衡上看來，這樣的犧牲都是得不償失、無利可圖。

我們有公立學校授課、義務教育，我們相信一個人只要能讀能寫，就算受過教育。我們有時忘了靈魂的渴求眞實存在，但在阿姆德乾谷要滿足靈魂的渴求並非易事，也就比較容易辨識出來。這兩名薩伊德兄弟發現我大老遠從歐洲跑到哈達拉毛來，只爲了追尋他們古老的學問時，並不感到驚訝。當我前去找他們時，他們已經守候在門口，肩上披著喀什米爾披肩，身穿潔白無瑕的長袍。他們領我走上清眞寺的階梯，來到收藏在穹窿頂底下的一萬冊圖書。「妳要來就得來上個把月，」他們說：「才能讀個仔細詳盡。」

胡賴達的小孩就在隔壁的房間上課，全校八十名學童中有四十人在那裡。他們排排坐在草蓆上，大部分是興致高昂的小貝都因人，一雙雙眼睛比馬卡拉學校裡的學童更亮，態度卻不如他們乖巧規矩。成束陽光穿越教室遠遠另一頭的黑板，斜斜投射在他們身上。薩伊德·穆罕默德的兄弟是那裡的夫子，他拿了底下這箋歡迎辭給一名學童。小學童以鏗鏘有力的頌詩聲朗讀出來，而他排排坐的同學則揪著靈活的棕色眼睛直盯著我瞧，在整個儀式進行過程中眨都不眨一下。

歡迎辭

「願平安及上帝的恩典與祝福都歸於妳。」接下來是：

「在這位自由且可敬的女士遠到來訪並蒞臨本校指導參訪時，我願起身歡迎，貴賓此行來訪下榻尊貴酋長宅邸，遊歷阿卡夫（Al Ahqaf）之國度，此乃吾人崇祖生於斯長於斯之寶地，我等謹祝其此行愉快。該女士向我們彰顯其精神可嘉與堅毅不拔之勇氣，因其乃首位獨自一人造訪哈達拉毛省之歐洲女性，既無同性伴侶相隨，亦無同國友人爲伴。她四處遊覽，足跡遍及各地，始終形單影隻。

「自從哈達拉毛發祥建城以來，史上從未有任何西方女性以這種方式到此一遊；其乃首位踏上斯土且能順利成功四處遊覽之女性。職是之故，吾人感謝這位高貴女士誕生之國家，並向其崇高壯舉及其遠大志向致上無比敬意。

「而敝人在下挺身而出，謹在此代表吾人諸兄弟，亦即本校之學子們，懇求上帝保佑其此行愉快，順利歸來，也祝福她一路上不論坐臥或行進，皆能平安無事，最後敝人願獻上最誠摯之歡迎之忱。」

這篇歡迎辭才朗讀結束，他們立刻全體放嗓唱歌：這突然的引吭高歌令我絕倒。薩伊德剛剛告訴他們說，由於我是第一位來訪胡賴達的法朗磯女性，他放他們半天假以示慶祝，而也許是有假可放，他們的歌聲裡有種特別興奮的力氣。今天早上他們已經背誦好洗澡淨身的四種可行之道，這是必要但說不上引人入勝的課題。現在大家紛紛闔上書本，暫停下來拍照留念。薩伊德的兄弟在黑板上寫了一聯表示歡迎的對句：

「妳的蒞臨讓我們眼睛爲之一亮，精神爲之一振，芙芮雅・絲塔克——賓至如歸，歡迎之至！

「胡賴達作育英才學校校長謹以此偶句獻給你這位嘉賓！」

他是個傑出的詩人，信手拈來就是協韻的偶句。接著胡賴達的學童一邊呼喊喜悅的叫聲，一邊衝到陽光底下。無疑的，他們很快就會弄得灰頭土臉，才學到的「淨身守則」就能現學現賣了。薩伊德和我回到曼薩伯的住處用午餐。

屋裡十分美觀大方，潔白、明亮又乾淨。就像麥什德，樓下的壁氈和鼓、旗竿及遊行時所用的裝飾性長矛一起掛在牆上。樓上有一間鋪了地毯、有柱子的房間，我們便坐在這房間裡閱讀非常陳舊的古籍，並討論通往沙巴瓦的路線。曼薩伯的伯父為這條路線寫出了一篇行程紀要，與我所見的任何其他記載都不符合，但我還是抄錄了一份附在本書末尾附錄中。他們也有一份阿姆德・薩伊德家族的族譜，是曼薩伯自己以秀麗的工筆寫下來的。

「在這裡」他說：「你將會看到葉門的伊瑪目以及開羅阿札爾（Azhar）清眞寺是怎麼來確認我們的頭銜。但是爪哇的那些年輕人完全不懂命名的規矩：他們說，任何人都可以叫做薩伊德，若是女人則叫莎麗法（Sharifa），若是小孩則叫做哈畢德（Habid），不論他們是否是先知的傳人子孫。不過，在這裡，我們有確鑿證據顯示我們的名號乃代代相傳下來的，而且所有權威說法都承認的確如此。」

爪哇年輕人的伊爾沙德名號之爭始自一九一八年，起因於新加坡的一所學校。出資建校的薩伊德家族建議大家奉獻定額建校基金，卻遭到拒絕，於是他們決定該校只開放給薩伊德家族的子弟就讀，兩個部族從此結下樑子。伊爾沙德的名號來自於一家報紙，伊瑪目的朋友

——偉大的阿林・穆罕默德・伊本・阿克胥（'ālim Muhammad ibn 'Aqsh）——在這家報紙上大肆攻擊薩伊德家族，此人具有舉足輕重的影響力，而且抱持反英國政府的政治立場。而根據所有這些消息的來源哈桑的說法，假如此人還在世的話，葉門條約可能到現在都還簽不成。

薩伊德家族證實了這件事，並在我面前攤開有他們簽名與封印的文件，以及以紅黑兩色墨水書寫的薩伊德家族名號的書籍。這家族的人淵遠流長、歷史久遠。無疑的，他們的祖先有著相同的五官細緻的長臉，在外太陽穴處眉毛稍微上揚，雙眼柔和迷人，雙唇飽滿敏感，手指修長，而下巴留著一小撮山羊鬍。當年身為戈萊什貴族的他們，躍馬大漠加入先知麾下時，也許正是如此挺拔的英姿。

「我們的勢力現在受到了威脅，」曼薩伯說：「但是在這谷地誰能取我們而代之呢？還有誰能像我們一樣與貝都因人和平共存呢？如果大權落在他們手中，會有什麼後果呢？我們的學校、我們的書籍下場會如何呢？他們會在乎嗎？所有的財力將耗費在彼此交火的戰爭上。」而的確，阿姆德乾谷的生活還像阿弗列大帝❶統治時期的英國，客觀條件還沒成熟到讓他們過中古歐洲修道院刻苦自抑的生活。

就在聊著聊著的同時，我們也吃了午餐，但是我們還沒動身啓程。不論是患病是無恙，我都要在返回希巴姆之前看看安達爾才行。而我知道在阿拉伯，下午才開始的事情沒有多大機會能在那天完成。哈桑以堅毅的奧林匹亞老僧入定坐姿，在我對面的地毯上正襟危坐。當我們問及車子的事情時，他回答了一句「就來了」，但仍文風不動。和我們一起回來的薩伊德・阿魯威家裡有些事情要料理，也一起來的貝達維・薩伊德則要和他一個老婆道別。

「我要和妳到沙巴瓦。」他說。

「只要是新鮮事我都喜歡，」他解釋道：「有一個薩伊德弟兄喜歡妳，我們不會讓妳一個人獨自在我們國家旅行。我們很了解那些貝都因人，我會來的。」

多虧了他才弄到一部車子。曼薩伯和他兄弟來到門階前和我們告別。他們為我送來一條織錦袍子，因為哈桑已經告訴他們，我很喜歡這種滿足虛榮的身外物；他們另外送給坐在後座的薩伊德兄弟六只陶碗。胡賴達的小男生們利用賺來的半日閒以歡呼聲及手舞足蹈來為我送行。就在我們要上路時，曼薩伯兄弟前來提出最後一個請求：問我能否為他寄來希米亞里特文的字母表及其阿拉伯文的翻譯，如此一來他就讀得懂附近一帶發現的石板了。我承諾他我會照辦，我又感動又高興，不禁想起賈羅❷的修士，他們在英國的黑暗時代為偏遠地區的弟兄們謄寫一篇又一篇的經文手稿。我又想起葉門國王在十四世紀時派特使遠達阿富汗，只為訪求可蘭經一句經文的注解。這種好學敏求、孜孜矻矻的精神正是胡賴達的曼薩伯的優良傳統。我們坐在車上一路顛簸離開，我回頭望，感覺搭配上貝都因人、垂懸在上方一如達摩克利茲腦門上利劍❸的峭壁，以及城底下不見任何樹木的荒野後，他們的小城彷彿就是學術尊嚴的象徵。這個四周沙漠、戰火環抱的土黃色小地方，正在打造它的未來，它活出的信仰比大多數宗教來得更超然脫俗，它的熱情也比大多數紅塵俗世的愛情更加崇高偉大。

【注釋】

❶阿弗列（Alfred）大帝：八四九～八九九，英格蘭威塞克斯國王，擊退來犯的丹麥人，大力提倡文教。

❷賈羅（Jarrow）：英格蘭東北部泰恩與威爾（Tyne and Wear）郡東部港市，位於泰恩河右岸。

❸達摩克利茲腦門上利劍：摩克利茲（Damocles），希臘神話中敘拉庫斯（Syracuse）國王的朝臣，據說達摩克利茲一味艷羨國王位高權重，所以國王就用一根髮絲懸住一把利劍，吊掛在他腦門上，比喻國王這個寶座不好坐，其實是危機四伏的。

第二十三章　安達爾

「古實的兒子是西巴、哈腓拉、撒弗他（沙巴瓦）……哈薩瑪非、耶拉、哈多蘭、烏薩（薩恩阿的舊名）……示巴、阿斐、哈腓拉……這都是約坍的兒子。他們所住的地方是從米沙直到西發（佐法爾？）東邊的山。」

——創世紀第十章六至三十節

當我們驅車從比爾古姆單（阿姆德乾谷從此轉向東進）的路岬經過時，看到在我們和安達爾之間的北坡上橫亙著一片沙丘，就在一個叫做拉庫姆（Lakhum）的小村莊以外大約一哩半的地方。我們這行人當中除了我以外沒有任何人有絲毫意願去這村莊瞧瞧，他們考慮到時辰已晚，無疑希望我忘掉這一時興起的臨時起意。但是他們沒吭聲抗議，我也懷疑是否有任何英國司機能像我現在這位司機那樣，二話不說就把車開到前途未卜的沙地上。

然而，柏柏爾人阿里對於冒險卻大有興致。他甚至為這場冒險添增了危險因子，因為他把他子彈上膛的槍枝抓在身邊，如此一來，萬一撞車時裝了六發子彈的彈匣就會在我們底下走火。這是一把美製槍械——我相信就叫做雷明頓（Remington）連發槍——它所享有的照料遠比多數小孩得到的照顧更加無微不至。這把槍總是最後上車最先下車；而儘管柏柏爾人阿里這人沉默寡言，除了有事交代外從不隨便開口，以致喜怒哀樂始終不形於色，但每當他把玩他這支珍貴槍枝時，臉龐上總浮現一絲柔情。

他現在看著眼前的沙堆，下結論說從沒有車子開上去過，接著就直接把車開上沙地。假如我們能抵達乾谷的另一側，那麼一切就好辦，因爲最軟的地面總是在中間部位。阿里開車的技術眞乃箇中好手，他利用每處堅硬的邊緣地，快速開過有軟沙覆蓋的黃色地面。有一回我們必須停車實地勘查地形，但是一路上並沒有遭遇不幸事件。就在正午過後不久，我們來到「哈達拉毛第一城」安達爾，這座城鎮已經萎縮成幾間小土厝了。

城的舊址位於目前村落的東邊，舊址的殘垣斷壁與亂石瓦礫塡滿了峭壁間的窪地，堆成一座占地面積達五英畝的石頭小山。史普倫格爾（A. Sprenger）認爲這裡就是普林尼所提到的安提達雷人（Antdalei）之家；巴克里與雅古特也提到它（他們兩人皆引用海姆達尼的記載）；伊本·廓爾達巴（Ibn Khordadbah）描述它距離馬里布有九段驛站的距離；而也許它就是伊本·穆賈威爾所說到的安塔爾（'Antar），一個在通往亞丁的路上距離希巴姆有九「法爾薩」（farsah，八十哩）遠的地方，「一個古時人口眾多、繁榮昌盛的地方，現今卻一片荒蕪」。金達王子伊姆魯—蓋斯和我們一樣，在這裡目睹了打家劫舍的景象。

此城目前的居民是巴賈比爾族（Ba Jabir）貝都因人，屬於一個「馬下雅客」（mashayakh）的部族，也就是不動干戈的意思。他們從低矮土厝裡朝我們蜂擁而來，身上幾乎一絲不掛。其中許多人看起來彷彿屬於南部的小黑人種，體型等特徵和閃族阿拉伯人大爲迥異。歷史學家塔巴里[1]曾提及，在伊斯蘭文明早期，金達人民口耳流傳的兩個人種的對比，內容令人莞爾（一二二〇頁）。他說薩庫恩（Sakūn，金達的一個部族）有四百名壯士在他們領袖穆阿威雅・伊本・胡戴吉（Mu'awiya ibn Hudaij）與胡笙・伊本・努邁爾（Husain ibn Numair）的領導下參與波斯戰爭，隸屬薩伊德・伊本・瓦卡斯（Sa'id ibn Waqqās）的部隊。這支部隊由哈里發・歐馬（Caliph 'Omar）校閱，這位歷史學家說，「看哪，穆阿威雅・伊本・胡戴吉麾下有些頭髮又長又軟、膚色黝黑的年輕人，而他（哈里發）避之唯恐不及，總是能躲就躲、能避就避，直到有人問他：『你跟他們有什麼過不去的呢？』他說：『對於這些人我心存懷疑，而在我眼前經過的阿拉伯族人中，沒有人比他們更令我心生厭惡的了。』」（這至少顯示了當時麥加與哈達拉毛之間沒有多少來往交通。）

此外，埃及征服者阿姆爾・伊本・阿斯的內務府總管大人蓋斯・伊本・庫賴布（Qais ibn Kulaib）也有一則類似故事。詩人阿布德・穆薩布・巴拉威（Abd al Mus'ab al Balawī）為文嘲諷他：「蓋斯沒有出身高貴的女性先祖，全是些可憐兮兮又無足輕重的哈達拉毛女人。」（這個字 [illegible] 在阿法字典中被翻譯為 chétif et traité de dédain ā cause de la chétive apparence，意思是「微不足道，且因形容猥瑣卑微而受人輕鄙對待」。）最後我們也許可以引用穆卡達西❷的話來結束這個主題：他提到哈達拉毛人時，說他們熱愛學問、對宗教狂熱激烈，而且皮膚非常黝黑（聖經地理第三章，八十七頁及一〇三頁）。

且讓我們把主題帶回安達爾人吧。他們正一窩蜂擁向我們的車子，用一種理所當然的態度迎接我們，這點可以從他們大多數人曾經旅行到索馬利蘭或厄立特里亞❸而見過歐洲人這事實得到解釋。但是女人就不是這麼回事了。她們全穿著貝都因黑袍，群聚成黑壓壓一片，並派遣一名信差來問我是否願意上前讓她們端詳一下：她們其中一人太貼近車子而在閃亮烤漆上看到自己的反照身影，馬上連走帶跳地逃開，還一邊驚聲尖叫：「這裡有個蒙面女子！」

酋長出來了。他穿了套禮服，裹了黃色頭巾，這身裝扮在一片赤條條軀體中讓他立現尊嚴感。他留著稀稀疏疏的白色鬍子，一雙眼睛精明幹練又滿布皺紋。他四下尋覓，急忙要在他的手因接觸我的手而遭到污染前，找點東西將手包起來；他抓住最靠近他的一條遮羞布，卻發現不適合，只好強顏歡笑地勉強自己和我握了握手。從他們二十幾間房子走出一小支隊伍，這些貝都因人帶我們前往舊城遺址參觀。遺址位於三座小圓丘上，除了一、兩片殘垣斷壁、一座長五呎寬三呎的小水塔，以及三口像我們在麥什德所看到但較小的水井之外，無甚可觀。這三口水井一口在城邊的凹地，兩口在較接近城鎮的兩座小圓丘上，至於最遠的第三座小圓丘上則沒有水井。

這些貝都因人告訴我說，他們曾在最接近城鎮的小山丘上找到一只瓦罐，裡頭裝滿了金銀珠寶和珠子，而他們把它拿到多安賣掉了。他們是在斷垣殘壁下挖掘時無意中發現這財寶。這整個地方覆滿了破碎陶器，大部分非常粗糙，而且年代難以鑑定。有兩片光亮的殘片，年代屬於第九或十世紀，其中有一片綠色的釉彩很像史坦因❹在巴基斯坦馬克蘭（Makran）海岸所發現的磚窯燒製陶器。有許多片泛著綠色光澤的玻璃，但找不到任何文物其年代可以斷定早於中世紀的伊斯蘭文明。這片遺址廢墟正吻合文學作品中如鳳毛麟角般稀少的指涉——一座伊斯蘭早期文明的城鎮在第九或十世紀時曾在某處繁榮興盛過。僅有的一片瓷器碎片其年代最早屬於十五世紀，但這條線索太渺茫無法做進一步追蹤❺。我找到一顆紅玉髓珠子，以及一粒中間有洞供穿線的珍珠，就像女孩串在鼻環上的那種，但除此之外就沒有什麼別的文物了。安達爾擁有的珠寶想必在地底下。這麼走馬看花一個下午就過去了。

我謝謝這位老酋長。

「妳一定得再來，」他說：「妳一定得再來多留幾天，我們爲你挖掘古物。」

「挖到黃金的話，」我說：「你留著；挖到黃銅製品的話，你得給我。」

他滿心欣喜地接受了這個建議。我們動身離開安達爾，沿著乾谷的北緣轉向東朝乾谷開口前進，進入哈達拉毛乾谷。

時候已不早，日落前到不了希巴姆，於是我們決定在乾谷北邊古老的海寧城過夜。兩位叫伊本·馬爾塔克（Ibn Martak）的兄弟住在那裡，先前曾邀請我前去一訪。他們一、兩天前曾搭車來安達爾，我們現在可以遵循他們的車轍痕跡而行，省掉許多繞路麻煩。

我們在乾谷的西北角轉彎，朝哈達拉毛的開闊處駛去，垂懸在我們頭上的是魯克馬斯

（Lukhmas）以及謝里塢夫（Sheriuf）這兩座城市的城牆。薩伊德・阿魯威告訴我說這兩座城市是「驍勇善戰的城市中最富盛名者」。這裡挖了一條條壕溝，當初爲尊重馬卡拉蘇丹來訪而簽訂的八個月停火協議即將到期，所以大家都忙著爲下一場戰爭做準備。在魯克馬斯已經有能躲避烽火的道路與塔樓，搭配上背後的峭壁，看來宛若一幅古老的中世紀城鎮圖畫。敵樓與壕溝分布在我們周遭沙丘上。正是魯克馬斯的勇士，殺害了我們出城時送我們有刺酸棗樹漿果的三名美麗牧羊女的丈夫。薩伊德・阿魯威以他寧靜祥和的方式微微一笑，並指出：「無兵無卒，缺槍缺彈，我們還能怎麼辦呢？」他是個哲學家，即使不可避免的命運也不能撼動他善良寧靜的性情。

我們告別迪阿爾布克里，右手邊是我們爪哇來的朋友們，我們在這個城鎮和峭壁下他們敵人的城鎮之間風馳電掣，一路衝進哈達拉毛乾谷開闊的沙丘。柏柏爾人阿里把車開上一處覆蓋黃色軟沙的斜坡時，車身傾向一側，只有兩輪著地，結果車門應聲而開，而我就輕輕滾落地面。我本以爲車子也翻轉了過來，馬上鎮定心神爬到一邊以免被車子壓到。等我站起來，柏柏爾人阿里已經回過神來並停下車。哈桑跳出車子以雙臂扶持我站穩，而兩名虛驚一場的薩伊德兄弟幾乎被困在車內動彈不得，正試著從後座爬出來。

這場車禍所造成的唯一傷害就是我遺失了安達爾的小珍珠，我一路上爲安全起見一直抓在手心，卻在跌落車外時掉了。這次意外大大震撼了大夥兒的情緒，只有我例外。薩伊德・

貝達維與哈桑看到我安然無恙鬆了一口氣，知道遺失寶貴珍珠不免傷心難過，而看到我摔出車外時一派專家架式又鎮靜自若不禁大感驚訝，於是乎一邊在地上四處摸索，一邊發出驚聲連連；但是薩伊德·阿魯威在一開始的驚嚇之後，馬上回復慣有的平靜祥和，並提出見解說，何不把失落的珍珠視爲救我一命的贖款，就將它留給潛伏沙丘的精靈。暮色已經在我們身上罩上一層昏黃外衣，峭壁邊緣在夕照中顯得分外明顯。我們再次爬進車內，遵循伊本·馬爾塔克兄弟的車轍來到他們位在北壁下的故鄉：海寧村。

在這裡，一隊沙巴瓦駱駝商隊正在暮色中搭營，商隊的駱駝蹲坐在沙地上的房舍前。谷地的沙丘上飄蕩著一片沙漠的寧靜寂寥，海寧是往西走的最後一個村落，籠罩在它的幾間房舍與低矮棕櫚樹之上的，是一股比實際空間更遼闊、比實際力量更強而有力的感覺。大白天時，它西側因地勢開闊且距離遙遠而顯得渺小的峭壁，消融在艷陽的酷熱當中。舊城和部分現代城鎮廁身於後頭峭壁間的窪地中，伊本·馬爾塔克的兩棟方正房舍幾乎孤獨矗立在峭壁下。峭壁垂直挺立，但當入夜後馬爾塔克門前的電燈大亮，這隱身亮閃閃房屋門面後的峭壁就一片漆黑，不免散發幾分詭異氣氛。

伊本·馬爾塔克兄弟共有四人，他們的財富來自巴塔維亞。兄弟中有兩人住在外地，兩人留在家裡，現在四人歡歡喜喜地歡迎我們遠到來訪，領我們走進一間以巴塔維亞風格油漆得五顏六色的客房，房間有五扇窗戶和兩扇門。他們解釋在西邊大路上的這一站有許多來來往往的客人，他們就是爲了這個目的才搭建這棟房子，後宮女眷則安置在附近另一棟方形屋舍中。

「她介不介意，」他們問我的薩伊德朋友：「下樓到會客室呢？貝都因人想見她一面。」

「他們的日子可不好過呢，」我再次穿上鞋子時，哈桑解釋道：「這幾位伊本・馬爾塔克兄弟是這地方唯一的有錢人家，而貝都因人虎視眈眈環伺四周，任何時候都可能衝下山來打家劫舍。因此他們得用厚禮買通貝都因人，而且就算心裡有十萬個不情願，還是得必恭必敬對待他們。」

的確如此，當我一腳踏進會客室，並向那些在三面牆前盤腿而坐的部落居民祝平安時，不由得感覺也許在這類場合下，這兩名個性開朗的年輕人寧可不要裝得那麼禮貌周到。這裡的貝都因人屬於納德部族，坐在那裡流露出一股兇暴粗獷的神氣，和我在多安時巴・蘇拉接見我的場面大不相同。這裡沒有什麼頭目老大來象徵權威——這種區分游牧民族與城鎮居民不同的鴻溝在這裡明白可見。我想這場敵友群聚一堂有點像法國大革命時法國某古堡裡的集會，一名緊張不安的地主接見來勢洶洶的革命分子。

一名虛張聲勢的納德人站起來，走到我身邊坐下。他一臉痲子，看了讓人倒胃口。他肩帶上佩掛的短刀似乎捍衛著他裸露的大肚皮，但又不是很安全。他說起話來聲音宏亮、盛氣凌人，和一般部落居民的謙恭有禮大不相同。我很不喜歡他，開始思量無論如何且不計任何代價都不要對他太客氣，特別是他藉著在族人面前問我問題來引我入甕以賣弄機智時。

當我想我已經回答夠了的時候，我問他：「你是個王爺嘛？」他愣了一下，因爲他有一半血統是奴隸。一些聽眾聽了忍俊不住。

「妳爲什麼問這個？」他說。

「你走進屋裡的架式彷彿這房子是你的，還有你過來坐在我身邊——我想你必然是個王爺或國王，也許還是金達王室成員呢。」

這個時候大夥兒哄堂大笑了起來。我離開這群人時，只樹立了一個敵人，而且是一個自取其辱的敵人。招待我住下的年輕人帶著鬆了一口氣的神情，領我回到我的房間。

我路過哈賈拉因時遇到的那位新郎，現在就和剛迎娶的新娘住在隔壁屋子裡。新娘子是按婚禮習俗騎駱駝過來的，他則搭車過來。我爬上樓去看看她，映入眼簾的是一位稚嫩但光彩耀眼的十四歲小女生，用她自己所有的項鍊與耳環裝扮成一副新嫁娘喜氣洋洋模樣，還滿受這後宮其他三妻四妾的疼愛。

「她是個迷人的新嫁娘。」我們離開時我向主人說道。

他笑了笑，微微聳聳肩。

「這麼一點年紀的小女生你能拿她們怎麼樣呢？」他說。「沒有結婚，這裡的女人是不會讓我們有平靜的日子過的。」

晚餐後，他告訴我說，我們應當聽聽無線電收音機（這是哈達拉毛絕無僅有的一台無線電收音機），聽聽來自倫敦的消息。

這台無線電收音機就架設在我房門外平台上。因爲貝都因人也想一聽爲快，只好放他們進來。我走出去到平台時，他們已經圍成半圈蹲坐在那裡了。他們的靛青色肩膀在一片烏漆抹黑中幾乎看不出來，只到處看到他們閃爍幽光的項鍊和短刀。這兩位兄弟把弄著收音機的盒子，試著從來自世界各地的紛亂雜音中找到倫敦的新聞。在我們底下，就在沙巴瓦駱駝商隊睡覺的地方，有餘燼殘火朦朧模糊的光影，並傳來駱駝輕微的咯咯打呼聲。

遠從倫敦來的聲音令人訝異地穿過這片阿拉伯式寂靜傳來。由於當地是星期天早晨，傳來的是某間教堂或主教堂做禮拜的聲音。先是一句模糊不清的話語，接著是嚴肅清晰的聲音。「吾主保守你們的身心靈。」這就是我所聽到的所有廣播，接下來奇怪的雜音吞沒了一切，只剩下一個模模糊糊的禱告聲。但是我坐在那裡心中大感震撼，深深被這幾個字帶給人的慰藉所感動，心中充滿了孤寂感。由於天色已黑，我也筋疲力盡，淚水不禁奪眶而出。無線電收音機持續發出可怕的噪音。

「假如這就算是禱告的話，」一名貝都因人說：「那我們的禱告好聽多了。」

伊本・馬爾塔克將球形轉盤扭來轉去，試著找到歐洲各首都所播送清晰可辨的聲音，結果可怕又不和諧的聲響撕裂了阿拉伯寂靜的夜空。我求他住手，並告退回到油漆得色彩繽紛的可愛房間。這架電子引擎不久後宣告熄火，當時我正推開五扇窗子中一扇窗子的防彈窗板。窗外原本燈火通明的後宮建築正面，此時也和背後的峭壁一起沒入一片黑暗中；來自沙巴瓦沉睡的駱駝在底下蹲坐成一個圈圈，在星空下看起來變成土黃色的一團柔軟；而在牠們身後，被沙漠狂風吹來這兒的波濤起伏般沙丘，看起來也是土黃色的一團柔軟。

【注釋】

❶塔巴里（Tabari）：八三九～九二三，伊斯蘭教學者，著有《可蘭經注》與《歷代先知與帝王史》等書。

❷穆卡達西（al-Muqaddasi）：九四六～十世紀末，伊斯蘭學者，到目前爲止，在伊斯蘭社會中他仍是早期伊斯蘭作家中作品最具啓發性者。

❸厄立特里亞（Eritrea）：非洲東北部紅海沿岸國家。

❹史坦因（Sir Aurel Stein）：一八六二～一九四三，英籍匈牙利人，一八八七年到英屬印度任拉合爾東方學院院長、加爾各答大學校長等職。在英國和印度政府支持下，先後進行三次中亞考古探險。

❺原注：這資料要感謝大英博物館霍卜森（Hobson）先生的提供。

第二十四章　在希巴姆不支倒地

نزلت على اهل المهلّب شاتياً   غريباً عن الاوطان في زمن محْلِ
فما زال بي إكرامهم وافتقادهم   والطافهم حتّى حسبتهم أهْلي

「冬天時我下到穆哈拉伯（Al Muhallab）家族之地，
在鬧飢荒時離鄉背井；
他們待我禮遇有加，他們的禮貌周到與存心善良，
在在使我以爲他們是我的骨肉至親。」

——哈馬薩（Hamasa）

儘管有貝都因人的問題，海寧的兩名年輕人依舊是無憂無慮、樂觀開朗、快快樂樂的主人，就像住在火山邊緣或其他可能爆發地點的居民那樣樂天。他們要求我回頭，我則表示在前往沙巴瓦的路上打算在這裡寄宿，因爲我還是認爲我患了瘧疾，期望稍事休息後病情有所改善。一位憔悴瘦弱的男人，一個言語乏味的典型哈達拉毛人，邀請我們到他位在附近的村莊坐坐。他喜歡談論學問，告訴我說他目前正在收集疾病的英文名稱。當時這對我來說似乎是特別令人感到沮喪的研究，但是我還是告訴他「measle」（德國痲疹）這個字來豐富他的語彙。我發現他並不知道奎寧對於治療瘧疾有效，他的志趣不在任何與治療有關的東西上。

我們在早上八點鐘告別他們，沿著沙丘邊緣向東挨著乾谷的側邊走。大約六十年前這一帶全是棕櫚樹，現在因爲當地戰火連綿不斷，沙地面積加速擴大，漸漸吞噬了棕櫚樹林。沙子從西邊的沙漠侵入乾谷，就像跑在海潮前方的浪頭。這裡的沙子的質地比任何我所見過的沙子都來得細，顏色也比較紅，指間捏一把沙子時皮膚不會覺得扎刺。納德族的部族碉堡自槍孔以下全埋在沙子裡；扭曲變形又光禿禿的有刺酸棗樹垂頭喪氣地站在沙地邊緣。

乾淨土黃的田埂現在看起來更加結實。田埂上生長著一種稱爲「拉克」（rāk）或「哈姆德」（hamdh）的綠色灌木（學名*Salvadora Persica*，薩爾瓦多桃樹），是駱駝的糧秣；而每叢灌木叢底下都聚積了沙子而自成一座小沙丘。當地人折下這些灌木枝頭分岔的小樹枝，拿來當牙刷使用。一處灌木叢的蔭庇下躲藏著三隻他們叫做鵪鶉而我看起來像鴿科鳥的鳥類。牠們雙腿修長，非常安靜，但當柏柏爾人阿里抽出長槍時，牠們便立刻展開帶斑點的翅膀飛走。

「牠們的歌聲，」薩伊德．阿魯威說：「比哈達拉毛任何一種鳥類都來得甜美。」

我們車子的引擎出了點狀況，當柏柏爾人阿里修車時，我閒晃到附近一座棕櫚樹圍牆花園裡的一間兀自獨立的屋子。牆壁已經傾頹，我走了進去。棕櫚樹都輕壯佳美，一束束陽光像長劍般刺進樹幹裡。屋子本身就是一座堡壘，每個角落都有扶壁支撐，窗戶和槍孔的安置位置特別高。另一棟跟它很像的建築物矗立在旁邊，但兩棟中間隔了一道牆。

頗為緊張的哈桑現在走了過來。他以一種大人警告小孩不要隨便玩火柴的神情肯定地告訴我說沒有門可以進去，但我適才已經發現一扇小便門，便走進去照了張相。

一顆顆人頭像暗藏玩偶的嚇人箱般隔著窗櫺冒了出來。「上來吧。」他們喊著說。

我正猶豫不決時，同樣非常緊張的薩伊德．貝達維穿過便門走進來。他朝上面的窗子喊了幾聲做禮貌性拒絕，並請求我盡快回到車上。當我們離開外面的花園時，一名返家的貝都因人遇上我們，他似乎很驚訝看到我們，問我們在做什麼，而當我伸出手要和他握手時，他似乎更加錯愕。

「妳是來搶我們的財寶嗎？」他問道，看到我大笑，他又是一陣訝異。

我告訴他說我剛剛照了一張他家的照片。

「照相是要付錢的。」他說。

「要付錢的是你吧，」我說：「我讓你出名難道你不用給我報酬嗎？」

這名貝都因人看起來舉棋不定。另一名裸肩上披著濃密蓬鬆頭髮的年輕人，就站在阿里剛恢復運轉的車子旁。當我和他握手時，他也先看看他的手，再看看我的手，一副拿不定主意的模樣，還省略了回答我向他祝平安的問候。這通常是個不好的兆頭，我開始看到薩伊德兄弟非常緊張，急著要走。在這兩名貝都因人做出關於我們的結論之前，我們已經進入車內開車離去。

「你不應該走進去的，」我們離開一段距離後，薩伊德．貝達維馬上責備我說：「這些人是出了名的搶匪。他們是靠打劫獨自路過沙丘的人過活的。假如不是我們在場而我們又是薩伊德家族的人的話，你這會兒可脫不了身。」

我想我們能成功脫身，比較可能是因爲貝都因人很驚訝看到我出現，並且還跟他們握手致意。握手的意義重大，在哈達拉毛這是各階級人民建立友誼關係的第一步。不過，對於薩伊德兄弟的這番責備，我沒有吭聲抗議。柏柏爾人阿里也提供了第三種可能的原因：這兩棟比鄰而立的房子雖說同屬一座堡壘，現在卻已經交惡，目前正忙著彼此圍攻，根本無暇顧及過路的陌生旅客。這個地方叫做朱瓦（Juwa）。

「如果我們走了進去，會發生什麼事？」我問。

「他們就會搶妳身上的錢財。但是不會太多。」薩伊德兄弟告訴我說。

我們現在橫切過沙丘來到了南邊的蓋特恩，除了遇見一名赤腳跑者之外，沒有發生別的事件。這名跑者的遮羞布整整齊齊繫在腰際，一隻手握著長棍，另一隻手向我們舉起一封信箋。這封信不是寫給我們的，而是寫給海寧城。這個人繼續邁步往前跑，李子般紫紅色肩膀在陽光中閃閃發光。在這個地區，郵遞業務便是以這種方式進行，我也沒聽說發生過什麼洪喬之誤，雖說以這種方式傳送非常機密的訊息並非易事。跑信人離開後，我們花了好長一段時間猜想何以昔旺城會寫信給海寧城，而信裡說些什麼呢？

當我們抵達蓋特恩時，他們把我們當朋友熱情歡迎。

「『阿尼斯士』（Anistu），你們的到來是我們的快樂。」

管家笑容可掬，一名家臣在每個樓梯平台和我們一一握手，蘇丹本人則靦腆卻不失威嚴地向我們表示歡迎。柏柏爾人阿里停好車子後，加入我們的行列並親吻蘇丹的手。

蘇丹說，要前往沙巴瓦的貝都因人已經準備停當了。他們會等上五天，等我覺得舒服點後再走。他們獅子大開口地漫天開價，讓他們閒晃幾天，或許要價會變得合理一點。蓋特恩的蘇丹說，他們會帶我從沙巴瓦走到葉門或亞丁，就看我的意思，而整段旅程大概花費一個月時間。我說我可能走更靠北的路線到奈季蘭；伊本・沙特的跑信人剛剛送了一封信到蘇丹手上，說一路上安全。這條路線行經未知的地區，該地的貝都因人部分效忠伊本・沙特，部分效忠葉門的伊瑪目，直到最近的停火協議才爲這塊沙漠邊緣地帶來太平日子。

「還是有些可怕，」蘇丹說：「妳不能去那裡。」

他不多言，態度友善，而他的話就是最後定案。我心想擁有不怒而威的天賦是何等恩賜，它讓一個人的說話分量遠比另一個人的話來得重。它是內在的篤定，或許也是願意承擔責任的勇氣，所以才能獨斷獨裁。這種人格特質即使是動物也能明瞭且遵守。我們擱下沙巴瓦以外路線的話題，紙上談兵地談論西部的沙漠。

蘇丹告訴我說，在哈達拉毛與奈季蘭之間的部族當中，可以發現許多宗教鎔治於一爐。

有些賈費里人（Ja'feris）或伊斯瑪儀人（Ismailian）住在那裡，他們是刺客之首「山老」（Old Man of the Mountain，伊斯瑪儀派的首領之名）派遣宣教士到葉門的時代所流傳下來的殘族。在這裡也能發現清教派伊巴迪斯（'Ibadhis）。

伊巴迪斯族人在哈達拉毛繁衍已經有一段歷史。他們的族名起源自九世紀沒沒無聞的阿布達拉・伊本・以巴德（'Abdalla ibn 'Ibadh），這個教派現在主要散布在北非和阿曼，是中庸的清教派，而且顯然和哈里吉特（Kharijite）信條有關。公元八世紀，伊斯蘭曆一二九年時，一名相信自己身負天命的清教徒，在和巴斯拉的教派領袖商量後，來到了哈達拉毛。他的名字叫做阿布杜拉・伊本・以阿喜阿（'Abdulla ibn Iahya），而另一個較爲人知的名字是泰勒布・哈克（Tālib al-Haqq），意思是「追尋正道者」。他和他的副手阿布・哈姆札（Abu Hamza）占領了整個西南阿拉伯到麥地那與庫拉（Qura）乾谷這地區。在這裡，他們和伊本・阿提亞（Ibn 'Atiya）所領導的四千名士兵交戰——那是哈里發馬爾旺（Marwan）派來對付他們的軍隊——結果敗北。泰勒布・哈克和阿布・哈姆札在戰場上兵敗被殺。敵人乘勝追擊搜尋並屠殺伊巴迪斯族人，而凡是身強體壯能跑能走的都逃到了哈達拉毛，接受泰勒布・哈克的總督的保護，因爲他依然掌權視事。伊本・阿提亞窮追不捨。這些叛逃者從哈達拉毛行軍四段路程與他迎戰，交戰的地點也許距沙巴瓦不遠，因爲這裡是來往交通大道。但是伊本・阿提亞夜行軍繞過他們，從他們背後攻下希巴姆並占領所有商家。他正忙著安撫省裡居民時，哈里發發出緊急命令，迫使他只帶著幾名親信便火速向北趕去。在北邊的焦夫有些穆拉德（Murad）部族的戰士依然在這片毀於戰火的土地上巡行，他們就在這裡殺害了伊本·阿提亞來為他們的親屬報仇。

蓋特恩蘇丹提到的伊巴迪斯族人想必可能是一千兩百年前這些叛逃者的後代，因為在阿拉伯的土地上，安土重遷的觀念依然異常牢不可破。汽車的發明並沒有改變這樣的觀念，而跟著古代地理學家的指示走，總是比遵行現代繪圖師更有可能找到目的地。在海寧，馬爾塔克兄弟花了一個晚上的時間，從我的海姆達尼著作中謄寫寫於將近一千年前提到他們家族的參考資料。蓋特恩蘇丹告訴我說當他自己的祖先四百年前從雅法伊高地遷來此地時，他們首先定居在靠近安達爾的拉庫姆，所以一如他們的祖先在他們之前所做的，他們把安達爾視為「哈達拉毛的第一城」。他告訴我說，目前住在阿姆德乾谷的賈達部族非常現代化；他們從葉門播遷至此不過兩百年的時間。

我離開蘇丹時心裡抱著五天內回來的希望。「你的病會好的，」哈桑告訴我說：「因為治療發燒最有效的法子，莫過於跌出車外這種突然其來的驚嚇。」

我注意到，他們從不曾把摔出車外那件意外公開說出來。我已經承認那是我的錯，沒有更加小心仔細看好車門，而我的認錯讓他們覺得好笑。薩伊德·貝達維提到這件事時經常大呼小叫，但只有在我們獨處時才會如此。我們把這個令人又惱又恨的意外當做我們之間的小秘密。不過，雖說驚嚇有其療效，我依然在抵達希巴姆時就不支倒地。

在那裡哈桑離我而去。他屬於卡提里部族，待在他的仇人凱埃提族人的勢力範圍內，每分每秒即使環境舒服對他都成了痛苦。他環視我空氣流通、寂靜無聲的木造平房，彷彿這裡有敵人四面埋伏。「不文明。」他說，一把抓起我的洗臉巾來擦拭我的平底大口杯。招待我的主人胡笙與薩伊德隨和又友善，兩人不發一語地默默忍受著他。我的兩位薩伊德朋友決定帶他去昔旺城，免得留在這裡惹事生非。他們會在幾天內回來。他們告辭了，後來從昔旺城寄了封友善的答謝短箋給我，我到現在還珍藏著這封短箋。

「謹在此出具證明，證明哈達拉毛英國旅行家芙芮雅．絲塔克小姐諳熟法律，信仰虔誠，身家清白，乃從英國來哈達拉毛獨自旅行的第一人。旅遊途中遭逢恐懼和危險時，她展現過人的刻苦耐勞與勇敢剛毅的精神。我們由衷感謝她，特致此謝忱。

薩伊德．阿里．阿塔斯．貝達維謹上。」

在此同時鬆了一口氣的胡笙與薩伊德，客客氣氣又友善親和地招待我。每回我要謝謝他們時，他們就說：「難道我們不算是英國人嗎？我們出生在新加坡。妳的國王就是我們的國王。」

他們每天來我下榻的木造平房探視我，我臥病在床，病情越發沉重。最後，我發現我的病並非瘧疾，只是我的心臟大有問題。每隔一段時間我就會注射可拉名❶，並躺在床上動也不動；但是我的身體還是日漸衰弱。

招待我的主人把胡笙的貼身僕人優斯林（Iuslim）送給我。胡笙主僕兩人是依照哈達拉毛的習俗從小一起長大的，每當優斯林說到他曾看過或做過什麼時，從不會說「我如何如何」，反而說「我和胡笙如何如何」。他對胡笙忠心耿耿，個性則開朗、富有愛心、迷人但靠不住。他有棕色皮膚，動作像貓般敏捷優美，闊嘴，說話時頭歪向一邊。假如他聽到谷地傳來槍響或呼聲，眼神柔和的雙眼就會爲之一亮，然後一股腦兒衝到陽台摩拳擦掌準備一戰。他的聲音悅耳，聽起來比較像歐洲人的聲音，倒不像阿拉伯人。當他洗澡或在我窗下的水池洗滌我的晚餐餐盤時，總會引吭高歌。他告訴我說，他總是伺候那些下榻在這間木造平房的客人，還有那些經常降落在希巴姆的英國空軍戰士。他頗爲稱許他們，「雖然當他們提到先知或上帝使者（穆罕默德）時，不知道怎麼說才何宜得體」。

「有時候，」我說：「他們也許沒有受過良好的宗教教育。」

「正是如此，」優斯林說：「每回他們來的時候，樓下那個黑奴安巴爾（Anbar）就躲得遠遠的，因爲他害怕失去自己的信仰。但他倒是不會躲妳，」他接著說：「妳既不抽菸也不喝酒，說到上帝使者時總不忘說『願讚美歸於他』。」

第三天當我病情沉重時，另一名叫沙林姆的僕人前來幫助。他們身上裹著毛毯睡在我房門外，夜裡每隔一陣子就進來餵我喝咖啡。

我氣力日漸消散。我看不到自己的手錶，只能聽著耳朵裡一種像生命之浪拍打在某個地圖上找不到海岸的微弱脈搏聲，並靜待它停下來。等它眞的停歇止息時，我人應該已不在世上，恐怕無從得知；這個想法既可怕又詭異，正如每個嶄新的冒險事業。在那病重時刻，我遺憾的不是我的罪愆，而是我還有許多事情沒做，甚至是那些我承諾去做而沒有做的輕率之舉。我並沒受懺悔之忱或傷心之情而心緒煩亂，但在杳然寂靜的燈光下，我看到自己過往一生像地圖般攤開在眼前，其中點綴許多小小快樂時光，雖被遺忘卻依然美麗：夏日徜徉在英國草坪上喝茶，小山丘上的龍膽草，南方松林熱騰騰的香甜味——全是些細瑣卻親密的點點滴滴，它們的甜美屬於這個世界。我試著去回想這些事，因爲我知道我必須盡可能保持心智冷靜安寧。每隔一陣子沙林姆就會扶起我的頭來餵我吃飯，動作柔細不輸一名專業護士。他是個無懈可擊的僕人，盡忠職守又善解人意。他其貌不揚卻風采迷人，臉孔細長，下巴尖細，還有在哈達拉毛處處可見的敏感大嘴巴。他總是在飽滿天庭上戴頂瓜皮小帽，帽子向後傾斜，帽沿剛好貼到他頭髮剃掉的邊緣，使得原本就高的額頭顯得更高了。他帶著無盡的博愛之情看著我，動作悄然無聲。

我想我大去之期不遠矣。我同時心懷恐懼，害怕昏迷時被活埋。優斯林跟我解釋這樣的事情有時候也發生過。就在不久前有一位昏迷不醒的穆拉❷就遭到活埋。他忠心耿耿的僕人當時正好出門，回家時赫然發現自己的主人已經被埋入地底時，堅持掘墓開棺，結果發現這位穆拉竟在墳墓裡坐了起來。在伊斯蘭教墳塋裡總是有夠大的空間，因爲往生後的屍體必須坐起來回答黑白無常兩位天使的問題，但想必這是一次很不愉快的覺醒吧。我告訴優斯林說，他們得等上半天時間才能動我的身體；我也教導他施打可拉名，以防我昏了過去。我已經虛弱地再也無法自己動手打針了。

這是件非常痛苦的工作，只有優斯林能樂在其中。「現在，」他在把一根感覺像烤肉串似大針戳入我的臂膀時，帶著一絲不經意的諷刺口吻說：「我可以說我像個大夫了。」

他爲我扶住寫字抬，並握著我的手一筆一劃寫字；我才寫了封短箋就累倒在床，只看到他大惑不解地盯著紙張看。

「我弄錯面了，」他說：「這是吸墨紙，妳得再寫一遍。」他就像彌留病床邊的一隻花蝴蝶，討人喜歡卻無濟於事。

接近破曉時分時，我睡了三個小時，做了個快樂的夢。我夢到我和我父親在某座依傍乳白色海洋且陽光燦爛的地中海城市，我的朋友有說有笑地走了過來，進入一間燈火通明房間。我醒來時這些友人似乎還陪伴在我身邊，我看到陽光灑在貼著窗戶的尖頭棕櫚樹葉上。鳥鳴啁啾，花園裡飄來陣陣令人舒爽的氣息，鉤針編織的坐墊吊掛在小茶几上；此時乃破曉後最早、最怡人的時刻。有那麼一剎那，我忘了自己還在生病；接著我明白除非藥劑師馬哈穆德帶著新藥從泰里姆趕來，今天將會是我的大限之日。我自己嘗試的方法一個接一個失敗了；我的心跳現在變得很薄弱，感覺不到有脈搏在跳動。我身旁的世界和我自己的心智是如此愉悅又生氣盎然，這整件事似乎不合情理、恐怖至極，卻又無可避免；想來那些被判死刑的囚犯在行刑當天也會有這種感受吧。

我相信救我一命的是馬哈穆德。

兩位蘇丹之間溝通的重重困難以及泰里姆正在舉行婚禮的事實，還有哈桑憤而拂袖而去，在在造成了這差點奪走我的命的三天耽擱，但最後一個求救信號總算讓他們所有人明白事態多麼緊急。我的主人薩伊德本人在經過這可怕的一晚後，搭自己的車前往昔旺城和救援小隊碰面；到了九點，正當我萬念俱灰時，優斯林眼睛發亮地來到我跟前，跟我說他聽到車聲了。接著他站在窗邊告訴我他看到車子了——一個小黑點正快速接近當中，後頭揚起一道乾谷的煙塵。

很快的，他們都來了——我的兩名主人、阿姆德的薩伊德家族、淚流滿面的哈桑，以及馬哈穆德。馬哈穆德這個好人摸了摸我所剩無幾的脈搏，判斷說這是心絞痛和消化不良。這兩種病會一起發作倒是令我驚訝。接著他把羅可諾（loconol）注射到我的血管裡；藥效很快就發作，似乎為我筋疲力盡的心臟送來一劑回天妙藥。

馬哈穆德接手指揮照顧我的工作，這工作就如同我的病一樣重重壓在我肩頭，我心懷感激地沉沉睡去。我的兩名主人說爲了表示他們患難見眞情的友誼，要留在這間木造平房直到我病情較好轉爲止，他們還下令樓下僕人準備大餐招待一干人等。很快的，樓下傳來的歡笑聲讓我覺得我和周遭的世界，姑且不論我們還有什麼其他問題，無論如何不再籠罩著死亡的陰影了。

【注釋】

❶可拉名（coramine）：即nikethamide，主要直接興奮延腦吸中樞，也可刺激頸動脈體化學感受器而反射性興奮呼吸中樞，能提高呼吸中樞對二氧化碳的敏感性，使呼吸加深加快。安全性大，但一次靜脈注射作用僅維持數分鐘。過量可致血壓上升、心跳過速、肌震顫及僵直、咳嗽、嘔吐、出汗。因作用溫和，安全範圍大，臨床常用於各種原因所致中樞性呼吸抑制。一般間歇靜脈注射給藥效果較好。

❷穆拉（Mulla）：伊斯蘭教尊師的頭銜，指的是宗教領袖、老師、精通教法的人、伊瑪目與誦經員。

第二十五章　訪客

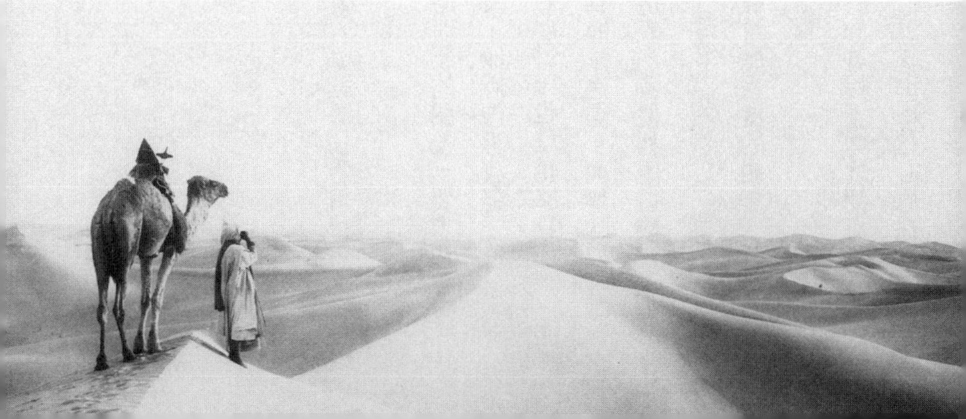

「然而很快的我將來到
固定住我延展靈魂之處，
但命運吋吋敲進鐵三角楔
並且總是強擠進夾縫中。」

——英國詩人安德魯・馬爾維爾

我身體好了一天，接著又舊疾復發。在這危機的壓力中，我寫信給亞丁的朋友，要求假如英國皇家空軍的飛機正好在哈達拉毛降落的話，可否派一名醫生過來。他們告訴我有一班飛機預計要在希巴姆降落，而這大好機會絕不能錯失。一年一度的大節日，也就是宰牲節❶，即將來臨了。屆時慶典會持續一週之久，在此期間不會有跑信人到海岸送信。而無論如何，一封信必須花上二到六個星期時間才能抵達亞丁。情勢既然如此這般，我便利用這機會寫信，而我的主人也自動自發拍了一封電報交給同一位跑信人（我事後才知道這事），內容言簡義該：「請派飛機來。」這將遞交給任何一艘正巧路過而且有無線電發報機的船隻。我得感激地說沒有機會送出這信，皇家空軍也就免去它可能造成的一場虛驚。

在此同時，馬哈穆德照顧我的生活起居。我高枕養病無人打擾，終於可以不需要胡思亂想了。馬哈穆德翻遍他的一本寫滿各種你所能想得到的疾病的書籍，但我拒絕花心思在上頭。他曾在亞丁瘟疫肆虐時和一名大夫實習過兩年時間，這個經驗加上他自己認眞聰明的本性，使得他得以幫助我。他坐在樓下徹夜未眠，他告訴我，他在「禱告，祈求阿拉來救妳」。在他來了之後的第三天，我病情明顯好轉，再過不久，他每隔一陣子離開我從昔旺城回家。

有一天當我重病癱倒在床時，一名從蓋特恩來的貝都因人前來探望我。一天下午他獨自一人從敞開的房門走進來，向我問候平安。他是一名人高馬大、住在山丘上的奧拉基（Aulaki）部族人，身穿麻布衣服，腰際圍了一條彈匣帶，整個人斜靠在一把來福槍上。但除了這些東西以外，他活脫脫像某些古老圖片中的基督圖像，粗眉齊平，紅棕色捲鬍子，五官平直，眼神冷靜，舉止高雅。

有兩回，他說，人們將他擋在門外；但他直等到樓下沒人，才上來和我道別。他和他的同伴沒法繼續等下去，即將返回自己的家。

「我不能來，」我傷心地說：「我病了。」

「阿拉治癒妳；阿拉恢復妳健康，並賜福與你。從阿拉來的只有祝福好處，願祂受讚美欽崇。」

這眞是美麗的祝福，而他說得如此誠懇，話中還帶著一種寧靜祥和的樂天知命，一種生活勇敢豐富的氣質。當他因爲白等了這幾天而要求禮物回報時，甚至連討東西的用字遣詞都是高貴的——「給我一克拉姆（ikrām），以表榮譽」，克拉姆的意思是一件東西。我沒辦法給他任何東西，因爲我根本沒法爬起床，而我的主人告訴我說，蓋特恩蘇丹會幫我給，也會讓我知道。但是當辭行的時候到來，蘇丹卻無論如何不肯讓我償還我欠他的人情，我所能做的只是把我的那本海姆達尼著作留給他當禮物。但是那一整天，我因爲這位貝都因人的探視而感到心情愉快又大感安慰。我一邊躺著一邊思忖，阿拉伯的魔力與其說來自被艷陽烤得綯褶的乾旱大地，不如說來自此地人民內在特有的高貴情操與魅力吧。

就在這個時候，在我能下床之前，他們爲我稍來前往沙巴瓦的德國旅人消息。他是個年輕人，曾經來過這個地區，也寫過兩本關於此地的書，照了幾張美麗的照片。但是他刊印了一份報告說塞阿爾族貝都因人是食人族，導致他人緣奇差。自不待言，這樣講任何一個阿拉伯部族都是件愚不可及的蠢事，也在曾經熱誠招待過他的乾谷裡引起了很大的反感。他做爲一名旅行家，還得爲其他罪行負責，因爲他的確到過沙巴瓦城的城門口，只是被一名貝都因人拒於門外，他卻把從希巴姆到沙巴瓦的距離故意說成七天的路程，而非四天的路程。他又自詡爲進入多安的第一位歐洲人，而事實上當時整個谷地都在談論范・登・穆稜與馮・維斯曼的遠道來訪。他又裝得從未聽說過本特夫婦。他似乎讓自己惹人厭到了人家威脅要槍殺他的次數頻繁到不合理，即使最不圓滑的觀光客也不致如此。

當他不疑有他地出現在泰里姆的卡夫・薩伊德家族前時，他們也爲處置這位年輕人的方式感到難爲情。乾谷的年輕人希望清楚表達心中的不悅之情，而老一輩信仰虔誠的人同樣火冒三丈。因爲他說哈達拉毛的宗教中心羅巴特學校提供每名學生「eine Frau」（德文，一個老婆）以及其他種種方便，這把所有人都得罪光了。

這本書在昔旺城廣爲流傳，他們要求我把其中引人反感的段落譯成英文，當地的飽學之士聽了我的翻譯後義憤填膺地說不出話來。後來這名年輕德國人來時，他們就拿書中幾個字質問他。他則解釋說「eine Frau」一詞在那句話裡的意思是可以上學的小女生（事實上，即使是小女生也不得上學唸書的。）

在這之後，哈桑和馬哈穆德兩人拿著這本書來找我，問我這樣的詮釋解不解得通。他們抱著希望說，也許是我的德文不夠好、翻譯失了準：「Frau」這個字有無可能意指正値我行我素那個年紀的小孩？但是我拒絕爲這名來路不明的德國人做僞證。我說「Frau」就是「Frau」，別的都不是，就是「Frau」。當我的兩名主人以及一大群薩伊德家族人匆匆忙忙來找我，告訴我說這名年輕人逕自在我前頭前往沙巴瓦，並且友善地表達他們希望有什麼不測之災或意外橫死發生在他身上時，我當時的感覺是我只能微笑以對。

每天都有人前來通報我有關他的消息，而我只能躺著任其騷擾。他已經去了昔旺城，正停留在薩伊德・阿布・貝可家中。他們說，他要到慶典過後才會前進，因爲慶典時期大家都在慶祝結婚大喜，貝都因人也會利用這個星期把女兒嫁出閣，所以實際上不會有人在這個時候出門旅行。在慶典結束前，我也許能再搭車旅行，而薩伊德・阿布・貝可找人送口信過來說，他會確保我平安上路。他會盡其所能讓那名德國人不惹事生非。我想起他犯的罪過，良心覺得好受些；而優斯林假裝以修長指頭發散食物給想像的狗兒吃，解釋說假如他竟敢造訪希巴姆懷恨在心的居民的話，被吃下肚就是這名不知好歹的年輕人的命運。「不是說咱們是食人族嗎？」當他拿著棕櫚葉打掃我房間時，每隔一陣子就這樣喃喃自語說道。

接著傳來消息說，這名德國年輕人管不得什麼慶典不慶典，正在做出發的準備。他在昔旺城的市集挑選了一名貝都因人，要他做好安排後立刻帶他上路，儘管薩伊德・阿布・貝可在一旁努力勸阻。我得欽佩他的速戰速決，接著我從馬哈穆德那裡聽說，這都是哈桑從中作祟的緣故，哈桑告訴他最好趕緊上路，否則我也許會趕在他之前出發。

至於實際上發生了什麼事，我永遠無法得知，我依然很不願意相信哈桑是個壞蛋。在我因生重病而轉由馬哈穆德照料之前，哈桑對我始終忠心耿耿，伺候我的態度也可說無微不至，但是他不喜歡馬哈穆德也是事實。他對馬哈穆德的仇恨，也或許只是愛說話的習性，使得他對德國年輕人說了那些話。整體而言，東方人之恨要比愛更能天長地久，我想到這點便不免沮喪。然而，我還是寧可信其無。不過，哈達拉毛乾谷已經被種種紛爭撕扯得四分五裂了。我臥病在床，只覺得無助無援，我的旅程就像撲克牌搭起的一棟棟紙房子，全部瓦解崩潰了。我也為自己竟然在乎別人能否先馳得點而感到羞愧，因為這爭第一的事算不得什麼光彩的熱情。優斯林在我房裡愉快又動作優雅地四處竄動，他會以拇指和食指輕巧地圈住自己的脖子，又會指著天花板並張開手，表示一切都完了。他以他慣常對別人抱持的激烈正義感大發議論說，那些背叛朋友的人應該全被吊死……等等諸如此類的話。

這名德國人抵達蓋特恩，然後繼續前進。那裡的蘇丹捎來信息說他已經通過蓋特恩，但他們雖然抵達了現代的村落，他的貝都因嚮導卻無法帶他去一天車程外的古城遺址。我還以爲這只是蘇丹一番善意的謊言，但後來發現果眞如此。

數個月之後，當我已經在返回歐洲途中時，我收到希巴姆的胡笙寄來的一封信：

「那名德國人，」他說到：「從沙巴瓦折回，而我們在蓋特恩蘇丹的宮殿中會見他。我們於是問他關於那裡遺址的事情，他說有一座礦場，石油和金礦仍有待挖掘，並拿出一張在那裡拍的神像照片。他在那裡並不好過，只停留了半天之久，因爲部族居民群起攻之。現在他去了海岸。總之，他去了沙巴瓦但是他們不讓他進城。」

蘇丹猜測得果然沒錯：古城及其六十座廟宇仍在等候這名旅人的造訪。

【注釋】

❶宰牲節：伊斯蘭曆十二月十日，是朝聖者在麥加活動的最後一天，宰牲節與開齋節爲伊斯蘭教的兩大節日。

第二十六章　割愛沙巴瓦

「假若我不復有王者般的日子，那會是何種境況？
往日種種依然與我同寢入夢來。
我夢見雙腳踩踏著星光燦爛之道；
我的心休憩在岡巒上。
我也許不會依依不捨未竟之事業；
我占據高處，我留住贏得的夢境。」

——〈四月雨紛紛〉（April and Rain），楊格（G. W. Young）

我盡可能爲宰牲節結束後做計畫。我決定找人用擔架將我抬到海岸邊，正如一年前我主人生病時使用的法子。大概最少需要八天的時間，視我們每段旅程的長度而定。我找來六個人以接力方式抬我，每個人要價十五塔勒。至於民生問題則以購買三頭山羊來解決，牠們將擔負起在一旁小步相隨並不時提供羊奶的重責大任。每個人對這個計畫都抱持樂觀態度，雖然我忍不住想到本特夫婦書裡的最後幾頁，裡頭談到這種擔架之旅最後以悲劇收場。但是炎熱的日子即將來到，我必須趕快離開谷地。

我躺臥了一段疲乏倦怠的靜養時期，主要靠優斯林的談話來提神。他晚上會過來說長道短一番，至於沙林姆則沉默寡言，總抱著膝蓋坐在床腳天鵝絨椅子上，再不時點點他黃棕色的腦袋。

他們建議我應該試試哈達拉毛式秘方，並願意帶個學有專精的人來看我。倘若我不是歷盡了滄桑，也許會接受這提議；但實際上，我還是靜靜聽著優斯林如數家珍地訴說各式各樣的偏方。他告訴我說，蜂蜜和銻攪和在一起吃下可以治療痢疾。「襲擊妳下半身」的風寒應該避免，治療方式是在一片漆黑且「寸草不生」處待上兩個星期，這地方通常是山丘中的山洞。養病期間只能吃些清淡的食物，而這也許就是這種療程奏效的原因。他又說，被蛇咬傷的處置方法，就是找一群人圍著病人唱歌，其中一人用口將毒液吸出來；若是被蠍子螫傷的話，可將一枚塔勒壓在傷口上治療。「至於痲疹帶來的咳嗽，妳很幸運倖免於難，因爲咳得厲害通常會讓人喉嚨哽塞窒息而死：過去這兩個月裡，在希巴姆就有超過一百人因此喪命。」

從我的窗戶望出去，我可以看到希巴姆城及其五百棟民宅蝟集在一起，像一座浮現在織錦般棕櫚樹之上的堡壘。在民宅背後黃塵滾滾的空間裡，駱駝正將玉米粒輾壓出來。牠們拖曳著一段棕櫚樹幹，繞著圈子一圈又一圈踱步。壯丁們收聚起麥桿，捆成一紮紮，並一邊齊聲歌唱。

在哈達拉毛無論做什麼事總少不了歌聲相伴。蓋房子時從攪拌泥土和麥桿做磚頭，到大功告成前在飛簷刷上最後一刷灰漿，其間總伴有不絕於耳的歌聲。即使是駱駝也有牠們自己的歌聲；貝都因人一邊前前後後蹦蹦跳跳，一邊在駱駝耳邊輕聲低吟，駱駝便慢吞吞走著，心滿意足地搖頭晃腦。人與駱駝一起走過他們生命中陽光普照的孤寂，構成一幅人唱駱駝隨、其樂無窮的畫面。這讓我經常懷疑人世間有幾對夫妻能像貝都因人與駱駝如此這般情投意和、相知相契？

當我躺在床上看著窗外種種景象時，漫不經心地打從窗邊經過的優斯林，會不時跟我說些街談巷議。他告訴我，希巴姆即將打戰了，「跟那邊的那些房子」——那是乾谷對面的村落，雖小卻不是好欺負的弱者，它的停火協議即將在一個月內失效。

希巴姆有一座大約有六十名奴兵的兵營，儘管蓋特恩的蘇丹除了馬卡拉政府部隊之外，自己擁有更多的士兵。即使是現在這承平時期，城門從晚上八點到凌晨（阿拉伯時間的兩點鐘到「法吉兒」〔Fajr〕）仍是大門深鎖。有一天晚上夜色暗下來後優斯林因爲想去參加一場婚禮，就開口跟我借手電筒。不幸電池用光了，我便建議他提油燈。

「那不管用呀。他們會對我開槍。」優斯林說。

「誰會開槍？」

「還用問嗎？守城門的士兵。」

他們會在城門那裡點兩盞燈並保持徹夜不滅，房舍當中則另有小小又昏暗的燭光照明。除此之外整座城市像鬼影幢幢的冥府，每個鬼影的頭緊緊貼在一起，黑沉沉的乾谷和峭壁則在一旁環伺，直到月娘從城東牆那頭升起。在朦朧、孤寂又甜蜜的月色浸泡下的城市輪廓，頓時有了像藍絲絨的質感與深邃的神秘感，也讓生長在一塊塊沙地上的荒蕪荊棘叢與棕櫚樹叢，看起來像西方荒地般柔美又熟悉。

當月兒西沉時，夜色便像墨水般漆黑，但不多時天光破曉，黎明從香料之地襲來，邁開大步跨過乾谷的岩壁；從一片漆黑到光明乍現，其間只有十分鐘光景。我透過南窗望出去，晨光像一頂光圈般掛在垂懸於我們頭頂上的峭壁後頭，又投射在方形眺望塔上，讓放置在那裡的四塊巨石宛如貝都因人朝底下希巴姆射擊時慘遭埋伏的人。從西窗望出去，希巴姆的房舍再度在陽光中現身，房屋底下是壕溝。優斯林告訴我說，人們會把妓女的頭髮剃光，再讓她騎著驢子沿壕溝繞城，一邊被人追著打。

此地賞罰嚴明，懲罰簡單。城中央有一口古井，罪大惡極的人就被丟到井裡，食物則從上面吊下去。至於偷竊，逮到就砍手。優斯林很贊成嚴刑重罰，他帶著欽佩口氣說著伊本・沙特的法官斷案的故事。有一個人遺失了一盒麵粉，一年後警察局通知他去領回。法官下命令說必須在他面前把盒子打開；其中一名士兵先前曾把手指頭伸進鑰匙孔裡，想看看盒子裡裝些什麼，結果他的指痕留在麵粉裡，讓大家都看見了。結果士兵的指頭從此就留在盒子裡，而當偷盒賊被找到時，他的手則被砍斷。

優斯林本身性情隨和，連隻蒼蠅也不願傷害，他卻贊同這樣的嚴刑峻法。不過，在哈達拉毛實行這樣的嚴刑峻法卻不太有道理。不是因爲沒有犯罪，而是犯罪者通常是貝都因人，他們很快就逃回約耳高原，根本抓不到人——就像是在我們木造平房視線可及處，那個從烏克達的花園郊區強行擄走一頭驢子的人——這件事聊解了做家事的單調無聊，讓優斯林快樂了好幾小時。

有時貝都因人逮到機會也會擄走奴隸，然後轉賣給新主人。所以乾谷的奴隸即使自由身，也不敢冒然獨自在約耳高原上旅行，深怕遭綁架並被擄到天涯海角賣掉。

馬哈穆德告訴我說，最近有兩名來自加爾各答的男孩，被從阿曼蘇爾（Sur）來的阿拉伯士兵以介紹工作爲餌拐騙。等到上了岸，阿拉伯人將他們以七百塔勒的代價賣給塞阿爾族貝都因人，後者便將男孩帶往西北部，讓他們做兩年汲水的勞動。快滿兩年時，主人恰巧帶他們來昔旺城洽公，他們便趁機逃脫，並詢問城裡居民當地有沒有任何印度人或英國子民。人們將他們帶去找馬哈穆德，馬哈穆德把他們的故事傳達給薩伊德．阿布．貝可，他們的主子於是被找了過來。兩名奴隸中有一人已經逃逸無蹤，但另一人則被薩伊德以五百塔勒（三十八英鎊，那名貝都因人原先要價一千一百塔勒）爲代價買下來，然後將他送回家去。這事情發生在我來訪前十個月。

小孩有時也會被綁去賣。薩伊德．阿布．貝可是個宅心仁厚的人，人們有求必應。他以四百塔勒買下一名被拐騙的小男孩，費神找到他的家鄉，寫信給他遠在奈季德（Najd）的父母。但是這名男孩卻不願意回到父母身邊，我下榻在泰里姆住處時曾看到他出現在一群服侍我的人當中。

我傾聽一個接一個故事，日子也悄然而逝。我們所在的乾谷和這裡的來往交通在我眼中，一如在它居民眼中，開始彷彿像一座昇平無事、愜意怡人的小島。

我習慣躺臥在我房間外涼台上的草蓆，置身優美的環境，展讀魏吉爾❶的作品——我對古典作品的喜好屬於用情不專的那種，只要身邊擺著任何更簡單易懂的讀物就會讓我移情別戀。

魏吉爾是臥病時最能讓人眞正休息的良伴，因爲我不曾讀過有詩人像他那樣，作品中充滿了甜蜜睡鄉、深夜萬籟俱寂與大地休憩的意象。我也在他對於死亡的超然且異教派剛毅觀點中，找到令人精神大振的佳句。

「所有生命的歲月皆倏忽短暫且一去不復返，
惟獨立德立功、千古流芳者，
其歲月乃得以天長地久。」

或是，

「命運牽引我們往何處去，我們只能步步相隨；
然而不論命運爲何，我們都要逆來順受並努力克服。」

誰能讀到這樣的佳句而不備受鼓舞激勵呢？它們鏗鏘有力的節奏在我耳際鳴唱著，相隨的是附近三口水井令人昏睡的咯吱咯吱噪音。有那麼一口井總是不停運作，而我從窗口往下望可以看到我們的游泳池每兩天左右就換一次水。我可以看到那些皮製水桶從水井深處緩緩升起，懸掛在半空中一、兩秒時間後沉入飲水槽中，接著它們肥胖滲水的桶邊向一側傾斜，水便傾洩而出。嘩啦嘩啦的流水聲終日不絕於耳，隨著水桶的上下來回時強時弱。這些水井位於樹下，映照著斑駁光影，周遭清涼怡人，它們也是此地唯一的「流動」水源。

我躺在鋪在塗灰泥牆下的草蓆上，仰頭觀望淡淡藍天，天際白雲舒捲自如，宛如薄薄的面紗。一些有黑色頸毛與平頂黑頭的小鳥站在簷角低頭望著我。盛開的石榴花叢中有戴勝鳥。希巴姆的石榴結了碩大的果實，枝頭卻同時綻放花朵。飛行中隊隊長利卡德斯大肆鼓勵種植石榴，他還教優斯林怎麼修剪石榴樹，而每當人們讚賞石榴樹時，總不忘提到利卡德斯的大名，他和巴斯卡文上校是谷地中備受愛戴的人物。此地還有其他許多鳥類，其中我只認得鶺鴒，還有一種白棕兩色的老鷹或鳶鷂，以及群聚峭壁上的白鴿——牠們令人昏昏欲睡的聲音回盪在谷地間。再有就是「隨著玉米與椰棗來來去去」的烏鴉。

我手錶（它不再非常可靠）指針指著五點鐘時，日頭西落了。晚霞黃橙青綠，像亞丁的天空。突出的峭壁像著了火般通紅耀眼；它們櫛次鱗比排排站開來，一片挨著另一片的背後，大同小異，彼此平行，宛如下了錨的艦隊。每片峭壁投射下的身影和背後峭壁的身影成對角線相交，直到沒入遠方乾谷轉彎處看不見為止。

「更大的陰影自高山上翩然落下。」

峭壁間的窪地與凹入處浮現了一道藍青色迷霧，然後平坦的約耳高原邊緣閃爍幽暗微光並越來越昏暗，最後沒入黑暗中。另一個漫漫長夜又襲上我們了。

【注釋】

❶魏吉爾（Virgil）：西元前七十～十九年，古羅馬詩人，其詩作對歐洲文藝復興和古典主義文學產生巨大影響，代表作為史詩《伊涅亞德紀》（*Aeneid*）。

第二十七章　飛離谷地

「我要在四十分鐘內
爲地球圍上一圈腰帶。」

——《仲夏夜之夢》

「我說，但願我有翅膀像鴿子，我就飛去，得享安息。」

——聖經詩篇第五十五篇

宰牲祭是我見過最令人捉摸不定的節日。

每個人都在爲它做準備，人人也都在談論它，但是說到這慶典究竟何時開始，則莫衷一是，沒有人說得準：有些人說再過兩天，有些人說再過十二天。但是它日日逼近的徵兆終於開始多起來了。當貝都因人接近希巴姆時，他們會開始鳴放來福槍以示歡迎之忱。這是一種所費不眥的歡迎儀式，因爲每放四槍就要花掉一塔勒，所以政府現在明令禁止在城裡狹窄的巷道裡放槍娛樂。

沙林姆要請事假。他有一個老婆——當初花了六十塔勒（四英鎊十先令）的聘金娶進門，因爲當時她還是童貞之身（否則的話，聘金只要三十塔勒）。他是個屠夫，他需要爲禮拜五的慶典屠殺數以百計的羊隻。這兩個理由就足夠了，所以沙林姆要離開我一、兩天時間，優斯林則每隔一陣子過來，而黑奴安巴爾會在樓下守衛。

慶典是從禮拜二開始。第一天和第二天是小朋友鬧著玩的節日，大人會給小朋友買禮物。第三天是「Zulfat al-Kubār」，在這天他們會吃一道叫做「阿西」（asi）的菜餚，它是將椰棗、玉米與來自約耳高原的「海多旺」（haidowān）種子攪拌在一起，然後在鍋裡煮上五個小時。第四天就是禮拜五了，這一天是哈吉❶之日，大家吃「哈麗莎」，這是我在多安品嚐過的一種麵粉肉片粥。在這第五天，人們會前往希巴姆城外，就是我住的木造平房再過去的浩塔（al-Hauta）遊覽觀光，這是阿哈馬德・伊本・胡笙・伊本・阿哈馬德（Ahmad ibn Husain ibn Ahmad）的陵寢。到了第六天，人們會前往舍赫蘇塔娜公主之墓謁陵，這位女聖徒的陵寢在昔旺城外，我們曾在旅途中經過此地。

我問優斯林何以封她為女聖徒，他解釋說是因為她終身未婚。

「那麼，」我說：「如果我前幾天不幸客死於此，你們履行承諾在起降地旁的白色穹窿頂下安葬了我，那我也是個女聖徒囉，我的忌日也是可以全家出遊的國定假日囉？」

優斯林看起來一副不置可否的模樣。

「妳沒死眞是萬幸，」他心有所感地說道：「因為我們該怎麼處理妳的遺物呢？當妳臉色蒼白得嚇人的時候，我心裡反覆思索著這個問題。我決定一旦妳不幸往生，就立刻把所有的東西鎖起來，就不會有人以為我自己私藏了什麼東西。」

優斯林對於這個地區所有慶典如數家珍，而算算爲數眞不少呢。附近一個主要慶典是在蓋特恩舉行，日子是在伊斯蘭曆四月（Rabi' al Akhir）初春的第十二日，要走上五天到哈比布・歐馬・哈達拉（al-Habib 'Omar al-Hadhdhar）的墓謁陵。但是他說，貝都因人只在乎大慶典；即使齋戒月結束時、這裡叫做「舒爾巴特・馬」（Shurbat al-Ma'）的開齋日，他們也很少遵守不渝。

到了三月十四日，也就是慶典的第三日，算算我已經在房間裡躺了兩個多星期。我覺得自己體力足堪負荷到外面曬曬太陽、走一走。我住的木造平房旁除了陪我一起出來的黑奴安巴爾外，沒有別的人影，再有就是一條和我成爲好朋友的瘦狗——牠瘦得連蒼蠅都停在牠身上，黑奴安巴爾說蒼蠅絕不會停在胖狗身上。

我們緩緩往下走，並在路邊棕櫚樹下的一座西卡雅旁坐了下來。這條路走起來彷彿是一條通往傳說中英國亞瑟王王宮所在地酣樂多（Camelot）之路；而我在房裡禁閉了兩個多星期，感覺自己宛如夏綠蒂夫人❷般，正以不習慣見光的眼睛看著沙塵中來來往往緩步行進的販夫走卒：騎著驢子的農夫，跨下擺著農產品，或驢鞍上橫向披掛著一頭羊；薩伊德家族族人，總是穿著潔白無暇、隨風飄逸的白袍；貝都因人和駱駝；婦人，拖著在地上啪啦作響的藍色裙襬，頭上頂著一只小甕或籃子；黑人士兵，身上除了遮羞布、彈匣帶和配槍外一絲不掛；拿著裝有「沙姆」（samn，油）的小皮罐的行人；以及許多驢子，拖著長及地面、準備當飼料的曬乾蘆葦，而被蘆葦遮住不見身影。牲口在西卡雅的小穹窿頂旁停下腳步喝水，趕牲口的腳伕從西卡雅刷上灰漿的棋盤格子間舀出水來，再倒進低淺的飲水槽裡。

住在這附近一帶平原的居民走上前來，問候我及探問我病情，因爲他們先前已經聽說我臥病在床。他們就如鄉下人般說長道短地談論著近來的物價。在谷地做生意恐怕不容易，因爲每個城鎮都有自己的度量衡。希巴姆的重量單位包括一個塔勒重的「歐基亞」（okīa）、十二個塔勒重的「羅特爾」（rotl）和二十九塔勒重的「穆斯拉」（musra'）。但是谷爾法的一「穆斯拉」要比昔旺城的一「穆斯拉」來得重，可是又比希巴姆的一「穆斯拉」來得輕。物價也隨世界危機波動：四年前人們能用一塔勒買到六十「穆斯拉」重的沙巴瓦食鹽，但有一度鹽價飆漲到一塔勒只能買到四「穆斯拉」重的鹽，現在則跌回一塔勒三十「穆斯拉」的水準。

我的主人薩伊德現在坐在鋪著毛毯的鞍座上，騎著一頭白驢走過來，他看到我時便下驢來，陪我走回木造平房。他買了一小瓶印度紫檀木精送我，一邊談論著仍可以在希赫爾沿岸找到的龍涎香。等他走了，我在陽台的陰涼處鋪了張草蓆，躺下來臥讀《伊涅亞德記》❸。我心中遺憾地想，我把所有有趣篇章都讀完了，現在得開始念第七章以後的無聊部分。就在這時我聽到頭頂上響起嗡嗡聲，而且越來越大聲，最後吸引了我的注意力。在天際，四架皇家空軍的轟炸機從東南方一字排開飛來，橫亙谷地上空，鋁製機身在陽光中閃閃發亮，可說是我生平所見最美麗的飛機了。

它們繞了一圈後降落在城牆以東的地方；城裡的達官顯要像一隊螞蟻般急忙出城接機。從其中一架飛機的駕駛艙走出來的是海索爾·屠衛特大夫，他邁步朝我住的平房走過來。

他發現我病情沉重，不適合在午後熱騰騰浮動的空氣中移動，我們只得等到翌日凌晨才行動。他們一大早便把我綁到一床擔架上，接著將我橫著擺進薩伊德的車子裡，然後開車將我送到附近的起降地。

我的頭被綁死，無法轉動，但是我可以看見峭壁崖頂，發現它在陽光中閃閃發亮，猶如一把紅色寶劍。

薩伊德、胡笙、前任總督、優斯林和其他人的臉孔，一個接一個浮現在駕駛艙的窗口跟我道別。我做了一個友善卻不太可能的夢。考慮周到且大有能力的幾雙手，爲我接下了做決定的重擔。我們升空：乾谷的岩壁，那由石灰岩與砂岩所構成的監牢，漸漸縮小遠去。我們飛行時，海索爾·屠衛特大夫不斷向我描述底下的景觀；在我的心中，我彷彿看到了約耳高原和高原上被千年如一日的交通磨得平滑又光亮的通商要道，以及塞班峰綿延巨大的分水嶺。

我們在福瓦降落加油，在這裡來自馬卡拉的友善臉孔又爬上飛機到我躺臥的地方和我打招呼。負責駕駛飛機的飛行中尉蓋斯特，讓飛機爬升到很高的冷空氣層後平穩飛行；過了五個半小時，我們抵達了亞丁港。

「遠離健康人群太遠的漂泊
多半沒有好結局，
但是遠方有一座小島，
（就算不在海中也在沙海中）
我再一次想起了它。」

【注釋】

❶哈吉（Hajj）：伊斯蘭對曾去過聖地麥加朝聖的伊斯蘭教徒之尊稱。

❷夏綠蒂夫人（Lady of Shalott）：丁尼生於一八三二年出版的一首詩，詩中的女主角夏綠蒂夫人風靡維多利亞時期，她是一位中了法術、遭人監禁的貴婦人，楚楚可憐。

❸《伊涅亞德記》（*Aeneid*）：拉丁詩人魏吉爾敘述羅馬城建城神話的史詩。

附錄

南阿拉伯的香料之路紀要

※方形括號〔 〕中的第一個號碼指的是列在第四〇一頁的參考書籍。

任何在南阿拉伯旅行且對歷史地理有興趣的人，不妨建議你隨身帶著一本海姆達尼的《阿拉伯紀實》（*Jazirat al-'Arab*）以及史普倫格爾的《古阿拉伯地理》（*Alte Geographie Arabiens*）。

然而，除了這些以外還有大量零星片段的資料，其中大多援引自晚近旅人的記載，還有就是出自目前爲人所發現的古碑文中。我希望能把這些書中的資料和我自己在這地區所收集到的資料做個比較，特別是沿著從沙巴瓦通到大海這段香料之路的資料。我因爲中途染疾事功未竟，而這些紀錄不過是我爲自己方便所收集資料的大綱摘要——只是某種骨架，外頭再穿上實地勘查的外衣罷了。古阿拉伯的貿易路線，也就是將阿拉伯半島南岸的香料和印度貨物輾轉運到地中海的香料之路，若想對它有個令人滿意的研究調查，其所需的專業歷史知識遠非我區區個人膽敢誇說具備的。除了截至目前爲止從古阿拉伯帝國遺址挖掘出來的紀念碑必須研究之外，也許在路邊已湮沒一半的荒塚中還有史前材料有待鑽研；而因爲自從阿拉伯地理中的洪積世結束以降，這條香料之路大部分路段經過的都是沙漠，因此這條路走的路線圖乃是由人類生理上對水的需要所描繪出來的，我們最好也能盡全力遵行它的歷史，穿越中世紀的伊斯蘭文明直達現代，因爲在它粗略的輪廓線上，這千年來始終如一、保持不變。

我們從古碑文中可知南阿拉伯帝國從南到北都有殖民地和前哨站，一路上多多少少沿著哈吉路（朝聖路），築路時行經道諦❶書中提及的陵寢之城希志爾（Hejr，即邁達因薩利赫〔Madain Salih〕）及其他也許已經湮沒於沙堆中的紀念碑。除了十六世紀初那位迷人的冒險家瓦爾塔馬❷〔1〕之外，沒有一位歐洲人曾沿著這條路從敘利亞走到麥加。它有一條支線行經皮特拉，「此地住著許多羅馬人與異鄉人」（斯特拉博，第十六章；第四章，p.21）；有一條支線向東行到敘利亞，駱駝商隊從波斯灣上的格拉（Gerra）往上進入敘利亞；在公元前一千九百年「沙漠的亞洲人」從卡曼尼亞將哲學的二律背反原則❸引進了埃及〔5, p. 192〕。綠洲泰馬（Taima），也就是托勒密地圖裡的代伊姆（Thaim）以及約伯書中的提瑪（Tema），在伊斯蘭文明之前的年代中就被猶太人認爲是一個值得通商定居的地方〔2, p. 54〕，它是這條敘利亞支線上一個非常古老的轉運站，是「從敘利亞和漢志省來的兩條大路的輻輳點」。拜占庭帝國曾經在這條路上維持當地的小前哨站，而油、玉米和酒就是從這裡外銷到阿拉伯〔2, p. 309〕。

香料之路的主線似乎並沒有經過位於路線以西的麥加〔3, p. 127〕。它經過塔巴拉

（Tabāla），這裡有一座著名的神廟供奉著維納斯—上帝，或叫做祖爾—哈拉薩（Dhu-l-Halasa）〔4, p. 232〕，接著抵達阿拉伯前伊斯蘭時期帝國的中心地帶，這一段是這偉大貿易路線中有趣但幾乎無人知曉的一段。

這些帝國中位置最北也是最古老的就屬米內亞帝國了，約瑟・阿列維曾在一八七〇年造訪過它的國都邁因，當時阿列維喬裝深入險境，成為前無古人後無來者深入米內亞境內的歐洲人。他收集了許多資料，證實了普林尼書中的記載，他說米內亞人乃是南阿拉伯已知最早從事通商貿易的民族，是香料之路的保有人，也是沒藥乳香買賣的壟斷者〔5, p. 105〕。普林尼也提供了一則有趣的參考資料，他把他們和克里特島的米內亞人連上沾親帶故的關係，但是這麼說也只是順道一筆帶過吧〔5, p. 105〕。

米內亞歷代的國王名單，就我們目前所能編出年代者而言，可以讓我們一路回溯到將近公元前十四世紀，但是無疑的，更加古老的紀錄仍然有待我們前往南阿拉伯發掘。他們是否與幼發拉底河三角洲有關仍有待研究：蘇美人把波斯灣稱做是瑪亙（Magan），或許和邁因一字有關〔4, p. 65〕；建立在巴比倫之地的漢摩拉比（Hammurabi）王朝中有許多字和名稱都是南阿拉伯的字〔4, pp. 61-2〕；而在南阿拉伯所發現的銅幣上頭使用的圖形「可以回溯到非常夐遠的巴比倫遠古時期」〔6, p. 27〕。在像邁格利濟所引用的當地傳說中，有可能有些根據，他讓阿德・伊本・卡坦（'Ad ibn Qahtan）統治巴比倫人，而讓他的兄弟哈達拉毛統治（佐法爾的）哈巴什人（Habashi）人〔5, p. 142〕；或是在阿曼的傳統中〔25〕，閃的一些子孫苗裔爲了逃離大洪水，便定居在哈達拉毛，再從那裡分散播遷到阿拉伯各地。

以上只是南阿拉伯古史的一個研究方向而已。南阿拉伯與印度及非洲的貿易也展開了另兩段歷史，而我們現有寥寥無幾的紀錄只能顯示出這兩段歷史的後段罷了。

在米內亞帝國碑文時期，南阿拉伯與印度的貿易就早已行之有年的事實，可以從許多方式推論出來。古葉門建築中大量使用柚木可以顯示出當地與印度的來往交通〔3, p. 157〕；而達羅毗荼人的字母表應當是源自希米亞里特文〔5, p. 210〕❹。斯皮克❺中尉在探索尼羅河時發現古印度典籍是他最佳的地理權威指南，因爲印度古時與阿比西尼亞通商〔5, p. 230〕。

埃及第十八王朝的法老派遣艦隊前往的「本特之地」（Cand of Punt）是否應該定位在阿拉伯或非洲沿岸，仍莫衷一是。埃及代爾巴利（Deir el-Bahri）出土的浮雕上，刻畫了公元前十五世紀這幾次遠洋貿易，其中的香料樹與牛群乃屬於阿拉伯而非非洲的品種〔5, pp. 218/270〕。公元前十八世紀的古埃及傳說中說到香料國王之島帕安克（Paanch），而魏吉爾詩（《農事師》❻第一卷，p. 213）中的旁該亞（Panchaia），也許就是索科特拉（Socotra）島，也就是傳說中鳳凰的故鄉，鳳凰在「一個肉桂與香料細枝編成的巢裡」躺下來死去（普林尼，第五卷，p. 2）〔5, pp. 133-7〕。

姑不論「本特之地」的正確位置究竟在何處，其貿易年代之古老久遠無庸置疑。我們所知最早的古埃及遠洋求香料之航行是在公元前二十八世紀〔5, p. 120〕，而即使遠在當時，此地想必長期以來便「透過祖先口耳相傳而久聞其名。從那裡帶回來的稀世珍寶、驚奇之物……被一個接著一個傳閱玩賞……高價而沽」，正如李察・柏頓❼描述從非洲心臟地帶到埃及的貿易一般，寶物在部族間流傳著。

阿拉伯與非洲香料地區之間存在久遠而密切的關係也無庸置疑。殖民者把阿拉伯的名稱帶到了非洲：《繞行紅海》的「阿斯其特號」（Ascitæ）或「阿薩卡號」（Asachæ）、拜占庭的史帝芬奴斯（Stephanus）及公元前一世紀古希臘田園詩人比昂（Bion）也許從佐法爾外海岸上的哈西克（Hāsik）飄洋過海而去〔5, p. 62〕；哈巴什人的名稱演變成阿比西尼亞，它也就是埃及碑文裡的西布斯提（Hbsti），它從哈達拉毛以東的「阿巴西尼之地」來到了非洲〔5, p. 62〕。公元一世紀的猶太裔歷史學家約瑟夫斯（Flavius Josephus）說衣索比亞的國都原來叫做薩巴（Saba），直到康比西斯（Kambyses）將它改爲梅西（Merce）爲止〔7, II, p. 9〕。

阿拉伯人沿非洲海岸的殖民與貿易活動，從南阿拉伯帝國時期一直持續到現代。在公元一世紀，《繞行紅海》將面向桑吉巴爾的海岸描寫爲「受制於某種古老權利，該權利使其接受成爲阿拉伯第一個主權國家的主權的管轄」，這國家「派遣許多大型船隻，雇用阿拉伯船長與買辦，他們與當地人熟悉並且與之通婚」〔5, p. 28〕。

在所有這些殖民者與貿易商當中，哈巴什人是最有趣不過的了。由於他們在北部遭受哈達拉毛的攻擊，他們便在我們的時代開始時，離開了邁赫拉海岸的家鄉；他們建立了阿克蘇姆（Axum）城，建立了使他們名垂青史的阿比西尼亞王國〔5, p. 9〕。他們後來與羅馬結盟使得西方勢力得以進入紅海與印度洋，並且以海路取代了陸路，終於摧毀了南阿拉伯的優越地位。

在伊斯蘭文明前的時期，阿拉伯的海上事業似乎已經式微，而典籍中提到從靠近麥加的索埃巴（So'aiba）（因爲吉達是後來才崛起的）出海貿易的船隻，依然是阿比西尼亞的船隻〔2, p. 15〕。但是在六個世紀前，《繞行紅海》的時代穆札（即毛薩）與奧克里斯（靠近佩里姆）已是桅檣林立、商務繁忙的近岸停泊地，「城中擠滿了阿拉伯的船主與討海人」〔5, p. 30〕。古帝國便是由這幾個點出海遠航的。在葉門的塔以茲（Ta'izz）及艾卜揚找到了一幅米內亞帝國時期的碑文〔8, p. 70〕；而一首伊斯蘭文明前期的詩作提到薩恩阿時，更直指它爲「國都」〔8, p. 8〕；它也許就是創世紀第十章二十一節❽中的烏薩；但是香料之路的主線穿越更向東的內陸地區，而在葉門分水嶺的西麓似乎沒有古文明的蛛絲馬跡〔9, pp. 7/144〕；在希杰拉（Hejra）時代也沒有任何猶太人定居在那個地區〔2, p. 154〕，當時大多數有利可圖的生意都掌握在他們手中。古帝國極西的痕跡是由希米亞里特人留下來的，他們的國都靠近耶里姆（Yerim）的札法爾；而這靠西的地理位置乃是由於貿易由陸路轉爲海路，海路便逐漸取代了內陸的駱駝商隊所造成。

從米內亞帝國的中心城市——邁因、耶提勒（Yatil，也就是後來的巴拉其什〔Baraqish〕）、卡爾南（Karnan，也就是後來的阿斯沙烏達〔as-Sauda〕）等等都圍繞在卡里德（Kharid）乾谷的四周，位於奈季蘭與焦夫地區〔4, p. 15〕——這條通商大道進入了薩巴之地。

約伯書中提及的示巴人[9]很有可能是從北阿拉伯下來的。一篇米內亞時期的碑文提到他們攻擊一支向北行要到埃及的駱駝商隊〔4, p. 65〕。他們向亞述的薩爾貢（Sargon）進貢；而在公元前六百八十五年塞納克里布[10]統治時期曾提到有一位示巴國王〔4, p. 75〕。當米內亞帝國衰微時正是他們崛起稱雄時，他們位於馬里布的國都是古國都中最廣爲人知的通都大邑，而這主要是因爲它的大壩在公元六世紀時崩毀，這個浩劫被伊斯蘭傳說利用來標示出實際上無疑是古文明繁華的日漸凋零。大壩上刻的碑文日期是公元五百四十二到四十三年，大壩在公元四百四十九到五十年重修〔4, pp. 105-6〕，所以它的崩毀想必是在伊斯蘭時代之前不久。這則事件對當地繁榮富庶的衝擊是否有如阿拉伯神話所想像的以及如後世權威學者所視爲當然的，我則認爲非常可疑。在這日期之前很久，羅馬指揮官艾留斯．加盧斯遠征阿拉伯，來到了馬里亞巴（Mariaba，即馬里布），卻因爲缺水不得不班師回朝——這證據足以做出定論，該地並不如後世作家所誇口的那樣泛流著溪水與蜂蜜。事實上我相信這條大道的興建修築，其動機不是它行經的陸地肥沃富饒，卻是因爲貿易有暴利可圖——這論調可以解釋何以一旦貿易路線轉向通到紅海時，它便突然間一蹶不振了。

艾留斯·加盧斯的行軍和進一步確認古路同樣饒富趣味，因爲他既不走訪麥加也不路過薩恩阿，卻向東行穿過奈季蘭及米內亞疆域上的其他地方〔10, p. 389〕，而在卡里佩塔（Caripeta）掉頭折回——卡里佩塔也許就是哈里巴特沙特（Kharibat Sa'ud），在這裡發現了卡塔班尼亞碑文〔6, p. 20〕。

普林尼將馬里布描寫爲一座周長六哩的城鎮。阿爾諾〔11〕、阿列維〔12〕、格萊澤〔13〕都曾造訪過它，多虧了他們三人，大多數的碑文才得以重見天日；他們也畫出了大壩與哈賴姆比爾奇斯（Haram Bilqis）的地圖，後者是一座橢圓造型的神廟，根據拉特詹斯與馮·維斯曼〔9, p. 212〕的說法，早在米內亞時期之前便已存在，而其他的閃族人以今日在哈達拉毛與葉門可以見到的長方形造型神廟取代了這種橢圓形神廟。

今天的大道從馬里布通向哈里布，再從那裡通到拜汗乾谷。

哈里布是卡塔班尼亞人的鑄幣廠，他們的國都泰姆納位於位置未能確定的拜汗乾谷中的某處。他們的子孫後代就是基特班（Kitban）部族，在十二世紀時是朱魯艾恩（Dzu-Ru'ain，即薩阿姆阿尼〔Sam'ani〕）部族的一個旁支，他們的發祥地是在拜汗東南的馬迪吉薩爾烏（Sarw-Madhij）（海姆達尼，p. 90）。

我們今日對卡塔班尼亞人所知不多，但這不多的知識主要得歸功於卡羅・蘭德柏格（Carlo Landberg，《阿拉伯之地》〔*Arabica*〕第五章）與格萊澤〔13, p. 24〕，他們從貝都因人手中收集到將近一百份卡塔班尼亞人的碑文〔4, pp. 23/59〕。在他們的年代，他們擁有行經他們領地那段香料之路的主權。公元六世紀之前與之後，他們與薩巴交戰，薩巴終於在公元前一百一十五年併吞了他們，並且爲了慶祝此次大捷，特別在薩巴的名稱前冠上祖來登（Dhu Raidan）的名號〔4, pp. 87-8〕。然而他們持續鑄造卡塔班尼亞人硬幣〔4, p. 94〕。希臘地理學家斯特拉博描寫他們的疆域一直延伸到巴布埃爾曼德伯海峽，橫亙過後來希米亞里特人的土地〔6, p. 1〕。

普林尼書中的格巴尼塔（Gebanitæ），也就是趕走卡塔班尼亞人並取而代之住在泰姆納的格巴尼塔人（Gebanite），他們也下行到海邊的穆札與奧克里斯〔8, p. 76〕。偉曼・貝里提到的路線修築於十一世紀，從哈達拉毛路經由伊布（Ibb）抵達帖哈馬（Tihama）〔19, p. 15〕，它走的路線也許就是遵行古通商要道的路線。這條從香料之路主線岔出來的支線，對可以抽關稅的非洲進口貨物有利。當普林尼說到在阿拉伯現在已經不再種植當外銷品的沒藥（本特夫婦在哈達拉毛仍有發現）時〔第十二章，p. 35〕，他形容米內亞種的沒藥，包括了「在格巴尼塔國度中的這種沒藥」，同時「種植者將所得的四分之一上繳格巴尼塔國王」〔亦請參考5, p. 31〕。

普林尼所描寫的六十五廟之城泰姆納，的確是香料之路上的一個重要貿易站。他描寫來往交通的文字頗爲有趣。

「採集來的香料會用駱駝馱回薩波塔（沙巴瓦），這座城市有一扇門專門給駱駝商隊進城用。馱負香料時如果岔出正路走小道，法律將判以極刑。此地的祭司取香料時是以數量計而非秤重量，他們拿走十分之一獻給他們叫薩比斯（Sabis）的神明享用；的確，在獻給神明前沒有人能動用這些香料。接著再從這十分之一中撥出一部分來支付公共開銷，因爲神明很慷慨大方，願意招待所有跋涉幾天路程來此一遊的異鄉人。香料只能透過格巴尼塔國度出口，而爲了這個原因才要支付一定比例的稅捐給他的國王（第十二章，p. 32）。

的確是，這條大路極其漫長且路上經過一個又一個不同民族，沒有大量手段高明的外交手腕與許多遙遠的關係不能成事。舉例而言，米內亞在古時在哈達拉毛以朋友姿態出現，他們在那裡有殖民地〔4〕，而他們也是格巴尼塔的朋友〔8, p. 75〕。這整個香料貿易不啻是一架調整得精密無誤的大機器。

> 也有一部分乳香供給祭司與國王的秘書郎使用；除此之外，香料的保管者、看守香料的士兵、城門的看守者，以及其他各式各樣雇工，大家見者有份。還不只如此，這一路上有水處要買水，有飼料處要買飼料，驛站的客房要付錢，又有雜七雜八的稅捐與關稅，這林林總總加起來，結果就是每一匹駱駝在抵達我們的海岸之前〔地中海〕所花費的開銷是六百八十八「迪納里厄斯」……

拜汗乾谷是泰姆納與沙巴瓦之間的交通要道，想必是個繁榮富庶、人口眾多的地區：除了其他證據之外，從那裡帶來或據報在那裡有的神像與碑文，其數量之多正是其繁榮富庶的明證。

它的南邊在卡塔班與大海之間，就是奧桑（Ausan）王國：在這裡我們只有兩份碑文〔4, p. 60〕，但是東非的奧桑尼克（Ausanic）海岸正是以它命名〔5, p. 74〕，另外靠近齋拉（Zeila）的索馬利亞人口中稱爲奧薩勒（Ausal）的地方也是以它命名。有關這個地區我所知道唯一的記載是在中世紀作家伊本·穆賈威爾的書中，他提到有一條亞丁到希巴姆的路，其間經過艾卜揚、達提納（Dathina）、拜汗與安塔爾（安達爾？）〔3, p. 144〕。而在現代作家偉曼·貝里的「烏茲之地」（Land of Uz）上，在尼薩布（Nisab）與達提納周圍存在著遺址廢墟，這透露出在古代，一如在今天，有許多步道從海岸邊出發，經過難以行走的廓爾

（Kōr）分水嶺，銜接到哈里布以南某處的通商大道。這裡有許多古老的地方從異教時期一直存留到伊斯蘭時代，穆勒（D. H. Muller）爲這些古老的地方列出了一張清單：祖爾、蓋勒（Qail）、卡馬爾（al-Qamar，在薩爾烏〔Sarw〕與達提納之間）、哈薩、沙馬爾（Shammar）、拜達（al-Baidha）、哈杰拉（al-Hajaira），「在薩爾烏與賴德曼（Radman）：：所有的城堡屬於異教時期」〔8, p. 44〕。即使是在十四世紀，薩爾瓦・馬迪吉（Sarw Madhij）派出兩萬人手征戰，而在提到巴努瓦哈人（Banu Waha）時說他們「駐紮在一座從異教時期保留下來的堡壘中」〔14, III, pp. 4/139/247〕。雅法伊與奧拉基的山地人依然經常使用這些步道，在一次世界大戰時在拉哈杰（Lahaj）挖壕溝自保的土耳其人，便藉由這些步道方得以避開海岸線而依然獲得補給。伊德里斯⑫的路線是從薩恩阿到哈達毛與佐法爾，他遵行一條迂迴曲折的路徑，經由沙烏馬（Sauma）穿越南部地區，再從那裡料想應是經過尼薩布〔3, p. 148〕往前行；他走的東境是非常蠻荒的。

從這些人口眾多的高地必然有步道通到大海；但是古人的證明、這個地區的地理以及目前已經挖掘出來的遺址位置，在在指向一個事實，那就是從拜汗乾谷一路通到沙巴瓦的香料之路主線，一直要抵達了多多少少在那座城市以南的點之後才眞正通到大海。《繞行紅海》中提到那城市時說是迦拿（Cana），也許就是以西結書第二十七章二十三節中的干尼（Canneh），是亞丁以東的第一個港口。

「此一地區……所有的香料都運送到此……儲存起來」，而此地指的是沙巴瓦——此一指涉顯示出它占據了香料森林與從海岸邊起始的大路以西的關鍵位置。沙巴瓦的位置是爲人所知的，因爲有一個同名的小村就坐落在古城遺址之旁，而它的岩鹽採石場在這個地區從中世紀以降便一直享有盛名。大英博物館有一片獻給神明馬卡（Almaqah）的青銅匾額就是從沙巴瓦來的。巴克里在描寫這個地方時說，從馬里布出發，經由「南姆拉（Namra）的小市集——經過一片沙原到森加爾（Sengar）水泉，然後走過屬於巴努哈利斯伊本喀伯（Banu Harith ibn Ka'b）族的危險沙地，就會抵達沙巴瓦。這是哈達拉毛的第一城，在那裡一匹駱駝馱負的水果可以賣到一『迪爾漢』[13]」——看起來在公元十一世紀它仍是一處肥沃的膏腴之地。它向東展開處現在已成了一片沙漠，在當時想必也是一片肥沃之地，因爲巴克里繼續說從沙巴瓦，「一個接著一個的村莊櫛次鱗比，直到哈達拉毛最受神祝福的地點，圍繞著花園的賈利馬〔？〕」〔3, p. 139〕。也許葉門偉大的「柴德派宰相」胡笙·伊本·薩拉馬就是沿著這條路線於伊斯蘭曆四〇九年興建清眞寺與拜月樓，沿著泰里姆與麥加之間的六十段路程，每一段路興建一座清眞寺，還有水井與里程碑〔27, p. 236; 9〕。

沙巴瓦以西的「危險沙地」其實是沙海德（雅古特稱爲達希哈爾〔Dhahyal〕）荒原東南向的延伸，它「以介於奈季蘭與拜汗之間的四、五段路程，隔開了葉門的腹地與哈達拉毛」，而「其盡頭在距馬里布不遠處」（海姆達尼）。巴克里〔p. 615〕引用海姆達尼的書提到在他的時代，在沙海德距奈季蘭兩百七十哩處曾有一支駱駝商隊命喪黃塵。「看哪，沙海德的沙漠是空無一物的荒漠，在這荒漠上風向四面八方狂吹著，這個地區作王稱雄的是烏鴉。」（伊本·魯斯塔〔Ibn Rusta〕，《聖經地理》阿拉伯篇第七章，p. 113）

在伊斯蘭時期此地恐怕要比更早的時候來得更加荒蕪，因爲滾滾黃沙長驅直入此荒涼的一角。雅古特所追隨的海姆達尼（第四章，p. 434）描述這兩條路，一條是沿著拜汗乾谷走，另一條在它的北邊穿過沙海德。北邊的這一條是通往米內亞之地的捷徑。這條路今天依然存在，每當荒涼邊界沿線狀況相對平靜無事時，駱駝商隊便會走這條路線。我在哈達拉毛乾谷時便是這樣的太平歲月，我在路上遇到經由阿布爾和沙巴瓦過來的一、兩支駱駝商隊。這條路線接下來的詳細路程圖是由阿姆德乾谷中胡賴達的現任阿塔斯·薩伊德家族的祖父所寫下來的，我在胡賴達時從他的手稿謄寫了一份；他是從貝都因人那裡收集到這些地名的，我認爲有相當的價值。沒有一位歐洲人曾經走過這條路線。

阿魯德（Arudh）——艾因（Ain，哈達拉毛邊界處）——阿布爾（地圖上有標示）——姆賴斯（Mlais，小村落）——米沙因尼克（Mishainīq，水泉處）——希拉乾谷（Shirā，水質良好）——哈達巴德賈艾德（Hadhbar Al Ja'aid，荒漠中有水的小山丘）——哈來法（Khalaifa，有少許水源）——奈季蘭：共計八天的路程。

人們對這條北線所經過的地區幾乎是一無所知；雖然這條路線比較短，卻無損南邊香料之路主線的優越地位；這事實指出或因這條路上並不寧靜，或因一路上遍地黃沙滾滾（或者兩者兼而有之），才使得人們使用這條路線的滿意度不及較長的那一條。本特夫婦提到還有一條路線〔15, p. 129〕〔20, p. 220〕在塞爾（Ser）乾谷，路上有以希米亞里特文字書寫的路標，貝都因人說因爲這條路上黃沙滾滾，早在五百年前就廢棄不用了。事實似乎是，儘管沙漠得寸進尺，步步相逼，足以摧毀馬里布—拜汗—沙巴瓦的邊緣地帶（貿易的式微與外地的繁榮使之雪上加霜），但即使是在古時繁榮富庶的年代，沙漠的邊界和今日的邊界可能從來就不曾相距甚遠過。

至於馬里布—沙巴瓦—哈達拉毛這一條主線，伊本．廓爾達巴曾進一步提到過（《聖經地理》阿拉伯篇第五章，p. 143），說它介於馬里布與安達爾之間，要經過九間「希卡克」（sikak，驛館）的路程，這證明驛路在公元九世紀時是存在的；伊本．魯斯塔（同上，第七冊，p. 113）提到它時說它長三段路程，希巴姆—哈達拉毛—薩巴（也就是馬里布），這是不正確的說法。但是他給馬里布的金礦記上有趣的一筆，也說到舍赫的宮殿建造日期可追溯到伊斯蘭文明之前。雅古特（第四冊，p. 434）提到它時，錯把沙巴瓦（也就是米勒赫角〔J. Milh〕）當做距馬里布只有三天的距離；伊本．穆賈威爾說它長八天的路程，而到了晚近年代的尼布爾（Carsten Nielbuhr）〔26, p. 130〕以他慣有的正確度說希巴姆到馬里布一段有十天的路程。這條路線依然是從薩恩阿上來的駱駝商隊最常走的一條路線。

我們現在來到沙巴瓦了。兩條主要的路線，向南通到海邊的港口迦拿，向東到香料森林與佐法爾。

普林尼把沙巴瓦描寫成一個六十廟之城，而《繞行紅海》〔5, p. 32〕則說它是「國王居住的薩巴塔大都會」，是這兩條川流不息的交通線的交會點，它的勢力與重要性早在伊斯蘭早期便已經表露無遺了。在征服埃及時出現的哈達拉米（Hadhrami）人最早被認爲是阿希巴（al-Ashbā）（阿布德·哈坎〔'Abd al-Hakam〕，47B；海姆達尼，p. 98）。哈達拉毛一種民族舞蹈的名稱沙巴瓦尼（Shabwani），使得沙巴瓦之名得以名垂青史、歷久不衰。

沙巴瓦與海岸之間的這條主線乃是沿著最容易走也最直接的阿姆德乾谷修築，這個事實不可能有太多疑問。這條路線一路上遍布廢墟遺址以及一度人口密集的跡象〔16, pp. 199-200〕。進入哈達拉毛後，這條路繼續行經這乾谷北角的安達爾；的確安達爾這名字似乎曾被用來當做哈達拉毛的同義字：「從馬里布到安達爾，也就是哈達拉毛」〔3, p. 143〕（也請參考海姆達尼，pp. 85/26；巴克里與雅古特不過是引用他書中的文字）。

有可能像今天一樣有一條與之平行且通到大海的路，它經由麥什德占地面積廣大且重要的遺址廢墟到多安，也就是普林尼書中的托尼與托勒密書中的多安（Doan），再從那裡走馮・瑞德於一八四三年走的路線，從多安乾谷的胡賴拜銜接到哈賈爾乾谷的阿姆德路線：在這裡的奧布尼（Obne）遺址證實了支持有古通商大道的地理學界的論調〔17, p. 82〕。馮・瑞德說不上是阿姆德乾谷的權威專家，他有關此地的陳述都是不正確的，但是說到他足跡踏過的從多安到大海的這段，他似乎又是絕佳的旅遊作家了。范・登・穆稜一行人從阿姆德旅行到海岸邊，但是一路上騷擾不斷，無法做歷史研究。在多安（或是鄰近的提克比〔Thiqbe〕乾谷）〔16, p. 58〕與馬卡拉之間似乎沒有希米亞里特遺址，這個事實更強化了從多安起路線轉向西南到迦拿而非轉向東南到馬卡拉的論調；而除了伊本・穆賈威爾在十三世紀時提了一筆，以及希爾緒未被證實的話說，該城建於公元一〇三五年，建城者是雅法伊・阿哈馬德・伊本・梅吉姆・克薩德（Yafi'I Ahmad ibn Mejim al Kesad）之外〔18, p. 12〕，更早以前的馬卡拉就無從追溯起了。

因此有可能駱駝商隊從迦拿向北行，就像今日一樣不是經由阿姆德就是走多安，而另有一條路線從迦拿向西北，循著奈格布哈賈爾（Naqb al-Hajar）與邁法阿（Maifa'a）的遺址，不是沿著賈爾丹（Jardān）乾谷進入阿姆德，就是跋涉過馬迪吉高地直接進入沙巴瓦。這三條路線想必從迦拿出發的行旅商賈都曾經走過，卻從不曾被恰當地調查過。迦拿本身的正確位置就沒有被定位過。比爾阿里灣與《繞行紅海》中的描述相吻合〔5, pp. 32/115〕；曾身歷其境的少數遊客之一雷克上校表示，稍微再向東一點的距離有一個天然港口，更靠近卡勒布角（Ras al-Kalb）。無論如何，這個地方就在這附近不遠處。

這個重要的「海邊市鎮」，也就是托勒密書中的「Kane Emporium」（藤條籃子市場）。不幸的是，它現在就跟過去一樣一直位於一個無益於人類健康的地區，古時乳香是由「國王的奴隸以及那些帶罪服勞役的人採收的。因爲這些地方非常不利於人體健康，即使只是沿岸航行的水手也會因此染病」〔5, p. 33〕，而這個事實加上當地部族喜怒無常的性情，使得這個區域直到今日依然是研究調查人員的禁地。

現在我們來到了乳香之地本身了。

目前它包括了哈達拉毛與希赫爾之地〔5, p. 117〕，以及佐法爾現代的香料區。的確，夏特拉莫提（Chatramotitæ）人，也就是哈達拉毛人，是唯一出現在公元前兩百二十年厄拉多塞⓮地圖上居住於阿拉伯香料之地的民族。

今天乳香依然在哈達拉毛谷地生長；我發現在這個地區無處不在使用香料，它既用在陶製火盆上，也漂浮在飲用水上，好讓「水質純淨」，而且總是無例外地自種自用。本特夫婦與范・登・穆稜兩人都發現有乳香；但隨著貿易量的衰減，加上土葬代替了火葬，以及獻祭之火業已停用，現在賽侯特以西便沒有乳香出口了，儘管穆卡達西（87）、邁格利濟〔21, p. 28〕、馬可波羅與十八世紀的尼布爾〔26, p. 202〕，依然提到從希赫爾出口乳香。當乳香貿易方興未艾時它的貴重，使得只要長得出乳香的地方都保證一定會有人栽種，而哈達拉毛似乎是最佳的香料產地之一，僅次於佐法爾的哈巴什人之地。

我們聽說的第一位哈達拉毛國王是米內亞王朝阿比—雅狄阿・雅圖（Abi-Yadi'a Yatu）的親戚〔4, p. 102〕。此地的碑文十分罕見；大多數的碑文還有待後人在它的國都沙巴瓦周邊一帶挖掘。這個地區早期的拼法是HDRMT（省略掉W這個字母是爲了在哈達拉毛的字源中避開阿拉伯文中最常用的字根maut，死的意思）。它正是創世紀第十章中的哈薩瑪非（Hazarmaveth）[15]；是普林尼書中的阿特拉米特（Atramitæ）與斯特拉博、拜占庭的史帝芬奴斯與厄拉多塞[16]書中的夏特拉莫提（Chatramotitæ）。而當羅馬人說到艾留斯・加盧斯「已從香料之地」班師回朝兩天時，他們指的香料正是乳香，只是這詞無論出現在那裡都只是輕描淡寫帶過〔20, p. 12〕。普林尼（第十二章，p. 30）說道：

「幾乎位在這香料〔乳香〕地區正中央的是阿特拉米特，是示巴人的一個社會，這個王國的首府是薩波塔，這地方位於巍峨高山上。〔其他作家也把這些乾谷的懸崖峭壁說成是高山。〕在距離它八個驛站之處就是香料產地……無路可通，因爲四面八方都是岩石，而右手邊又與汪洋大海比鄰，從大海一上岸就是壁千仞的懸崖峭壁，與外界隔絕不通。香料森林綿延長達八十哩、寬四十哩。」

以上的描述更貼近哈達拉毛乾谷而非佐法爾的現況。過去也許正如今日，香料種植在約耳高原的峽谷中；要花上幾天的功夫才能運送到乾谷，而從希巴姆到沙巴瓦也要四天的時間，所以走一趟共花八天是合理的時間。大約在公元前一世紀末，就在哈巴什人遠走他鄉發現阿比西尼亞的時候，哈達拉毛接收了他們的土地——邁赫拉與索科特拉島等地，而成了整個阿拉伯「香料之區之王」〔5, p. 119〕，直到公元第三世紀時，它遭到希米亞里特人的薩巴王國併呑爲止〔4, p. 114〕。

因此在它的疆界上有如此繁忙的交通，而哈達拉毛乾谷裡沿著有人煙的地區遍布古蹟遺址，這也就不足爲奇了。在發現有遺址的地方如果是從主要谷地岔開出去的話，有可能就是古代通海大道的路線。這樣兩條古路也許可以在卡斯兒乾谷—多安這條路線以東找得到：一條是在本阿里乾谷內，在這裡本特夫婦發現了刻有碑文的石頭，香料依然在峽谷中欣欣向榮，有些村落以及「行人往來頻繁且明顯年代久遠」的步道，一路通到阿德默乾谷〔15, pp. 161-9〕；而另一條就在阿德默乾谷內，路上有蘇內等重要遺址，范．登．穆稜一行人曾經造訪過該地〔16, p. 145〕。薩伊德．阿布．貝可．卡夫好心地把那裡發現的兩份碑文送給我，目前這兩份碑文保存在阿什業爾博物館。這些遺址位於目前從海岸邊的希赫爾通往泰里姆的主要道路上；這條路線的存在與易於行走透露出古時它是出海的通路，雖然在希赫爾沒有已出土的證據。

在中世紀，希赫爾取代了迦拿。馬可波羅提到它，伊本・巴圖塔也提到它。雖然它背後有一條易於行走的內陸路線，但它是一片地勢開闊的海灘，沒有天險的保護，也沒有供船隻靠岸的設備，所以我們很容易明白何以在迦拿繁榮發達又安全穩妥時，它便不被人看重了。希赫爾（這個字和沙海兒〔Sahil〕海岸是同一字）是古史研究中的一大難題，因爲伊斯蘭作者不分青紅皀白地濫用這個字，有時候指的是城市，有時候指的是哈達拉毛的海岸，有時候又當做是海岸與邁赫拉一起使用〔22〕。當我們在談到哈達拉毛與佐法爾之間路線的問題時，就得處理這個問題，而這一段是香料之路中最撲朔迷離的部分。

哈達拉毛與佐法爾之間關係密切這個事實，可以從香料貿易的必要性與零星散布的證據中明顯看出；但要斷定這來往交通中多大一部分由陸路進行，並且經由哪條路線，則困難得多。就我所知，在佐法爾並沒有發現任何前伊斯蘭時期的碑文：至於唯一深入調查過的兩位學者，卜耳全・湯姆斯〔23〕的發現並不能與在他之前的本特夫婦的示巴發現相互發明印證〔15, p. 240〕。在那裡存在著某些古老帝國的遺跡，這點倒幾乎確定無疑。但是截至目前爲止，我們手上所有的最早歷史證據，僅止於古典時期。

創世紀中與哈薩瑪非、哈多蘭（Hadoram）相提並論的西發（Saphar）——「東邊的山」——很有可能就是佐法爾，而非希米亞里特人的札法爾。《繞行紅海》〔5, pp. 33/133〕告訴我們在法爾塔克角有一座堡壘以及存放乳香的庫房，接著作者就帶我們來到了東佐法爾的莫洽（Moscha）港〔p. 140〕，它也就是拜占庭的史帝芬奴斯筆下的「阿巴西尼人（Abaseni）之港」，與托勒密書中的阿比西人之城（Abyssapolis）。在這個地區到處都有「成堆」的乳香，只有國王一聲令下才能裝貨上船。當時的情況一直持續到中世紀都沒有改變；馬可波羅提到君王販賣這些白色香料的獲利是六倍。根據這個時期的一本地理字典《*Marasaid al-Ittila'*》上的記載，香料只能運到佐法爾〔5, p. 144〕。所有這些證據都指出，沿著阿拉伯海岸有一個海上交通的存在。自中世紀以降這千年來，佐法爾一直都是印度商人的停靠港口，他們在此受到禮遇及獎勵（伊本・巴圖塔）。瓦爾塔馬在十六世紀時說到它是一個良港〔1〕。它有自己的一支船隊，被拿來當做劫掠亞丁沿岸的海盜船，而這劫掠導致了十四世紀拉蘇里德的征服〔22〕。

伊本・穆賈威爾曾描述一條沿著海岸線的陸路〔3, p. 144〕，但也許眞正走起來時大部分是在海上。伊本・巴圖塔（第一章，p. 194）只說到需要一個月的時間「跋涉過沙漠」去亞丁，看起來應該是走內路。海岸線似乎難以行走而且充滿障礙（任何人從海上望過去可以很容易想像到）。公元一二七六年拉蘇里德向前挺進的大軍也發現的確如此〔14, III, p. 3/208〕，而通到東邊阿曼的沿海路也好不到哪去〔22〕。船隻也許會開到莫洽（佐法爾）、夏古魯斯（法爾塔克角）以及迦拿，走海路是爲了避開中間的曠野，就跟今天的走法一樣，伊本・巴圖塔提及佐法爾時，說它是一個附近沒有村莊的「沙漠中城市」。本特夫婦說到一個語焉不詳的流言，說在靠近莫塞納阿的地方有碑文存在，還有一個同樣語焉不詳的傳說，說戈塞爾（Qosair）玄武岩的海岸線是以「不信教的城鎮之灰燼」建立起來的〔15, pp. 215-6〕；但是在他們足跡所到處，並沒有在「沿海一帶發現古代的遺跡」〔15, p. 91〕。通往哈達拉毛的陸路穿過海岸山脈的後面，而隨著貿易的沒落以及邁赫拉部族的野蠻不文如今也沒落了。當本特夫婦走訪蓋拉（Qara）丘陵地時，他們宣稱沿岸和內地並沒有任何交通往來〔15, p. 270〕。

希爾緒提到從佐法爾到哈達拉毛有一條陸路，但沒有詳細說明〔18, p. 80〕。這樣一條路在中古時期和現代，其證據都是如鳳毛麟角般稀少。伊本・穆賈威爾描述從希巴姆到佐法爾中間的幾段路：他們沿著馬錫拉乾谷從泰里姆走到卡巴爾胡德，接下來提到的名字都是和棕櫚樹和峽谷有關的名字，當時（十三世紀時）這條路的最後一段是水源豐沛卻少有人煙的地區（Fol. 128B, B. Mus.手稿）。他說，香料區距佐法爾二十「法爾薩」（farsah，八十哩）遠。向東最遠到卡巴爾胡德都有許多古代遺跡〔16, p. 152〕，沿著乾谷更往下走還有大水壩的遺址，這是哈達拉毛人所知悉的，也標示在飛行中隊隊長利卡德斯的航空圖上。歐洲人當中僅有殷格蘭夫婦沿著乾谷一路走到位於賽侯特的出海口，他們並沒有進一步看到任何遺址的痕跡；然而這證據並不足以讓我們做出定論說古路並不存在，因爲乾谷低處泥沙淤積十分嚴重，而且無論如何我們也都看見香料之路邁開大步走過一段漫長又荒無人煙的地區。

中古作家在提及哈達拉毛到佐法爾這段路途時，文字簡略模糊到令人只能望文止渴的地步。巴克里從在哈達拉毛的賈利馬（Jarima）算起，「連走三天居住著邁赫拉人的沙漠，到阿曼海岸邊上的阿什法（Ashfah），接著到賴蘇特」〔3, p. 140〕。在拉蘇里德從葉門大舉入侵的時期當中，有一支分遣隊從薩恩阿出發，在五個月內走到了賴蘇特；這位佐法爾的征服者接著行軍到希巴姆，大約走了一個月的時間，但沒交代沿路細節〔22〕。伊本．巴圖塔說卡巴爾胡德位於阿卡夫，「距佐法爾半天的路程〔原文如此〕」（第一章，p. 197），這種對距離的理解令人不解；但它透露了人們習於在該地長途跋涉旅行，當年假若伊本．巴圖塔遇上了當地的阿拉伯人，他們會對他說到卡巴爾胡德有數月路程之遙，而且無路可通。伊本．廓爾達巴和戈達馬（Qodama）把這條阿曼到麥加的沿海路線，勾勒爲走內陸從「希赫爾到香料之地和金達（也就是哈達拉毛），接著走過馬迪吉到亞丁海岸」〔3, p. 141〕。金迪（Kindi，《聖經地理》阿拉伯篇第一章，p. 27）說：「哈達拉毛與邁赫拉人跋涉過他們一整個地區，直到來到從亞丁到麥加的路上，這中間的距離在二十到五十段路程之間。」假如全程都是走陸路的話，哈達拉毛與佐法爾之間的距離有三十段路程的差異是合理的，而且這句話看起來比大多數話來得較爲明確。

然而希赫爾和邁赫拉這兩個字被交替互換著使用，而且用得模糊不清的事實徒增了我們許許多多的困擾。正如我們所看到的，希赫爾可以是這座城鎮本身，或相當於哈達拉毛以北的海岸，或是整條哈達拉毛及邁赫拉到阿曼的海岸；而另一方面，邁赫拉可以向西延伸一直包括「多安乾谷內的港口阿薩爾（Asar）」（海姆達尼）。然而，前面引用金迪的文字提到它東西兩頭的出發點之間有三十段路程；今日從哈達拉毛旅行到佐法爾，如同馬錫拉那樣，先到賽侯特再到大海，則需要十六天的時間〔3, p. 143〕，而托勒密便是這樣說的。我們可以這樣來看，假如金迪說法正確無誤的話，他說到的是一條穿越群山長度較長的陸路，從佐法爾出發需要五十天的時間，而從沙巴瓦出發則要二十天的時間才能抵達麥加大路——這是個合理的估算。

伊本·穆賈威爾在描述古阿迪特人（'Adite）春天遷徙住進去的坡頂成排住屋時，提供了另一條線索（Fol. 129B，Mus.手稿）。他說，這些坡頂成排住屋「它們的壁爐都還保存完整」，坐落在「哈達拉毛與阿曼邊境之間，既是沿著海岸線也是在山丘上頭」。他在麥加時，有位來自馬拉布（Marab）的人告訴他有這些坡頂住屋；馬拉布位於哈達拉毛與佐法爾間的中段處，就在前面引用他的話所說的那條陸路線上。

這條路線就說到此為止了。證據雖如鳳毛麟角般稀少，但還是得拿來和該區的地理形勢與古貿易的需求一起對照著看；當這片幾乎尚未有人探查過的地區打開了知名度後，也許我們會在卡巴爾胡德與大海之間的馬錫拉乾谷中某處，找到前往佐法爾的古驛站的蛛絲馬跡。

還有證據顯示另有一條古陸路，在中古時期，直接從阿曼到麥加，直達佐法爾與哈達拉毛的北境。這條路線現在幾乎已經行不通了。布爾克哈特⑰提到它很早以前便遭人廢棄，但是史普倫格爾還是聽說了它〔3, p. 14〕，而帕爾格雷夫⑱遇到兩名貝都因人，他們從阿曼跋涉過沙漠到奈季蘭，沿途經過大多是杳無人煙的棕櫚樹綠洲。邁爾斯（Miles）聽說有一個奈季迪（Nejdi）人，他從奈季蘭跋涉過沙漠到波斯灣上的阿布塔比（Abu Thabi），一共走五十六段緩慢的路程。偉曼·貝里〔19, p. 143〕也聽說過有駱駝商隊從東邊的海岸出發穿越沙漠而來。這也許就是湯姆斯先生在東經五十二度三十分、北緯十八度四十五分所發現的那條古步道〔27, p. 152〕。即使在中世紀初，這條步道因爲缺水並不受人青睞，穆卡達西與吉汗納馬人（Jihan-Nama）都認爲它到麥加要走上二十一段路程，其中有八段是無水可喝的乾地〔3, p. 147〕。海姆達尼（p. 165）在描述雅布林與哈達拉毛之間的土地時，說它是「一片廣袤之地，卻行不得也」。但是，烏凱勒部族馳騁其間〔24, I, p. 70〕，在經過一個半月的旅程後會抵達邁赫拉，「此地沒有別的部族居住」。即使是今天，這沙漠地區的南邊仍有商旅經過。湯姆斯先生發現「護衛我的人當中沒有一個人不曾進入哈達拉毛打家劫舍一番」；塞阿爾人和其他部族使用一條沿著南部沙漠邊緣的路線來進行偷襲打劫的勾當；在他搭在沙納（Shanna）帳棚裡出現的訪客，他們是「在回到哈達拉毛東北草原的家鄉路上」。這條路線也許在現代變得更加難以行走了。湯姆斯先生說得再確切不過：「古貿易路線的這傳統不可等閒視之，而認爲是不可能存在的假想。一般認爲，南阿拉伯從不曾有過冰河時期，而這與別處大相迥異的多雨氣候也許得以歷久不變，使得此地非常早便出現了文明」〔27〕。

我們同時也要記住，路的盡頭就有暴利可圖的誘因，遠遠超過了旅途上的諸多不適，而讓人們毅然決然行走貿易路線。當巴格達値得走上一趟時，人們便從葉門的巴拉其什（即古耶提勒）跋涉過大漠，經過耶馬邁（Yamama），走的是直到伊斯蘭曆六四九年還在使用的泰里克拉達拉德（Tariq Radhradh）步道〔14, IV, p. 99〕。另一個起點是在佐法爾的賴蘇特，這裡修築了一條石子路，在伊斯蘭曆六一六年時把印度的貿易物資帶給伊拉克與貝都因人，在這條路上每年有兩次人們會牽馬來賣（伊本・穆賈威爾，Fol. 132B）。這條路線也許經過雅布林，在這裡想必它會和由阿曼到麥加的步道交會。在佐法爾上船以船隻運到印度的馬匹買賣，想必會讓這條通道北方沙漠路線暢行無阻〔22〕。商旅似乎將迢迢距離與重重困難置之度外：伊本・穆賈威爾提到在葉門的鞣革生意，他們處理的馬革過去是從伊朗克爾曼（Kerman）運來的，處理過後的皮革再運回河間地帶⓳〔3, p. 150〕。從我們手上掌握的證據可以看出，這條由阿曼到麥加的沙漠路線古時似乎可能路況較好，路上行旅也比今日繁多，對從佐法爾出發的商旅是可以通行的。但是因爲這條路南邊就是人口眾多且易於旅行的地區，常態性的貿易不太可能會走這條較爲難行的路線；主要的來往交通想必是由陸路進入哈達拉毛谷地，或最有可能的，走海路到迦拿。

至於哈達拉毛與佐法爾之間的密切關係，我們有許多資料可以佐證。即使是今日，蓋拉的山地人仍把自己稱做哈卡來人（Hakalai），並且追本溯源說他們系出哈達拉毛，而最早的時候他們的祖先是走海路抵達哈達拉毛的〔23〕。佐法爾與哈達拉毛的關係似乎要比它和阿曼的關係來得密切。雕花的屋頂樣式極其古色古香，它的樣式乃哈達拉毛風格而非阿曼風格，而阿曼人稱呼所操語言爲古南阿拉伯方言的佐法爾部族爲哈達拉（Ahl al-Hadha ra）〔23〕，正如哈達拉毛人在伊斯蘭時代來臨後被北阿拉伯人稱做哈達里姆（Hadharim）人一樣。東西兩塊香料產區之間的聯絡接觸，想必密切頻繁且歷久不衰；而維繫這聯絡交通於不墜的幾條通商路線，也許在史地學者探索了馬錫拉與蓋拉之間的內地後，終得以重見天日並一展其廬山眞面目。

【注釋】

❶道諦（Charles Doughty）：一八四三～一九二六，英國旅行家及作家，曾去阿拉伯西北部旅行，進行地理、地質和人類學調查，著有《古沙國遊記》等。

❷瓦爾塔馬（Ludovico de Varthema）：一四六五～一五一七，義大利旅行家和冒險家，是有史以來第一位前往麥

加朝聖的基督徒。

❸卡曼尼亞（Carmania）：古伊朗一地區，介於波斯心臟地帶和戈德羅西亞（Gedrosia）之間。二律背反（antinomy）：指兩個互相排斥但同樣可論證的命題之間的矛盾。

❹原注：希米亞里特和示巴這兩個名稱必定經常被拿來做通稱泛指之用，因爲沒有其他任何一個字能廣泛概括整個南阿拉伯古史。

❺斯皮克：即John Hanning Speke，一八二七年誕生於英國，是十九世紀卓然有成的非洲探險家，一八五八年解開長久以來懸而未決的謎團，在東非發現尼羅河源頭之一的維多利亞湖，因而聲名大噪。

❻《農事師》（Georgics）：拉丁詩人魏吉爾的長篇田園詩，反映出魏吉爾在義大利長期內亂下，希望歸隱田園、回歸傳統農業生活的渴望，詩中對義大利鄉村田園風光有生動精心的刻劃。

❼李察・柏頓（Richard Burton）：一八二一～一八九〇，英國探險家、作家，多次到亞、非地區探險，考察過伊斯蘭教聖地麥加和麥地那，發現非洲坦干伊喀湖，翻譯出版全本《一千零一夜》。

❽譯注，原作有誤，查應改爲二十七節。

❾約伯記第一章第十五節說道：「示巴人忽然闖來，把牲畜擄去，並用刀殺了僕人。」

❿塞納克里布（Sennacherib）：公元前七〇五～六八一年，亞述國王，薩爾貢二世之子。

⓫迪納里厄斯（denarii）：古羅馬銀幣。

⓬伊德里斯（Idrisi）：一一〇〇～一一六五，十二世紀阿拉伯地理學家，著有《羅傑之書》（*Kita Rujar al-Kitab ar-Rujari*）。

⑬迪爾漢（dirhem）：在伊斯蘭教國家發行的碎銀幣。

⑭厄拉多塞（Eratosthene）：公元前二七八～一九四年，希臘科學作家、天文學家、數學家及詩人，乃是已知第一位測量出地球周長的人，但是他繪製的地圖被斯特拉博批評爲不夠準確。

⑮見創世紀第十章二十六節：約坍生亞摩答、沙列、哈薩瑪非、耶拉。

⑯厄拉多塞（Eratosthenes）：約公元前二七六～前一九四年，古希臘天文學家、數學家和詩人，首次測量出地球周長和黃赤交角，並編制了一本星表。

⑰布爾克哈特（Burckhardt）：一七八四～一八一七，瑞士旅行家，一八一二年發現皮特拉的重要考古遺址。

⑱帕爾格雷夫（Palgrave）：一八二四～一八九七，英國評論家。

⑲河間地帶（Transoxiana）：阿姆河以東，錫爾河以西，相當於今天烏茲別克共和國領土的地區。

附錄內所提的參考書目

(1) 瓦爾塔馬（Ludovico de Varthema）∶*Itinerario*

(2) H. Lammens∶*L'Arabie Occidentale avant l'Hegire*

(3) 史普倫格爾（A. Sprenger）∶*Post und Reiserouten*, 1864

(4) *Handbuch der Sudarabishcen Alterhumskunde*∶ed. by Dr. Ditlef Nielsen

(5)《繞行紅海》（*The Periplus of the Erythraean Sea*）∶trans by Schoff, 1912

(6) G. F. Hill∶*Ancient Coinage of South Arabia*

(7) 約瑟夫斯（Flavius Josephus）∶*Antiquities of the Jews*

(8) 穆勒（D. H. Muller）∶*Die Burgen u. Schlosser Sud-Arabiens Hamdani's Iklil*

(9) 拉特詹斯（Carl Rathjens）和馮・維斯曼（H. v. Wissmann）∶*Vorislamische Alterthumer*, Hamburg Univ. Bd. 38, 1932

(10) Jomard, in Mengin∶*Histoire de l'Egypte sous Muhammad 'Ali*

(11) 阿爾諾（Thos. Jos. Arnaud）∶*Journ. Soc. Asiat.*: Serie vii, vol iii

(12) 約瑟・阿列維（Jose ph Halévy）∶*Journ. Soc. Asiat.*: Serie vi, vol xix, 1871

(13) 格萊澤（Edouard Glaser）：*Forschungsreisen in Sudarabien*. By Otto Weber: *Alte Orient ser.*, Leipzig, 1909

(14) Al-Khazraji：*History of the Resuli Dynasty of Yemen*. Gibb series.

(15) 本特夫婦（Theodore and Mrs. Bent）：*Southern Arabia*

(16) 范・登・穆稜（Van den Meulen）：*Hadhramaut: Some of its Mysteries Unveiled*

(17) 馮・瑞德（A. Von Wrede）：*Reise in Hadhramaut*

(18) 希爾緒（L. Hirsch）：*Reisen in Süd-Arabien Mahraland und Hadramūt*

(19) 偉曼・貝里（Wyman Bury）：*Arabia Infelix*

(20) D. H. Hogarth：*The Penetration of Arabia*

(21) 邁格利濟（Maqrizi）：*Kitab at-Taraf 'arabia min Akhbar Hadhramaut; De Valle Hadhramaut Libellus*, Bonn, 1866

(22) 儒方・蓋斯特（Rhuvon Guest）：*Zufar in the Middle Ages. Islamic Culture*: vol. Ix, No. 3

(23) 卜耳全・湯姆斯（Betram Thomas）：《快樂的阿拉伯》（*Arabia Felix*）

(24) 雅古特（Yaqut）

(25) Wellsted：*Travels in Oman*

(26) 尼布爾（Carsten Nielbuhr）：*Description de l'Arabie*: vol. 1.

(27) Omarah：*History and the Karmathians in Yemen*: translated by H. C. Kay. fr. *Kitab as-Suluk of Baba ad-Din al-Janadi*

其他參考書目

《伊斯蘭百科全書》（*The Encyclopaidia of Islam*）

《聖經地理》阿拉伯篇（*Bib. Geog. Ar.*）

海姆達尼（Hamdani）：*Jazirat al'Arab*

伊本．穆賈威爾（Ibn Mujawir）：收藏在大英博物館的手稿

伊本．巴圖塔（Ibn Batuta）：*Rihlab*，埃及版

尼布爾（Carsten Niebuhr）：*Reisebeschreibung*, 1774.

史普倫格爾（A. Sprenger）：*Die Alte Geographie Arabiens*. Bern, 1875.

O'Leary：History of the Fatimite Caliphate

偉曼・貝里（Wyman Bury）：《烏茲之地》（*The Land of Uz*）

Tritton：*The Imams of San'a*

H. E. Jacob：*Kings of Arabia*

Amin Rihani：*Coasts of Arabia*

O. H. Little：*The Geography and Geology of Makalla*

Karolus Conti Rossini：*Crestomathia Arabica Meridionalis Epigraphica*. Rome, 1931

聖強・費爾畢（H. St. John Philby）：*The Heart of Arabia*

聖強・費爾畢（H. St. John Philby）：*The Empty Quarter*

赫爾弗里茲（J. Helfritz）：*Chicago der Wuste*

赫爾弗里茲（J. Helfritz）：*Land ohne Schatten*

飛行中隊（R. G. S.）日誌：哈達拉毛相關報告

- *The Austrian Expedition to Southern Arabia and Socotra*: Vol. 13, 638
- *J. T. Bent's Expedition*: Vol. 4, 315
- *L. Hirsch's Journal*: Vol. 3, 196
- *Exploration of the Frankincense Country: Southern Arabia*: J. Theodore Bent, Vol. 6, 109

Air Reconnaissance of the Hadhramaut: Hon. R. A. Cockrane, Vol. 77, 209

Notes on the Hadhramaut: W. H. Lee Warner, Vol. 77, 217

Treasure of Ophir: C. E. V. Cranfurd, Vol. 75, 545

Housebuilding in the Hadhramaut : L Ingrams, Vol. 85, 370

皇家地理學會所展示的飛行中隊隊長利卡德斯所製作的哈達拉毛谷地影片

國家圖書館出版品預行編目資料

阿拉伯南方之門 / 芙芮雅．絲塔克（Freya Stark）著；劉建台譯 .-- 初版 .-- 臺北市：馬可孛羅文化出版：城邦文化發行，2004〔民93〕

面； 公分 .--（探險與旅行經典文庫；21）

譯自：The southern gates of Arabia：a journey in the Hadhramaut

ISBN 986-7890-77-9（精裝）

1.葉門－描述與遊記

735.979 93006917

「探險與旅行經典文庫」 021

阿拉伯南方之門

The Southern Gates of Arabia：A Journey in the Hadhramaut

作者 芙芮雅・絲塔克（Freya Stark）
譯者 劉建台
策畫／選書／導讀 詹宏志
副總編輯 郭寶秀
執行主編 廖佳華
封面設計 王小美

發行人 涂玉雲
出版 馬可孛羅文化
台北市信義路二段213號11樓
電話：(02)2356-0933 傳真：(02)2341-9291
E-mail:marcopub@cite.com.tw
發行 城邦文化事業股份有限公司
台北市愛國東路100號1樓
電話：(02)2396-5698 傳真：(02)2391-0954
網址:http://www.cite.com.tw
郵政帳號 1896600-4 城邦文化事業股份有限公司
香港發行所 城邦（香港）出版集團
E-mail:citehk@hknet.com
香港北角英皇道310號雲華大廈4/F, 504室
馬新發行所 城邦（馬、新）出版集團
11, Jalan 30D/146, Desa Tasik, Sungai Besi
57000 Kuala Lumpur , Malaysia
電話：(603)9056-3833 傳真：(603)9056-2833
E-mail:citekl@cite.com.tw
排版印刷 中原造像股份有限公司
初版 2004年3月10日
定價 480元

ISBN: 986-7890-77-9 Printed in Taiwan